唐朝

隋朝

北周

西魏

后秦

XI'AN SHISANCHAO

黄留珠 杜文玉◎编著

西安出版社

前秦

前赵

西晋

东汉

新朝

西汉

秦

西周

西安十三朝

图书在版编目（CIP）数据

西安十三朝 / 黄留珠，杜文玉编著. -- 西安：
西安出版社，2013.7（2019.1重印）
ISBN 978-7-5541-0191-9

Ⅰ. ①西… Ⅱ. ①黄… ②杜… Ⅲ. ①西安市－地方
史 Ⅳ. ①K294.11

中国版本图书馆CIP数据核字（2013）第161065号

西安十三朝 黄留珠 杜文玉 ＼ 编著

责任编辑：何岸 李亚利
出版发行：西安出版社
社址：西安市长安北路56号
电话：（029）85210377 85253740
邮政编码：710061
印刷：三河市腾飞印务有限公司
开本：787mm×1092mm 1/16
印张：29
字数：410千
版次：2014年4月第1版
　　　2019年1月第7次印刷
书号：ISBN 978-7-5541-0191-9
定价：98.00元

△本书如有缺页、误装，请寄回另换

前 言

位于陕西关中平原中心地区的西安，是中国著名的古都，也是世界著名的古都。

西安之地古属雍州，这里的黄土地即所谓的"黄壤"，被列为最高等级"上上"，是祖国大地中最早被称为"天府"的地方，在锄耕农业时代算是最好的土地条件。尤其这里"被山带河，四塞以为固"，"左崤函，右陇蜀，沃野千里，南有巴蜀之饶，北有胡苑之利，阻三面而守，独以一面东制诸侯"，"此亦搤天下之亢而拊其背也"，在冷兵器时代实是难得的高屋建瓴之地、形胜之国。唯其如此，这里便成为古人建都的最佳处所，而唐人也留下了"秦中自古帝王州"的诗句。

由于中国历史上影响深远、最负盛名的西周、秦、西汉、唐这样几个王朝，均建都于此，遂使这里长期成为中国的政治、经济、文化中心，从而引领着中国历史前进。周秦汉唐的辉煌，铸就了西安历史的辉煌。

除周秦汉唐外，在西安建都的统一性王朝还有时间较短的新、隋两代，以及分裂时期的五个王朝：前赵、前秦、后秦、西魏、北周。另外，还有一度迁都于西安的东汉，暂都于西安的西晋，共计十三个朝代，人们习称之为"西安十三朝"。本书则是专门讲述这十三朝历史的一部融学术性与通俗性于一体的简明读本，亦名曰《西安十三朝》（以下简称《十三朝》）。我们希望通过此书的编写，为宣传普及西安的历史文化特别是西安的建都历史，发挥一些积极的作用。

《十三朝》虽然是按照时间顺序分别叙述十三朝的基本史实，但在写法上却没有采取一般史著的体例，而改用较为自由的漫谈形式，即将每个王朝的历史析为若干话题，其下又分小话题一一来讲述。如果把每个话题比作讲一个故事，那么每个故事则又由若干小故事组成。如此大故事套小故事，大小故事环环相扣，共同构成了一个王朝的历史。这种做法虽不是什么新创，但较之于人们常见的章节体史著而言，似也算有所变化，因而也许会有那么一点儿新鲜感。

在话题或曰故事的安排方面，我们大胆借鉴篆刻艺术所遵循的"宽可走马，密不容针"的原则，对那些过去叙述较多和大家较熟悉的内容，尽量从少或从简安排，而对于以往论述薄弱或人们了解较少的一些内容，则适当增加分量，甚至不惜笔墨予以详写。再就是对十三朝中的西周、秦（秦国及秦朝）、西汉、唐四代相对详细叙述，而对其他朝代则叙述从略，特别是对迁都的东汉和暂都的西晋，仅述其大要而已。如此一种详略不同的安排，或许可以看作是编排上力求突破的一点儿小尝试。

《十三朝》还有一个显著的特点，即配有大量的文物照片和线图，以弥补文字叙述之不足。过去人们将此称之曰"图文并茂"，如今对于图说历史有一个专用名词叫作"形象史学"。尽管我们认为《十三朝》远算不上纯粹形象史学类的作品，但说它具有某种这类史学的意味，或者认为它是文字叙述与形象史学相结合的产物，似还不至于大谬。

《十三朝》写作中，我们本着尽量吸纳学界最新研究成果的宗旨，使之具有相当的学术前沿性。当然，这里面也包括我们自己的一些研究心得，以及沿用的某些旧作。我们还特别注意借鉴一些近年新出版的和权威旧版的通史性著作的成果。因为这类著作带有明显的普适性，它与本书应有的普适性相一致，吸纳此类成果使我们少走了许多弯路。

说起《十三朝》的编写，倒是经历了较长的过程并具有一定的偶然因素。原来数年前，我们曾应邀参与陕西省决策咨询委员会的一项研究课题，所做的主要工作是编写一个纲要性的陕西建都王朝史，以备在西安古城墙的东、西、南、北城楼布置陕西建都史展览之用，这样于 2009 年 6 月初便产生了 6 万字左右题为《西安城墙陕西建都王朝史展示内容提要》的小册子。非常凑巧的是，2012 年夏在西安出版社召开的一次研讨会上，该社领导闻知此事后颇感兴趣，于是主动约我们在原有小册子的基础上扩大规模，搞一部关于西安建都王朝史的专书，由他们负责出版。在社领导的鼓励下，我们经过约半年的努力，终于完成了如今奉献在读者面前的这部书稿。

全书的写作分工是这样的：前言、西周、秦、西汉、新、东汉、西晋，黄留珠撰写；前赵、前秦、后秦、西魏、北周、隋、唐，杜文玉撰写。最后，书稿由黄留珠做技术性的统一工作。作者的署名亦依所撰写内容的顺序，或可视为是体现了一种"法自然"的精神。不过这里并没有第一、第二的区分，仅为相互并列关系。

衷心感谢陕西省和西安市领导同志对本书出版的关注！衷心感谢西安出版社领导的大力支持！如果没有这些关注和支持，这部书稿恐怕就只能长期处在原有的 6 万字的雏形状态，而难以具有今天如此的气魄和规模，也难以在文化建设中发挥其更大的作用。同时也要感谢本书的责任编辑，是他们精心细致的工作，令本书大大增辉。陕西省文物局刘合心先生和陕西省考古研究院王学理先生，慷慨为本书提供了部分图片，在此并致谢忱！

学无止境，学海无涯。限于我们的水平，本书叙述中难免存在某些不足乃至失误，竭诚欢迎广大读者批评教正！

作者谨识

目 录

西 汉　开拓进取的英雄时代

新 朝　昙花一现的王朝

唐 朝 繁荣昌盛的大帝国

CONTENTS

西安
十三
朝
XI'ANSHISANCHAO

礼乐文明之邦

西 周

（公元前 1046—前 771）

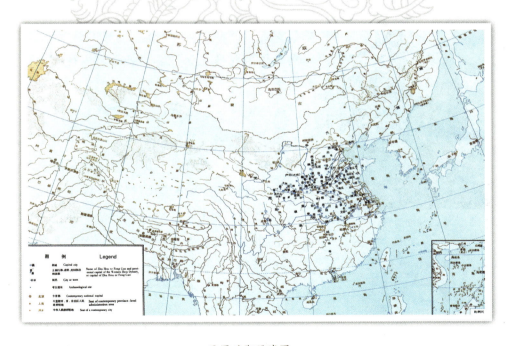

西周时期疆域图

　　西周是第一个在西安地区建都的王朝，其都城为丰、镐两京。丰京遗址位于今西安市长安区客省庄至张家坡一带，镐京遗址位于长安区斗门、普渡村一带，两城仅一水之隔，可算一个城市两个分区，为西安最早的前身。

周人兴起

后稷塑像

后稷画像

姜嫄和她的儿子后稷

周人始祖后稷，相传为黄帝正妻子玄嚣的曾孙，姬姓。他的母亲姜嫄，本是有邰氏女，姜姓。据说姜嫄在野外践巨人足迹，有孕生子，以为不祥。她先把孩子弃于街巷，不想牛羊经过全都绕行不踩；又将孩子弃于树林之中，恰逢林中人多只好抱回；再将孩子弃于渠中冰上，飞鸟竟用羽翼覆盖保护。"姜嫄以为神，遂收养长之"，并为他起名叫做"弃"。

这些传说见于《诗经》《楚辞》以及《史记·周本纪》等，它们看似神话，但却事出有因。一般认为，践迹生子出于原始社会母系时代"圣足迹崇拜"，与图腾制度有联系。而关于三次弃子，或认为是怕见罪上帝，要再三验试才可放心；或认为是一种积极的图腾考验仪式，经过三弃证明婴儿确为姬、姜二姓之子，如此方能合法生存。

弃在儿时便长得如同巨人一般，酷爱以种植庄稼为游戏。长大后传授姬姓民众播种百谷，成为周人的始祖与"农师"，被尊为"后稷"，意为农神。

公刘与古公亶父对周族开国的贡献

后稷之子不窋时代，正值夏朝内乱，不窋

失去农师的官职，周人被迫迁到西北游牧民族之间（今甘肃庆阳一带）。

不窋之孙公刘立志恢复祖业，率周人迁至豳（今陕西彬县），重新垦荒种植。《诗经·大雅·公刘》生动地记述了这一过程，诗的最后一节写道（现代汉语译文）："诚实忠厚的公刘，在豳要建这宫室；横涉渭河把工施，采取厉石和锻石；宫室修好理田野，人口增多物丰实；夹着湟涧是住宅，顺着过涧往上阃；众人居住就安定，住在水涯河湾侧。"史称"周道之兴自此始"。

其后就传到古公亶父，率族人迁至岐山脚下丰饶的周原，正式建国，定号为"周"。对此，《诗经·大雅·绵》有着相当细致的描写（现代汉

公刘墓（陕西彬县境内）

语译文）："古公亶父要立家，一大清早骑着马；顺着西方水涯走，东行来到岐山下；和着妻子姜姓女，为找居地来观察。沮漆之间平原（指周原——引者）美，菫荼也有甜滋味，又研究来又策划，于是问卦火灼龟；卦说地

周原遗址全景

周文王塑像（岐山县）

周文王画像

好可居停，筑室于此莫迟疑。就得安心就定居，就分左右和东西；就划经界就治土，就疏沟渠就整地；从西到东分阡陌，都为家园把事理。"最终，古公亶父把都城建在岐山京当一带，称作京邑。自此之后，周族日益发展强大，而古公亶父也被尊称为"太王"。

公刘和古公亶父，因各自对周族开国所做出的重大贡献，被后人赞为周的开国英雄。

名虽亲商，实乃翦商

古公亶父之子季历在位期间，周的国力有所发展，遂自尊为王，后世称作"王季"。世上之事，实力与野心往往是同步增长的。不过，当时的周毕竟是个小国，地不足百里，自称为"小邦周"。由于商周力量对比悬殊，季历只能采取臣属于商的亲商政策，如亲自朝拜商王，受命为商讨伐敌国，娶商女为妻结成甥舅关系，等等。此间，周特别努力吸收先进的商文化，以迅速改变自己的落后面貌。

随着周人日益坐大，商王的疑忌也越来越多，于是采取抑制措施，借故杀掉季历。其子姬昌继立，是为周文王。

初始，文王仍保持与商的友好关系，甚至娶商莘君之女以示亲附，如此被商封予外邦的最高爵位——西伯。然而文王是比其父更有志图商的君主，他四处求贤，终于得到能人姜太公的辅佐，从而使他的图商大计更稳健地向前推进。

商纣王时期，商周关系开始明显恶化，以致商"囚西伯于羑里（今河南汤阴北）"。周以美女、宝马、珍奇营救文王回归后，虽然表面上照旧"以服事殷"，但却"阴行善"，暗中加紧翦商。文王先后伐灭了周边的一些小国，壮大自己的力量，并把都城由岐下东迁到新建的丰京，以表示向东灭商的决心。当文王晚期，已经形成了"三分天下有其二"的局面。

周原考古一瞥

周原包括今陕西岐山、扶风两县的一部分，为周人早期都邑所在地。自周文王、武王迁都丰、镐后，这里因系周人的发迹之地，仍是重要的政治中心。考古工作者在此发掘了相当数量的西周墓葬，还出土了一批又一批的西周铜器窖藏。尤其 1976—1977 年间，在岐山京当凤雏村发现的大型建筑基址，在扶风法门召陈村发现的大型西周建筑基址群，在庄白村发现的包括史墙盘在内的 103 件铜器窖藏，在凤雏建筑基址窖穴中出土的西周有字卜骨，是周原考古的一次最为集中的大发现，不仅为研究西周历史提供了极其宝贵的第一手资料，而且也有力证明了这一地区对周人发展所具有的特殊价值与意义。

凤雏村的大型建筑坐落在一个南北长 45.2 米、东西宽 32.5 米，面积

周公庙遗址甲骨

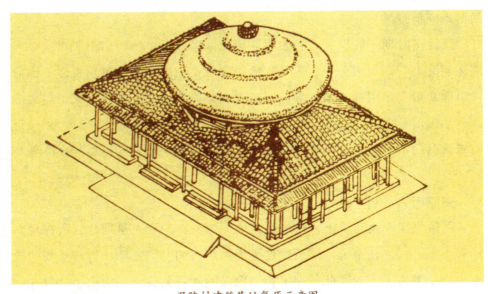

召陈村建筑基址复原示意图

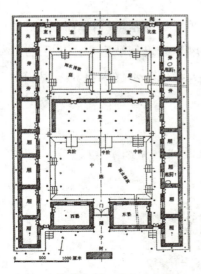

凤雏村建筑基址平面示意图

约 1500 平方米，高约 1.3 米的夯土台基上。整个建筑物坐北朝南，布局以门道、前堂、过廊、后室为中轴，东西配置厢房，形成一个前后两进，东西对称的封闭性院落。门道在南面正中，门外正对门道有影壁（屏）。门内堂前为中庭，两侧各有两个台阶通向东西厢房，北边有三个斜坡状台阶，经由台阶升入前堂。堂的开间为偶数，故中阶略向东偏离，东阶、西阶也相应东移。前堂是这组建筑基址的主体，其台基比周围略高。前堂东西有七排柱子，南北有四排柱子，柱穴底部皆以砾石为柱础。其面阔六间，进深三间。堂后室前为后庭，由前堂经过廊通往后室。过廊将后庭分割成东西两个天井，东西天井的北侧各有一个台

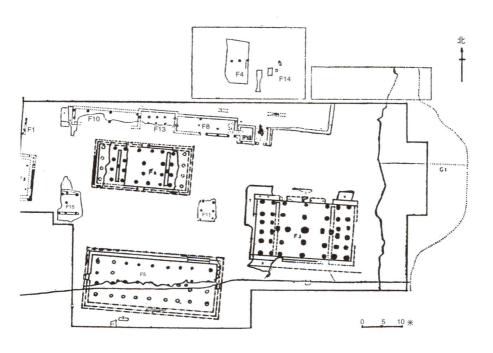

北

西周

召陈村建筑群基址平面示意图

7

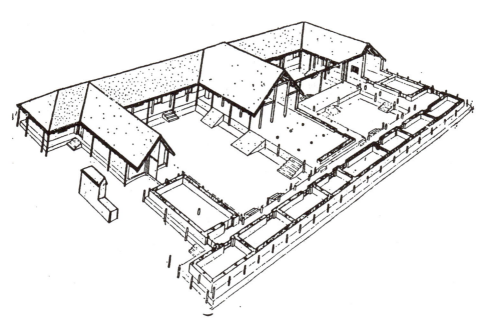

凤雏村建筑基址复原示意图

阶通后室。后室在台基的最北部，东西一排，共五间，东西两端的室在后墙上各有一个门通向室外。台基的东西两侧有厢房，东西对称，各八间，大小不等。后室和东西厢房前都有走廊相通。在此建筑基址中还发现两处排水管道。管道用陶水管套接，或用卵石砌筑。建筑物的地面和墙壁皆用泥浆掺合细沙和石灰涂抹，表面光洁，质地坚硬。在房屋的堆积中发现少量的瓦，推测屋顶的某些部分如屋脊是用瓦覆盖的。

召陈村的建筑基址群不像凤雏村建筑基址那样自成院落。从已发掘的十多处基址来看，其规模大小不一，保存完好程度也有差异。例如规模大、保存好的基址F8，夯土台基东西长约22.5米，南北宽约10.4米，残高0.76米。台基周围有用卵石铺筑的散水。台基上由南到北有四排柱础，由东到西有八排柱础。东西柱础的第二、三柱间及第六、七柱间，各有一道南北向的夯土墙将基址分为三部分。夯土墙的中央各增加一个柱础，台基中部的四个柱础减为两个，且位置移至中线。再如保存最完整的基址F3，夯土台基东西长24米，南北宽15米，残高0.73米。台基上由东到西有七排柱础。在第二、三柱间及第五、六柱间，也有一道南北向的夯土墙，墙的中部各增加一个柱础。中间三排由南到北有五个柱础，两侧两排各为六个柱础。这两处基址形制相同，只是一为偶数开间，一为奇数开间。在遗址中还发现不少各种型式的板瓦、筒瓦以及半瓦当等。

庄白发现的窖藏青铜器，虽然只是历年来周原多次发现的青铜器窖藏中的一次，但却是相当典型的一次。所出土的103件铜器中，有铭文的74件，属于微史家族的55件，其中最重要的是墙盘，铭文长达284字，为中华人民共和国成立后所出土铜器中铭文最长者。铭文前半段历颂文、武、成、康、昭、穆诸王的业绩，后半段自叙微史历代家世。其为西周铜器断代提供了一个较可靠的标尺，是研究西周历史的重要资料。

尽管凤雏村建筑基址出土的有字西周卜骨，并非此类物品的首次发现，但其数量多达一万七千多片，且有刻辞者近200片，有字600余，所记内容重要，不少涉及早期的商周关系，因此学术价值特别重大，受到研究者的格外重视。

从武王灭商到成康之治

姜太公其人其事

　　辅佐周文、武两王的重臣姜太公，姜姓，名尚，字子牙，又叫姜子牙。在古文字里，"姜"与"羌"声同形似义近，因此有研究者认为姜姓是与周族共处关中的古羌族。

　　姜尚祖先曾辅佐大禹治水有功被封于吕，故又名吕尚。他曾卖肉售酒，大半生怀才不遇，到老年整日坐在岐山西南兹泉的源头钓鱼，恰好被周文王发现，拜为太师，尊为太公望，意谓是周先祖太公所盼望辅佐子孙的圣人。

姜太公画像

　　姜太公积极佐周，出谋划策，发展国力。当年文王罹囚禁之难而被赎回，他是主要谋划人之一。及文王末年，出现"天下三分其二归周"的局面，据司马迁讲，亦是"太公之谋计居多"。武王即位后，尊姜尚为师尚父，并娶其女邑姜为妻，双方结为姻亲。

　　伐纣前夕，武王卜卦不吉，群臣畏惧，唯太公力排众议，主张出师，为武王所采纳。在伐纣之役中，他担任全军前锋，以4万多甲士击败17万商军，功居第一。人们歌颂道："维师尚父，时维鹰扬；京彼武王，肆伐大商。"意谓勇敢的师尚父，像山鹰般迅疾飞扬；辅佐武王，很快伐灭大邑商。后太公因功受封于泰山渤海间的薄姑氏故地，建立齐国。

　　太公治齐，顺乎民情和风俗，兴鱼盐之利，促工商发展，民众纷纷归附，短短五个月便初见成效。于是他回成周向周公报政，受到高度称赞。武王逝后，周公辅政成王，武王弟管叔、蔡叔发动叛乱；周公决计东征，

姜尚垂钓处——钓鱼台

并命太公予以征伐。太公遂以齐国为基地，出兵平叛，再立大功，齐国因此也成为称雄东方的大国。

由于姜太公非凡的经历和辉煌的业绩，他成为传奇英雄。早在战国时便有人依托其名，写出一部兵书叫做《六韬》。民间有关他的传说非常之多，尤其明代章回小说《封神演义》更把他描绘成了无所不能的众神之首。

伐纣之役

周武王姬发，继承父亲文王事业，以岳父姜尚为师，弟周公旦为辅，迁都于镐，图谋东进。即位第二年，便观兵盟津（即孟津，今属河南），作了一次伐纣的试探性阅兵演习。当时众多仇商的诸侯"不期而至"，要求伐灭商纣，但武王审时度势，认为时机尚不成熟，于是下令还师。

两年后形势急剧变化。纣王奢侈腐化更甚，作酒池、肉林，"为长夜之饮"，大小官吏及不少平民也沉湎于酒。阶级矛盾更加尖锐，奴隶逃亡，

周武王画像

利簋（临潼出土）

百姓怨望，"如沸如羹，小大近丧"。在纣王高压之下，忠臣比干被剖心，贵族箕子被逼佯狂，纣兄微子被迫出走，大批贵族纷纷叛商奔周，殷商统治集团内部彻底分崩离析。而周边邦国不断反叛，尤以淮河流域的东夷抗争最剧烈，最高统治者不得不把军队主力包括最强的"三百六十夫"调去征讨东夷。

武王看准了这是一个灭商的好时机，遂下定决心，大会诸侯，发动伐纣之役。当时集师计戎车300乘，虎贲3000人，甲士45000人，并联合蜀、庸、羌、髳、卢、微、彭、濮等部落与方国共同兴兵。武王亲作《泰誓》，激励部众。又举行誓师大会，历数纣王罪状，鼓励全军决一死战，《尚书·牧誓》即周公代武王所作的誓词。甲子日，双方在商都郊外70里的牧野（今河南淇县西南）决战。当时商军主力远征东夷，纣王仓促应战，虽然临时拼凑了十多万军队，但士气低落，皆无战心，以致阵前倒戈，战斗很快以周联军的胜利而告结束。纣王见大势已去，逃回都城登上鹿台自焚而死，商亡。

灭商之后，武王对殷遗民采取了两手政策。一方面笼络安抚，如封纣子武庚于殷，释放被纣囚禁的箕子和百姓，修葺被纣杀害的比干之墓，打开府库散发财物、粮食赈贫救饥，以及宣布保留殷人的氏族组织和归顺的氏族首领的社会地位等等。另一方面则监视控制，其最主要的措施就是设立三监，即把原来的商王畿分为邶、鄘、卫三国，由武王之弟管叔、蔡叔、霍叔分别统治，以监控武庚。

杰出的思想家、政治家周公旦

周公旦为武王之弟。他辅佐武王伐纣，功绩卓著。灭商后不久武王病死，成王继位，由他称王摄政。尽管周公兢兢业业治国，史称所谓"一沐三握发，一饭三吐哺"，唯恐失掉天下贤人的支持，但管叔、蔡叔对此却十分不满，于是联合武庚，发动东方十七国俱反，新生的周朝政权受到严重威胁。

面对严峻的形势，周公坚决兴师东征。当时有些贵族担心害怕，周公以天子身份作《大诰》，鼓励之。为了分化敌方力量，他亲赴楚国说服他

周公塑像（周公庙）

周公庙（岐山境）

们不要参加叛乱。这是一场规模远远大于伐纣之役的战争。据《尚书大传》等记载，东征分三阶段进行，先灭三监，次灭武庚，再灭东夷。历时三载，才最终平定了叛乱。现存于《尚书》中传为周公所作的《微子之命》《归禾》《嘉禾》《康诰》等篇章，应该说就是东征的实证材料；另西周青铜器如大保簋、班簋等铭文也有关于东征的记载。经过这次战争之后，周人才真正成为关东地区的统治者。

为了巩固胜利成果，周公在洛邑（今河南洛阳）营建东都成周，作为控制东方的中心，并将参加叛乱的殷顽民迁到成周附近，直接监控起来。同时又"制礼作乐"，实行改制。其核心思想是以"礼"治国，政治内容一是大规模"封藩建卫"，推行分封制，二是实施以嫡长子继承制为主体的宗法制。如此把政权与族权紧密结合起来，使周天子成为金字塔式

周公辅成王（拓片）

政权和族权的顶峰。因宗法分封而形成的一套完整、严密区分君臣、上下、父子、兄弟、亲疏、尊卑、贵贱等级的周制，以及相应的礼制思想和宗法意识，影响中华民族三千年。

后来，周公还政于成王，又作《多士》《无逸》以训诫之。他最终病死于宗周（即丰镐），葬于毕原上。成王为褒周公之德，特命他的封国鲁国得享天子礼乐。唐时仰慕周公，特为之建庙，位于陕西省岐山县境，至今仍存，为名胜之地。

成康之治

西周成王、康王统治时期（前1042—前996），出现了古代社会的盛世，史称"成康之治"。

作为盛世的标志，一是农业生产有所发展，社会出现繁荣景象；二是统治者生活相对比较节俭；三是天下稳定，刑措不用。具体言之，成王之世的繁盛，出自周公奠定，尤其东征以后，制礼作乐，推行两制（分封制、宗法制），建立起新的统治秩序，使社会出现了空前的安定局面。而康王之世，按当代史家

周康王画像

许倬云的说法，"是一个休息的时代"。有研究者考证，认为召彝铭中的"休王"即康王的生号，"康"则是谥号。"休"在周代铭辞中为"休养"的意思。

古代史家对"成康之治"的评论，或曰"成康之际，天下安宁，刑措四十余年不用"；或曰"成康之日，政简刑措"。这些论述尽管比较原则，但却也为后人树立了衡量盛世的标准尺度。

王权与政治制度

王权的强化

中国古代王权的产生，一般都追溯到氏族社会末期的军事酋长制。西周时期，王权得到空前的强化。周王称为"天子"，意即天帝之子，地位至高无上，其秉承天意君临天下。正如《诗经·小雅·北山》所说："溥天之下，莫非王土；率土之滨，莫非王臣。"意谓天下的土地尽属"王土"，天下的人民尽为"王臣"，周王为普天下的共主。这种观念的确立，是王权强化的重要标志。

天亡簋铭文　　　　　　　　宜侯矢簋铭文

周的国家格局与商颇为相似，均为一个共主之下万国林立，但由于西周的诸侯国主要是通过分封制建立起来的，与周王室之间存在着千丝万缕的联系，因此周王对诸侯拥有更为广泛的权力。具体来看，这些权力主要如下：

　　一、天子有巡视列国的权力。天子巡视诸侯称作"巡狩"，通过巡狩了解诸侯为政之得失，并根据政绩好坏予以赏罚。诸侯则要定期朝见天子，称为述职，如不朝见述职就要受到天子的惩罚，轻则贬爵削地，重至"六师移之"，即武力惩处。无论是巡狩还是朝聘，均有严格的制度规定：天子五年一巡狩；诸侯"比年一小聘，三年一大聘，五年一朝"。

　　二、天子有监督诸侯之权。西周设监国制度，诸监代表天子行使对诸侯的监督之权。《礼记·王制》称："天子使其大夫为三监，监于方伯之国。"所言即这种制度。

西周

　　三、天子有废立诸侯之权。典型的实例如周宣王强立鲁武公少子为嗣

四十二年逨鼎（西周）

君之事。结果鲁人不从王命，宣王则起兵伐鲁。这表明，天子有权干预诸侯废立。

四、天子有灭国和处死诸侯国君的权力。具体事例如周共王灭密国，周夷王烹杀齐哀公等。这些说明，诸侯封国的存在与否由天子决定，对诸侯国君的处置权亦掌握在天子手中。

五、天子有任命诸侯之卿的权力。当时规定，大国三卿，皆命于天子；次国三卿，二卿命于天子。诸侯国的执政卿士由天子任命，体现了天子对诸侯国的政治控制权。

六、天子有权征召诸侯兼任王室卿士。周时诸侯有向天子贡纳的责任和义务。征召诸侯担任王室卿士，实际上也隐含一种贡纳的意义，体现了天子对诸侯的权力。

以上所述，应该说是显现了西周王权强化的更为具体的内容。

此外，周王位采用嫡长子继承制，从制度层面完善了传子制度，明确了王位传承关系，防止了王室内部的王位纷争，同样也从一个侧面反映了王权强化的趋势。

分封制与宗法制

分封制就是古人讲的"封建"（注意：这与人们平常所说的"封建社会"的"封建"，不是一回事），即"封邦建国"，是西周重要的政治制度，也是西周历史的一个显著特点。

周灭商后，为有效地统治被征服的广大地区，派遣王室弟子或其他贵族（主要是功臣）到各地去建立诸侯国，代表周天子行使对地方的统治权，以拱卫王室。西周一代分封的诸侯国很多，其中比较重要的如卫——武王弟康叔的封国，都朝歌（今河南淇县）；鲁——周公长子伯禽的封国，都奄（今山东曲阜）；齐——异姓功臣姜太公的封国，都营丘（今山东淄博）；晋——成王弟叔虞的封国，都唐（今山西翼城西）；宋——异姓贵族微子启的封国，都商丘（今河南商丘）；燕——召公奭的封国，都蓟（今北京）等。

除天子分封诸侯外，诸侯在其国内也进行分封，封其子孙或其他贵族为卿大夫，给予一定的土地；卿大夫在其封地内也实行分封，封其后代为士，分给采邑；士以下不再分封。

宗法制即宗族法规，是一种权力继承制度，与分封制密切相关，其核心内容是嫡长子继承制。简言之，就是嫡长子继承父亲的宗主地位，庶子分封。

在宗法制下，有大宗、小宗之别。具体而言，周天子为天下的共主，是所有姬姓贵族的大宗；诸侯对周天子来说是小宗，在封国内对卿大夫来说又是大宗；卿大夫对诸侯来说是小宗，在封地内对士来说又是大宗。如此通过划分宗族等级按照血统远近以区别亲疏，明确了下级贵族臣服上级贵族、全体贵族服从天子的政治隶属关系。

单五父方壶（西周晚期）

宗法制把君位的承传用嫡长子继承制的形式确定下来，完善和巩固了分封制，防止了贵族之间因权力继承问题而发生争斗。不过，宗法制只适用于同姓贵族之间，与异姓贵族之间的关系则以婚姻为纽带联结起来。周代姬姓贵族与异姓贵族互为姻亲的密切关系，成为当时宗法制的重要补充。

政权机构和官制

西周是典型的宗族政权。其通过"天子建国，诸侯立家，卿置侧室"的分级立宗的分封制建立起来，结构呈现出多层次的特点，表现为宗族形态。无论在周王室还是在诸侯国，掌握政权的均为占统治地位的各级宗族的宗主。

西周政权结构庞杂，职官名目繁多，仅铜器铭文中出现的官职名就有二百多个。周初王室机构中最重要的职官是太师和太保，负责掌管王室的军政大权，通常由王室贵族中的父兄辈出任，位尊而权重。

伯窭饮壶

反映西周法律制度的卫盉铭文

18

智鼎铭文

周王室的政权机构分为两大系统。一是卿事寮（卿士寮），主管"三事"（指王畿以内的三大政务）和"四方"（指王畿以外的四方诸侯的政务），长官初期为太师或太保，中期以后为太师，属官主要是"三有司"：一曰司徒（司土），主管土地、藉田、农业、牧业等经济事务，下属有司虞、司场、司林、司麓、司九陂、司廪、牧人等职；二曰司马，主管军事，下属有虎臣、亚旅、司弓矢、司箙、司射、司戎等职；三曰司空（司工），主管建筑工程，下属有司寇、司匀、百工等职。另还有主管刑狱的司寇。

二是太史寮，掌管册命、制禄、图籍、祭祀、占卜、礼制、时令、天文、历法等，长官为太史——既是文职官吏的领袖，又是神职官吏的首领。据金文记载，其属官有史、内史、作册内史、作命内史、右史、御史、中史、省史、书史、大祝、祝、司卜等。

以上两大系统之外，王室还设有掌管周王衣食住行的宫廷内官，见于金文记载者如宰、膳夫、寺人、小臣、小子、小夫、守宫、御正、世妇、东宫等。其中有些人由于长期侍奉于君侧，成为君王的心腹，以致超越职责参与政治、出纳王命。

军制和刑罚

西周王室常备军有两支：一是驻扎在都城镐京宿卫宗周的"西六师"，二是驻扎在成周洛邑震慑殷遗民的"成周八师"（亦称"殷八师"）。

各诸侯国也拥有自己的军队，数量多少依其国家大小而定，少者一军，多者三军。每军的人数规定为12500人。

军队以甲士即车兵为主，徒兵为辅。作战时每辆兵车（即一乘）除甲士外，配有御者2人，徒兵10人。甲士由国人担任，徒兵从庶人中征调。徒兵地位较低，除配合甲士作战外，还要服军事差役。整个军队需进行定期的军事训练，多在农闲季节以田猎的方式举行。

无论是周王室或是诸侯，还都拥有大量的以保护本宗族利益为主要任务的族兵。当族长被周王或诸侯任命为军队将帅时，族军则随族长出征。

西周的刑罚制度相当完备，制定有系统的法律条文，设有专门的司法机构和专职司法官吏。

其刑罚分为五刑。一是墨刑，或称黥刑，即给面部刺刻涂青，作为罪犯的标志。二是劓刑，即割掉鼻子。三是剕刑，即砍脚，后称刖刑。四是宫刑，即割去男子生殖器或对女子闭幽。五是大辟，即处以斩首的死刑。五刑律文凡3000条，其中墨、劓各1000条，剕500条，宫300条，大辟200条。

周代铜器铭文中也常见有关刑罚和法律的记载，如罚金、鞭刑、墨刑等。

当时的刑罚主要针对社会下层民众而制定。贵族犯罪，可缴纳罚金免刑，所谓"刑不上大夫"是也。

社会经济

农业和井田制

周人本以善于经营农业而著称。建国后，这一传统得以进一步的发扬光大，农业成为社会经济生活中占主导地位的产业。

当时，除了沿用传统的木、石、骨、蚌器外，青铜农具已经比较普遍使用，农田垦耕普遍采用两人合作的"耦耕"法，在疆理农田、远种、灌溉、施肥、除草中耕、治虫等方面的技术明显有所进步。农业之外，周的畜牧业及渔猎经济也都有新的发展。

井田制是西周时期普遍实行的土地制度，因其土地区划形同"井"字，故名。最早的记载见于《孟子·滕文公上》。以后《国语》《周礼》《穀梁传》《韩诗外传》《汉书》等多种文献亦有著录，其中除国家按一方里为一井区划土地并由国家统一分配土地予农夫耕种同于《孟子》外，别的内容则各有变异。究竟何说为历史真实，自汉至今，聚讼纷纭，迄无定论。不过多数研究者肯定，其为商周田制，而且确实付诸实施。

手工业和"工商食官"制度

西周手工业中，青铜制造业是最重要的部门，制陶业和纺织业则是另两个重要门类。其他如骨器、玉器、漆木器、车马器具的制作等，也占有一定的位置，不容忽视。

总的看来，周代的手工业都程度不同地继承和吸收了商代手工业的工艺技术，但却有较大发展和创新。如当时出现的一模翻制数范的铸造技术、铸器焊接技术、快轮法制陶技术、陶瓦制造技术、提花机丝织技术等等，都是很好的例证。

同时商业活动相当频繁，在文献和铜器铭文中，多有关于当时民间、贵族、王室的商业行为，以及边远地区族邦与内地商业往来的记载。其货币使用不仅普遍，而且种类明显增多，除常见的贝币外，还有龟币、玉币、布币及金属货币等。

值得注意的是，当时不论是手工业还是商业，基本上由官府控制，工商业者的生产和经营活动需在官府作坊和指定的范围内进行，其产品和经营主要为贵族统治者服务。这就是所谓的"工商食官"制度。"工商食官"语出《国语·晋语四》，属商周旧制。商周时代之所以实行这一制度，是由当时社会结构和经济发展水平所决定的。随着社会结构的变化和商品经济的发展，春秋战国以后，此制逐渐解体。

社会阶级阶层构成

按照西周奴隶社会论的观点，当时社会由贵族、平民和奴隶三大阶级构成。而在各阶级内部又有较细的等级划分，这就形成了阶层。

贵族包括周王、诸侯和卿大夫等。周王又称"天子"，即"上帝之子"的意思，其代表"上天"或"上帝"在人间行使最高权力。诸侯为一国之君，是诸侯国的最高统治者。卿大夫指从政的贵族，但卿和大夫有别：执掌军政事务者称卿，一般从政者为大夫。由于西周政治的核心是宗族政治，所以贵族可以统称曰宗法贵族。

平民称国人，是自由民，享有一定的政治权利，也承担相应的义务。周代实行国野制，或称乡遂制。此制产生于周初的武力征服，国指统治宗族聚居的城郭和郊区，野指被征服者散居的鄙野。从广义上讲，国人即国中之人，包括贵族、平民等。不过我们这里所说的国人是狭义的，专指士一级的自由民，表示一种身份。士是贵族的远系旁支。其产生，是贵族子孙繁衍超出宗族所能容纳的限度后，将血统疏远者分离出去的结果。随着时间的推移，这些被分离出去的贵族后裔便发展为庞大的士阶层，也就是本书所指的国人。由于这类国人与贵族存在着天然的血缘关系，所以他们在政治上享有一定的权力。这当中最基本的权力——同时也是义务，即充任甲士，保卫社稷。也有受教育的权力，所学内容主要是礼、乐、射、御、书、数，即传统的"六艺"。还有议政的权力，国有大事必须征询国人的意见。

　　庶人或称庶民，是当时社会中一个人数众多的阶层，从事农业劳动，承担公田耕作和各种劳役，地位在国人之下，但却不是奴隶。他们使用一份土地从事农业劳动，私田上劳动所获归己所有，不仅有家庭，而且可以保存自己的家族、宗族组织，可以祭祀自己的祖先。

　　周的奴隶名称繁多，如皂、舆、隶、僚、仆、台、牧、圉等等，并有等级之分。相当一部分奴隶有自己的家庭。其来源多种多样，如战俘、被征服的异族、沦落的亡宗灭族者、罪犯等。

盂鼎（郿县出土）　　　　　　盂鼎铭文

社会生活

城　市

　　西周都邑建置相对统一，制度化色彩明显。其除了发挥传统的政治中心和军事据点的作用之外，经济功能则明显增强。

　　周原考古发现的多处大型建筑基址，显现了周贵族聚居地的面貌和早

沣西车马坑

期都邑的基本模式。对此，前文已有叙述。在周原遗址还发现了多处铸铜、制陶、制骨、制玉石等手工业作坊，可知这里也是手工业的集中地。不过周原迄今未发现城墙遗址，其都邑模式当与安阳殷墟那种主体建筑居中、附属建筑前后左右对称照应的模式相似。

丰邑和镐京，是西周城市的代表作。特别是灭商以后以镐京为国都，使之成为西周政治、经济、文化的中心，称作"宗周"。沣镐遗址位于今西安市西南12公里的沣河西岸，总面积在10平方公里以上。由于遗址遭破坏已沦为废墟，虽发现有建筑基址、制陶制骨作坊、中小型墓葬、车马坑、铜器窖藏等遗址，但已无法确知该城的整体布局。据西周金文和《诗经》的描述，可知城内外建有辟雍、灵台、灵圃、灵沼、大池等礼仪和游乐性设施，另外宫殿建筑亦为数不少。

洛邑是又一代表性城市，称作"成周"，又称东都。该城兴建出于政治和军事上的需要，工程由周初重臣周公和召公主持。其"城方千七百二十丈，郭方七十里；南系于洛水，地因于郏山，以为天下之大凑"。城内建有大社、太庙、宗宫、考宫、路寝、明堂等礼仪设施和宫殿。南郊设"丘兆"，以祭祀上帝、后稷、先王及日月星辰。对郊外地区，也有具体的行政规划。洛邑驻军"成周八师"，数量超过了宗周。

西周城市的另一主体为各诸侯国的都城。目前考古已发现的齐、鲁、燕、蔡、宋等国的城址，向世人展示了这类城市的规模与布局。一般来说，这些城市的规模均小于东都洛邑。城的基本形制为内城外郭的"回"字形结构。宫城建于城内中央或近于中心部位，宫殿和宗庙为其主体建筑，遵循的是"择国之中而立宫，择宫之中而立庙"的原则，体现了突出和维护宗族政治的理念。这些城市不仅是诸侯国政治中心和军事堡垒，而且也是手工业生产和商业活动的中心。

婚姻形态

西周时，一夫一妻制与贵族多妻制并存。由于其婚姻在礼制的规范下运作，故而形成了一系列法定或约定俗成的礼仪。

时人对婚姻的社会功能及重要性有了更加理性的认识，尤其是已认识到近亲婚姻的危害性，实行"同姓不婚"的禁忌。这显然是婚姻制度的一大进步。

一般情况下，贵族婚姻都具有政治联姻的性质。西周的贵族，大而言之分为姬姓贵族和异姓贵族两大集团，而两大集团之间相互联结的主要纽带则是婚姻关系。以周王为首的姬姓贵族娶妻，必娶异姓贵族之女；异姓贵族娶妻，亦多在姬姓女子中选择。如此"申之以盟誓，重之以婚姻"，把政治关系与婚姻关系融合起来，大大强化了相互之间的政治联盟关系。在这里，婚姻是政治的附庸，婚姻为政治而服务。

周人重视婚姻，对婚礼十分讲究。当时婚礼有六项程序：一曰"纳采"，即发动议婚。男方觉得某家女可作议婚对象，遂请媒妁执雁作拜见礼提亲说合；若女家同意，则男家再去女家求婚。二曰"问名"，即遣媒人前往询问女方姓名。问名回来后通过占卜决定是否联姻。三曰"纳吉"，即男家卜得吉兆后遣媒人告知女家缔结婚姻。四曰"纳征"，即男家将财物聘礼送往女家。五曰"请期"，即男家把选定的吉日婚期告知女家。六曰"亲迎"，即新郎前往女家迎娶新娘。以上六项程序称为"六礼"，形成于周代，主要流行于贵族士大夫阶层。其对后世影响很大。以后的婚礼仪式基本都在"六礼"框架内进行,只是繁简程度因时因地有所变通罢了。

在通行婚姻"六礼"的同时,原始婚俗的某些遗风依然存在,并得到社会的认可。如《周礼·地官·媒氏》便明确记载称:"中春之月,令会男女。于是时也,奔者不禁。若无故而不用令者,罚之。司男女之无夫家者而会之。"这就是说,每年春天,未婚男女可以幽会私奔,不受限制。

衣、食、住、行

西周是中国古代服饰制度化的时期,以礼着服,等级有序,贵贱有别,是当时服饰制度的显著特点。周代服饰从属于礼仪,适应礼仪的需要,参加不同的礼仪活动,须着相应的服饰。社会各阶层的等级序列和贵贱之别,通过服饰的质地、形状、尺寸、颜色、花纹等体现出来。

冕服为贵族礼服,具体包括冠、上衣、下裳、腰带、佩饰、履等。服上饰有日、月、星、龙、山、华虫(鹧鸟)、宗彝、藻、火、粉米、黼(斧形)、黻等十二章纹,各具象征意义。冕服的名物制度相当复杂,所谓"衮、冕、黻、珽、带、裳、幅、舄、衡、紞、紘、綖,昭其度也;藻、率、鞞、鞛、鞶、厉、游、缨,昭其数也;火、龙、黼、黻,昭其文也;五色比象,

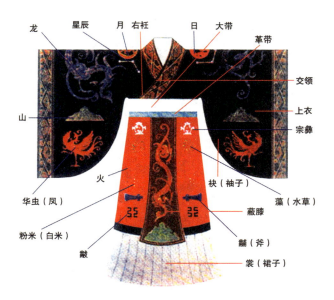

冕服图解

昭其物也"。天子、诸侯、卿大夫的冕服各不相同，有严格的等级和区别。

弁服是次于冕服的一种首服，有爵弁、皮弁、韦弁之分，质地、形制、

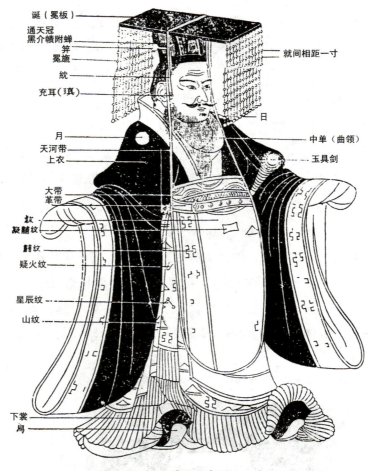

誕（冕板）
通天冠
黑介帻附蝉
笄
冕旒
紘
充耳（瑱）
月
天河带
上衣
大带
革带
黻
凝黼纹
黼纹
疑火纹
星辰纹
山纹
下裳
舄

就间相距一寸
日
中单（曲领）
玉具剑

冕服示意图

使用的场合各不相同。元端和深衣是冕服以外用途最广的服饰。前者自天子至于士皆可服之；后者自天子达于庶人皆服之。元端为国家的法服，天子服之以燕居，诸侯服之以祭宗庙，大夫、士则朝服元端，夕服深衣。冕服和元端都是衣裳分别不相连属，而深衣则衣与裳相连一起。深衣用途广泛，因其不费而易为，故庶人亦用之作吉服。

周人将"食"列为"八政"之首，把食官视为最重要的官职，把食礼作为周礼的核心内容之一。

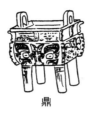 

鼎　　　　　鼎　　　　　鬲

 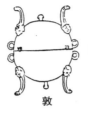  

簋　　　　　敦　　　　　豆　　　　　盂

青铜炊具、食具举例

当时饮食已相当丰富，以天子为例来看，"饮馔"分饭、饮、膳、羞、珍、酱六大类，其"食"用稻、黍、稷、粱、麦、苽六谷，"膳"用马、牛、羊、豕、犬、鸡六牲，"饮"用水、浆、醴、琼、醫、酏六清，"羞"共百二十品，"珍"用八物，"酱"则百二十瓮。这虽属特例，但由此亦不难推知一般的情形。特别是周代已有了较成熟的调味理论，确立了常用的调味品种。饮酒方面周人较有节制，且多严格的礼仪规定。

周时居民聚居点叫"邑"，等级化和聚族而居是居住形式的基本特点。

宗周、洛邑一类大都会都有一系列的建筑群，如庙、宫、室、榭等，统治者在这些地方举行宴享、祭祀、册命、庆功、赏罚等活动。据文献所记周宫室制度可知，天子、诸侯、大夫、士都有宫寝，其规模大小有等级之别。凤雏村考古发现的大型建筑基址表明，西周的宫殿建筑大体上是按照"前朝后寝"或"前堂后室"的格局建造的。

当时的建筑技术有了很大的进步，标志之一即瓦的使用。不过西周早中期只是在房脊等处局部用瓦，到了晚期才大部分盖瓦。

至于农夫、工奴等社会下层劳动者的住所，主要是半地穴式的居屋。面积最大不过10平方米，简陋狭小阴暗潮湿，屋内仅有灶坑以及简单的生活用具与生产工具。

西周时从国家中心地区通向各地的道路称作"周行""周道"，大致走向有向西、向西南、向东、向南、向东南、向北等。其上可容四匹马拉的大车行走，路两旁种有"表道"的树木。

干道上设有专供食宿的馆舍，其设备已相当完备，并形成了一定的制度，如《周礼·地官·遗人》所记述的那样："凡国野之道，十里有庐，庐有饮食；三十里有宿，宿有路室，路室有委；五十里有市，市有候馆，候馆有积"。论者或认为，当时可能已经有了传递官方文书和消息的驿传制度。

时人的交通方式主要是徒步出行。主要交通工具陆路用车，水路用舟。使用最普遍的车是马车，由车架、车舆、轮、轭几部分组成，以木制作主件，以铜制作配件。用马数或一车二马，或一车四马，均为偶数，马数多少，以车主身份和车的用途而定。马车不仅用作交通工具，也用于战争。车战是当时战争的主要方式，车兵为军队的主力，所以马车的军事意义更为重要。除马车之外，还有牛车和人力小车等。舟船的使用，殷商时已相当普遍，周人行舟的普遍程度自当更在殷人之上，其舟船管理制度亦更臻完善。

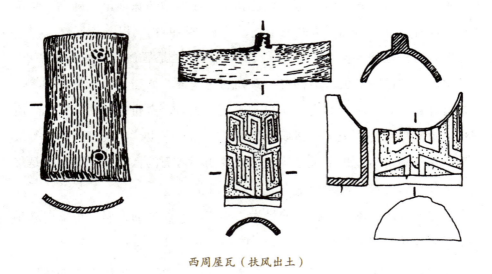

西周屋瓦（扶风出土）

宗教思想

周人的天命转移思想

西周占统治地位的社会意识形态，仍是天命神学宗教，不过较之前代已有明显变化。当时统治者尽管以历史的发展由"天命"决定为前提，但意识到"天命靡常"，天命是可以转移的。夏命移商，夏亡商兴；商命移周，殷亡周兴。在周人看来，上天不会把人世间的统治权永远赋予一姓王朝；上天时刻都在寻求适合做百姓君主的人；上天只辅助有德之人。

基于人事决定天命的认识，周统治者提出了"明德""慎行""保民"的治国思想。这是以周公为代表的西周统治者对远古以来的天命神学观创造性的人文主义转化，它直接启迪了后世的人本主义思想。

所谓"明德"，即"敬德"之意，指明于德治，崇尚德政。具体含有两方面的内容：一是修身正心。强调以周王为首的统治者要节制自己的性情，天天有所进步；要认真做事，敬慎自己的德行。二是教化民众。强调居于元首地位的君主，应作出道德上的榜样，让民众效法施行于天下，从而光显王业。王者只有恭行德政，民众才不会叛离。

马簋（湖南桃江出土）

所谓"慎罚"，即慎重对待刑罚，认真尽心断狱，使刑罚合乎情理。这是"明德"思想在刑罚问题上的体现。具体内容，一是量刑要以动机和是否有悔改表现为标准；二是要体恤受刑者，要如同对待自己生病一样去看待臣民犯罪；三是要集中刑罚处置权，防止权力被僭用；四是判决要慎之又慎，要有充足的时间考虑；五是要依法量刑，不可以个人的好恶断案；

六是要严惩违反社会公共秩序、违反伦常的人；七是对违法乱纪的诸侯和大小官员也要予以严惩。

所谓"保民"，即保有百姓的意思，此外更有恤民、惠民、安民之义。

《洪范》与《周易》

《洪范》是《尚书》中的一篇，内容概称为"洪范九畴"，即治理天下的九类大法，《酒诰》记载为："初一曰五行，次二曰敬用五事，次三曰农用八政，次四曰协用五纪，次五曰建用皇极，次六曰乂用三德，次七曰明用稽疑，次八曰念用庶征，次九曰向用五福、威用六极。"其中，五行（水、火、木、金、土）与五事（貌、言、视、听、思）是九畴的主干，其他七畴从属于五行、五事。

"洪范九畴"包括治理天下的几十个要点，涉及自然、政治、伦理、哲学诸方面，而将所有方面全部纳入天命神学的宗教思想体系中，成为包含着丰富现实内容的宗教思想文献。

《周易》源于数占，是周人的创造。它由文字和符号两部分组成。文字部分包括卦名、爻名、卦辞、爻辞、用辞。卦名是 64 个易卦的名称，爻名是每卦中 6 爻各爻的名称，卦辞是系于 64 卦卦名之下的文字，爻辞是系于 64 卦各爻爻名之下的文字，用辞是乾、坤两卦特有的文字。整个《周易》卦辞 64 条，爻辞 384 条，用辞 2 条，共计 450 条，统称为筮辞。筮辞构成《周易》文字部分的基本内容。

《周易》是占筮之书，但在其形式中也蕴含有丰富的思想内容。作为占筮书，它是宗教神学范畴的东西，究其内容却有人事影响天命、人事影响凶吉的思想。这一点上与《洪范》是一致的，共同反映出西周思想文化的特点。

西周末宗教思想的动摇

西周末年，国无宁日，民无宁居，人们祈求上天保佑，祭祀用尽了牺牲和圭玉，上天却对人们的祷告充耳不闻。这势必引起人们的强烈不满，于是出现了大量怨天、骂天、恨天的诗歌。例如《诗经·小雅·雨无止》开头写道（现代汉语译文）："浩浩广大老天爷，不能长赐恩与德。降下灾祸饥与馑，又动刀兵伐四国。老天总是逞威风，从不考虑啥后果。丢开罪人不办罪，为他隐瞒罪与过。然而这些没罪的，却被牵连把罪坐。"再如《诗经·大雅·云汉》开始数句道（现代汉语译文）："那个浩大的天河，

何尊

光芒在天来转运。王说：唉！今人究竟啥罪行？老天降下这祸害，饥荒连接着发生。无一神前不去祭，并未爱惜那牺牲。祭祀圭玉已用尽，为何充耳如不闻？"人们诅咒天的不均、不平、不惠、残暴、邪辟、缺德。这些，生动而具体地反映了原有宗教思想的动摇，意味着对上天神圣地位的否定。

自然知识与文化艺术

天文、历法、数学与医学

西周时人们对月亮盈亏变化的规律性有了一定的认识，并使用专门用语"初吉""既生霸""既望""既死霸"加以描述；已用十二地支来记时，把一天分为十二时辰；已有了漏壶这种计时工具，还用圭表测影，确定冬至和夏至等节气；已出现最早的"朔日"记载和日食记录。

西周的记数法遵循十进位制，含有明显的位值制意义；已有奇数、偶数、倍数一类概念，已掌握了初步的运算技巧。

当时医和巫已初步分开，医又分为食医（相当于营养师）、疾医（相当于内科医生）、疡医（相当于外科医生和伤科医生）、兽医（专门治疗牲畜疾病），并设医师总管医药行政；已相当重视病历和报告，要求对病人分别处理，对死者要作出死因报告；已初步了解某些疾病与季节变化的规律；已总结出一定的医学理论，开启了中医学理论的先河。

西周甲骨文·卦图摹本（岐山出土）

甲骨文与金文

甲骨文为刻在龟甲、兽骨上的文字，是目前已知的我国最早的一种成系统的文字，而且相当成熟。其书写已行款化，记事刻辞皆"下行而左"，即竖着向下书写并向左转行。这种行款格式在我国通行了三千多年。虽然甲骨文基本为象形文字，但也存在不少会意、形声和假借字，已大致奠定了汉字的基础。西周甲骨文是继殷商甲骨文发现后的又一重大发现，具体情况在前文《周人兴起》节之"周原考古发掘一瞥"

毛公鼎（岐山出土）

条已有详述，兹不重复。

金文即铸造或刻凿在青铜器上的铭文，又称钟鼎文。西周时，金文进入鼎盛期，各种形式和内容的长篇铭文纷纷出现。毛公鼎铭文多达 497 字，是现存金文中最长者。

从文字结构来看，金文较甲骨文有多方面的进步。首先，金文造字方法较甲骨文更规范，省去了甲骨文中尚存的某些文字初创期的原始成分。其次，甲骨文中存在的一字多形的情况、偏旁不定的现象等，在金文中有所改观。第三，金文省去了甲骨文中许多冷僻字，对甲骨文某些不必要细加区别的字类也进行了合并，可识字的比例远高于甲骨文。第四，金文中形声字已占主导地位。

金文的词较甲骨文更丰富。甲骨文无语气词，而金文中语气词使用已较为普遍。古文献中常用的第三人称代词如其、之、厥、彼等，在金文中均有使用，而甲骨文中没有第三人称。金文中使用了不少有关度、量、衡的词汇，甲骨文中却未见。甲骨文最大的数字是三万，金文中则出现了"亿"字。

甲骨文文句很短，几字或几十字，而西周金文则有长达数百字者，且讲求押韵，所记内容更是丰富多彩。

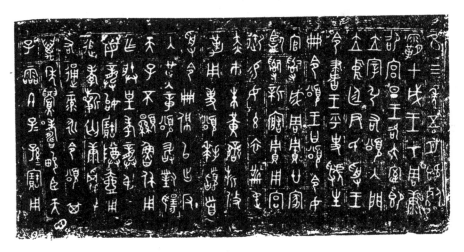

史颂壶铭文

散文与诗歌

夏、商、西周是我国散文形成的时代，其代表作品是《尚书》。今本《尚书》中的《周书》今文部分除《文侯之命》《秦誓》外，皆为西周初期的文献。其在思想上注意总结历史经验，重视敬德保民，强调统治者要谦虚谨慎。其记言记事、叙述议论都趋于成熟，有些篇章议论色彩浓厚，完全可以看作典型的议论文。这些，具体地反映了西周时代的散文水平。

西周诗歌的精华主要见于我国第一部诗歌总集《诗经》，其中《周颂》

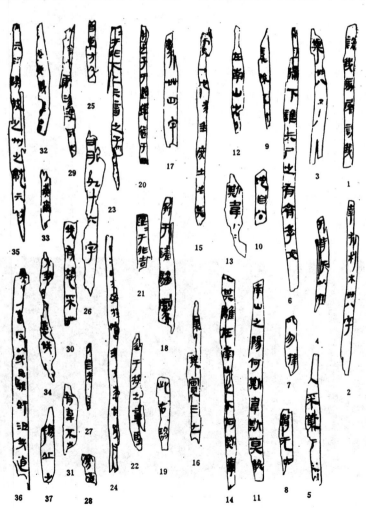

简牍所见《诗经》（安徽阜阳双古堆汉墓出土）

《大雅》《小雅》的大部以及《国风》的少量为西周时作品。由此可知西周时史诗比较发达；出自贵族之手的雅诗，结构严密，形象生动，表现了上层社会面貌和贵族文人的思想情趣；西周末期的政治讽刺诗，真实地反映了当时的社会面貌，在艺术上也有较高的造诣。这些诗作，反映了西周一代诗歌所达到的水平。

花冠玉凤鸟

音乐、舞蹈、雕塑

西周时期的音乐舞蹈较前代有了新的发展。周初周公制礼作乐，乐舞是其中重要的内容之一。经过周公整理，西周乐舞形式上更规范，使用上等级森严，并设立了大司乐为首的宫廷乐舞管理机构。

当时的宫廷雅乐以齐奏为主，曲调简单，节拍缓慢。其歌辞《诗经》中有部分保留，如《周颂》之《武》《酌》《般》《赉》《恒》等篇。宫廷雅舞主要有大舞和小舞。大舞即《六代舞》，主要内容有《云门》《大咸》《九韶》《大夏》《大濩》《大武》六种，皆为祭祀乐舞。小舞是贵族子弟跳的祭祀舞，具体是《帗舞》《羽舞》《皇舞》《旄

西周中期铜壶

舞》《干舞》《人舞》，以及《象舞》《天弓舞》《散乐》《四裔乐》等。乐器分为金、石、土、革、丝、木、匏、竹，称作八音。具体的乐器仅《诗经》中提到的就有29种之多，如琴、瑟、箫、管、龠、埙、笙、鼓、钟、鸾、铃、缶、围、簧、篪、磬、雅、钲等。20世纪70年代在宝鸡茹家庄西周墓葬中出土的一男一女两舞蹈铜人，应是当时舞乐艺人的写照。

字体细小如粟、笔细如发的西周甲骨文，充分体现了周初微雕技术的精湛。有的甲骨仅如指甲盖大，上面竟刻30余字，且行款间隔相当、肥瘦相同，钩画无不恰到好处，令人拍案叫绝。富于装饰技巧且表现了强烈理性因素的西周玉雕，令人叹许的西周青铜器造型与纹饰，则反映了当时的雕塑艺术的新进展。

西周的衰微及平王东迁

昭王以来国势衰落

康王之子昭王时，西周开始"微缺"。昭王本人南巡狩不返，死于江上。其子穆王征犬戎无功，自是"荒服者不至"。周贵族开国之初的那种汲汲求治的精神渐渐淡化，而日益懈怠骄纵，内部争斗激烈。穆王之子共王更加任性，密康公陪他出游，在泾水边上得到三个美女而没有献给他，他便灭了密国。懿王、孝王、夷王之王位继承打破了世袭制的传子原则，更引起争乱，大大削弱了王室权威。各国诸侯来朝时，夷王甚至不敢坐受朝拜，反需要"下堂而见诸侯"。

"国人暴动"与共和行政

周厉王好利，任用荣夷公"专利"。国人不满，发怨言。厉王任用卫巫"监谤"，发现有怨言者则杀之。于是"国人莫敢言，道路以目"。厉王自以为得计，声称"吾能弭谤矣"。三年后，民众不堪忍受压制而暴动，厉王逃到彘（今山西霍县）。召公、周公二相行政，号曰"共和"（或曰"共伯和干王位"）。这一年为公元前841年，为我国历史上有确切纪年的开始。

昙花一现式的宣王中兴

共和十四年（前828），周厉王死，宣王即位，"修政，法文、武、成、康之遗风，诸侯复宗周"。然而好景不长。公元前789年，宣王与姜氏之戎战于千亩（在今山西介休），遭到失败，后南征的"南国之师"亦"亡"，复兴的希望破灭。七年后宣王死去。

幽王烽火戏诸侯

周幽王时，社会矛盾空前激化，自然灾害频仍，王朝统治岌岌可危。幽王废申后及太子宜臼，立宠妃褒姒为后，并以其子伯般为太子。申后父

幽王烽火戏诸侯

申侯闻讯大怒，联合缯国及犬戎进攻镐京。幽王命人点燃报警的骊山烽火，但诸侯们却不勤王救驾。原来幽王宠幸的褒姒是个冷美人，为博其一笑，幽王竟数举烽火，戏弄诸侯，使报警系统失灵。结果京都失陷，幽王被杀，褒姒被俘，西周灭亡。此正所谓"幽王烽火戏诸侯，褒姒一笑失天下"。

平王东迁

周幽王死后，申侯与诸侯们立宜臼为平王于申。虢公翰立另一王子余臣为携王于携。平王无力驱逐占据京师的犬戎，于公元前 770 年在晋文侯与郑武公护卫下东迁雒邑。后来晋文侯杀携王，结束了二王并立局面，平王的天子地位得到诸侯一致承认。但平王已无实力驾驭诸侯，凡事唯"晋郑是依"，地位只相当于一个次等的诸侯国罢了。

38

附录： 西周君主一览

武王姬发 　　前 1046—前 1043

成王姬诵 　　前 1042—前 1021

康王姬钊 　　前 1020—前 996

昭王姬瑕 　　前 995—前 977

穆王姬满 　　前 976—前 922

共王姬繄扈 　　前 922—前 900

懿王姬囏 　　前 899—前 892

孝王姬辟方 　　前 891—前 886

夷王姬燮 　　前 885—前 878

厉王姬胡 　　前 877—前 841

共和 　　前 841—前 828

宣王姬静 　　前 828—前 782

幽王姬宫湦 　　前 781—前 771

创造世界奇迹的帝国

秦

（秦国公元前 770—前 221，秦朝公元前 221—前 206 ）

秦时期疆域图

　　秦人与周人一样，都是从西部崛起的。自秦襄公受封为诸侯以后，秦人努力向东发展，于文公时营邑于汧渭之会（今陕西宝鸡市东），宪公时徙居平阳（今陕西宝鸡县东阳平村），德公时居雍城（今陕西凤翔），献公时城栎阳（今陕西咸铜铁路阎良东站附近），孝公时徙都咸阳，即今陕西咸阳市一带。这里与西安市地界紧密相连，从广义上讲，属于大西安的范围。秦始皇统一天下后，继续以咸阳为都，直到秦亡。

秦人祖先之谜

秦人东来说

秦人究竟源自何方？学术界有不同的看法，其中以秦人东来说与秦人西来说最为常见。东来说认为秦人远祖来自东方滨海地区的东夷族。最早提出此说的学者是卫聚贤，其后徐旭生、黄文弼、郭沫若、范文澜、顾颉刚、马非百等亦认同此说。具体来看，秦人东来说的基本观点约有这样几点：

一、秦人始祖玄鸟卵生的神话传说，与东夷人从鸟降生的传说如出一辙，是东方古老民族鸟图腾崇拜的反映。

二、《史记》称秦是"帝颛顼之苗裔"，又说秦襄公"自以为主少皞之神"。颛顼、少皞都是传说中的东方夷族部落的首领和宗族神，颛顼墟在今河南濮阳，少皞墟在今山东曲阜，均位于东方。

三、嬴姓诸国原蔓延于东方，秦为嬴姓，亦应源自东方。

四、古文献记载秦人远祖伯翳（伯益）封地不只一处，但无论是"费"还是"秦"，都在东方。

五、秦与殷商王朝关系密切。秦人与殷人有许多共同特点，如玄鸟传说，长于狩猎、畜牧，墓葬形制，鬼神崇拜等。终商一代，秦人始终效忠于商王朝，与反殷势力对抗。

六、秦人最早在夏末商初就开始从山东迁往山西、陕西、甘肃一带，这一过程最晚在西周中期孝王封嬴非子于秦邑时结束。大部分秦人是在西周初期西迁的。

毋庸讳言，在持"东来说"的学者中对某些问题的认识，也存在较大的分歧，但这并不影响该说的整体效果。目前来看，它不失是在秦人渊源问题上比较有说服力的一种解释。当然，此说也并非绝对无懈可击，其不少地方还有待于考古新材料的进一步证实。新近，李学勤撰文指出，2008年7月入藏清华大学的战国竹简亦有关于秦人源自东方的记载，或可参考。

秦人西来说

认为秦人属于西北甘青地区少数民族西戎一支的学术观点，是谓秦人西来说。王国维、蒙文通、周谷城、俞伟超等学者均力主此说。总观秦人西来说的基本观点，大致有以下几点：

一、秦开国前的世系，皆宗祝伪托；秦先世的记载，难免有司马迁的主观臆断。这种伪造与臆测的祖宗世系，不足征信。

二、所谓颛顼、少典、舜、禹，均是西方之人或神，安见嬴姓来自东方？秦祖先戎胥轩娶戎女首领（即所谓"郦山之女"）为妻，说明秦之父系与母系皆为戎，而秦之同族赵亦为戎。

三、大量古文献皆称秦为戎狄。

四、殷末时中潏已"在西戎保西垂"，说周公东征后始将秦人西迁甘陇，不合常理；秦世系记录有信可据的大骆、非子定居在西犬丘（今甘肃天水西南），秦势力自非子以后逐渐向东发展。

五、秦人宗教祭祀仪式独特，以马入牺牲品，祭祀对象庞杂，上至上帝，下及山川草木禽兽，祭俗与戎狄相同。

六、秦墓的屈肢葬，铲形袋足鬲、洞室墓及西首墓等文化特征，与甘青地区古文化因素存在密切的渊源关系。

应该承认，持秦人西来说的学者确实提出了许多有价值的重要看法，启发人们去深入思考，不过此说也同样并非绝对无懈可击。特别是对于中潏以前秦人的活动所做的解释，说服力不强，而利用考古资料得出的秦为西方戎狄的判断，亦嫌论据不够充分。在这种情况下，有研究者试图把东来说与西来说结合起来，各取所长，提出了秦人"源于东而兴于西"的新说法。此说认为秦人有两个"源"：一为东方的"始发之源"，一为西方的"复兴之源"。依据通例，始发源与复兴源是不同的，然而由于秦人特殊的经历，其复兴不是以原有文化为基础，而是在被"戎化"这一全新起点上开始的，如此秦在西方的复兴便有了明显的始发或曰再次起源的性质。秦人东来说只看到了秦的"始发之源"，秦人西来说则只看到了秦的"复兴之源"，二者虽然都探索到了真理，但却都有片面性。把东来说与西来说统一起来的秦人二源说，或许比较全面地接近于历史的原貌。

早期秦人的传说

女修吞卵

很古的时候，东夷首领颛顼帝后裔中一名叫女修的姑娘，纺织时忽然飞来玄鸟（燕子）生下一枚蛋。她吞吃这枚蛋后即怀有身孕，生子取名大业，由此繁衍成为以后的秦人。

大费赞禹

大费是大业的儿子，又名柏翳、伯益、益等。当时正值洪水泛滥，大费帮助禹治理水患，获得成功。首领舜赐给禹黑色的玉圭。禹说："非予能成，亦大费为辅。"意思是讲："这不是我一个人能成功的，还得力于大费的帮助。"舜听后高兴地告诉大费："咨尔费，赞禹功。其赐尔皂游。尔后嗣将大出。"意思是说："大费啊，你帮助禹治水成功，我赐你黑色旗带，你的后代必将繁盛兴旺。"于是将姚姓女嫁给他，并赐姓嬴氏。

助纣为虐

殷商末年，秦人首领蜚廉（飞廉）、恶来父子，一个善走，一个有力，"俱以材力事殷纣"。然此二人却以"妒贤""善毁谄"而著名，《荀子·成相》便有"事之灾，妒贤能，飞廉知政任恶来"之说。在周人眼里，他们都是助纣为虐的奸臣。

在周灭商的战争中，恶来与纣王一起被杀。当时蜚廉为商纣出使北方，"还无所报"，于是在霍太山筑坛报命，却得到石棺，所刻铭文曰："帝令处父，不与殷乱，赐尔石棺以华氏。"遂死。不过按《孟子》的记载，飞廉是被驱杀于海滨的。

非子邑秦

周孝王时，秦人首领非子居于犬丘（今陕西兴平境）。孝王从当地人口中得知非子善于养马，便让他到汧河与渭河汇合处一带专门为王室养马。结果马群繁殖很快。周孝王极为赏识非子的才能，打算让他代替其兄成做大骆一系秦族的继承人。

后来此事被成的外祖父申侯劝阻，于是孝王改变主意，仿效当年伯翳为舜主畜而被赐土赐姓的故事，把今甘肃天水地区清水县一个叫秦亭的地方分给非子，建立秦邑，作为周室附庸，"使复续嬴氏祀，号曰秦嬴"。同时也不废成作为大骆适嗣，让他在西垂"以和西戎"。

襄公始国的前前后后

毛家坪秦文化

20 世纪 80 年代中期，考古工作者在甘肃天水地区甘谷县发现了两处秦文化遗存。其中董家坪收获较少，而毛家坪遗址提供的材料比较丰富。其所反映的建国前秦文化的发展特点主要如下：

一、农业种植在秦人经济生活中占有重要位置；

二、大量融合西戎文化，成为秦文化的构成因素之一；

三、吸收周文化，使秦文化发展到一个较高的层次和阶段。

礼县的考古发现

20 世纪 90 年代初，甘肃礼县大堡子山墓地惨遭盗掘，大量珍贵文物

大堡子山秦公陵园

流失海外。1994 年 3—11 月，甘肃省文物考古研究所与礼县博物馆做了抢救性清理发掘，取得了很大收获。

考古工作表明，礼县一带正是史籍中所说的西垂地区，是秦最早的都邑所在地；大堡子山即所谓的西山，这里是嬴秦成长、壮大的摇篮。

44

礼县出土秦镂空鸷鸟形金饰片

鉴于礼县地区对研究秦历史文化的重大意义，2004 年春，甘肃、陕西两省考古研究所与中国国家博物馆、北京大学、西北大学，组成五家联合考古队，在礼县至天水的西汉水流域进行系统的考古调查与发掘。截至 2006 年底，联合考古队的工作已取得重要的阶段性成果，所发现的大型建筑基址、祭坛遗址以及数量可观的墓葬与随葬品，特别是青铜器，进一步表明这一地区考古工作对于秦历史文化的重大价值。目前，联合考古队的工作仍在继续进行之中。

秦仲、庄公时期与西戎的斗争

非子曾孙秦仲时，周厉王无道，西戎反王室，灭掉大骆一系秦人。周宣王即位后，拜秦仲为大夫，讨伐西戎，不料却被西戎所杀。

秦仲有五个儿子，老大叫庄公。宣王召庄公昆弟五人，与兵七千人，再次讨伐西戎，大破之。于是周室让庄公合并了已被西戎灭掉的大骆一系秦人的地盘，并拜他为西垂大夫。

庄公住在秦人原居地西犬丘，他有三个儿子，老大叫世父。世父宣称说："戎杀我大父仲，我非杀戎王则不敢入邑。"遂率兵出击西戎，而把太子位让给了弟弟襄公。

庄公立四十四年，卒，太子襄公代立。不久，他将妹妹嫁给丰王为妻，可能是为了寻求与国。襄公二年（前776），西戎包围了犬丘，世父迎战，为戎所虏。过了一年，世父又被放归回来。

整个秦仲、庄公当政的六十多年里，秦戎双方就这样不间断地进行着拉锯式的战争。这种长期的战争对秦社会的发展——特别是集权式政治制度的形成，影响至深。

襄公被封为诸侯

秦襄公七年（前771）春，周幽王废太子立褒姒子为嫡，数欺诸侯，招来祸患。西戎一支犬戎与申侯联手伐周，杀幽王骊山下。而秦襄公将兵救周，战甚力，有功。

周室避犬戎难，东徙雒邑，襄公率兵送周平王。平王封襄公为诸侯，赐之岐以西土地，并毫不掩饰地说："戎无道，侵夺我岐、丰之地，秦能攻逐戎，即有其地。"意谓秦如果能赶走占据岐、丰的戎狄，这地方就赐予你们。"与誓，封爵之。"这尽管是给秦襄公开的一张空头支票，但却也意义重大。"襄公于是始国，与诸侯通使聘享之礼。"

文公时期的发展

秦文公是秦襄公的儿子，在位长达50年（前765—前716），此间秦国获得长足的发展。

首先，大大扩展了领地。文公即位不久，即率兵东进（东猎），将势力发展到汧渭之会。他大发感慨道："昔周邑我先秦嬴于此，后卒获为诸侯。"经过占卜，获吉兆，"即营邑之"。十三年后，文公"以兵伐戎，戎败走"，于是将领地扩展至岐，而把"岐以东献之周"。

其次，"收周余民有之"。当秦的领地扩展到岐的时候，同时也把该地的"周余民"——即没有跟随平王东迁的西周民众，全部接受过来。这不仅为秦国增添了一批素质较高的劳动力，而且也便于更直接地吸收周文化，提高整个国人的文明程度。

第三，文化建设、法制建设卓有成效。文公十年，"初为鄜畤，用三牢"；十三年，"初有史以纪事，民多化者"；十九年，"得陈宝"，"以一牢祠之"；二十年，"法初有三族之罪"。

第四，征伐胜利。文公二十七年，"伐南山大梓，丰大特"。日本学者释"大梓""大特"为戎名，甚是。

第五，妥善解决接班人问题。就在文公去世前二年，太子突然先他而死。面对变故，文公毅然立死去太子的长子为嗣，使君位得以平稳过渡，保证了国家的持续发展。

穆公霸西戎

"五羖大夫"百里奚

百里奚初因家贫流落虞国，曾官拜虞之大夫。公元前655年，晋灭虞时为晋所俘。后为晋献公女媵臣陪嫁至秦，从秦逃楚，又为楚人所执。

秦穆公听说百里奚很有才能，想用重金赎回他，转念又怕楚国知道百里奚是个人才不肯放人，于是派使臣拜见了楚王，诡称秦奴百里奚犯法逃至楚国，现愿用五张羊皮赎回以治其罪云云，楚王没有多想便答应了秦使的请求。

秦穆公与百里奚、蹇叔共议国政图

百里奚当时已是须发皆白的老人。穆公见后感叹其老，不料百里奚却辩称，如果让我去打虎，确实老了；但要我坐论国政，尚比姜太公年轻十岁。穆公向他请教富国强兵之策，竟整整谈了三天。穆公高兴之极，即拜百里奚为大夫，授以国政，号称"五羖大夫"。百里奚又举荐好友——足智多谋的蹇叔，共同参与国事决策，辅佐穆公成就霸业。

泛舟之役

公元前 647 年，晋国因连年灾荒，向秦国借粮。有人劝穆公乘晋饥荒之机发兵攻伐，百里奚则主张借粮给晋。他认为晋国君忘恩负义得罪于秦，但晋国百姓并没有罪，何况借粮之举可以获得晋国的民心。穆公采纳了百里奚的意见，于是沿水路将粮从秦都雍（今陕西凤翔南）运抵晋都绛（今山西翼城东），粮船络绎不绝，史称"泛舟之役"。

由余的故事

由余亦作繇余。其先祖本晋人，后逃亡入戎，成为戎人。因能言晋语，西戎王派他出使秦国。

秦穆公以宫室、积聚相夸示，由余观后说："使鬼为之，则劳神矣；使人为之，亦苦民矣。"意谓太过奢侈，如此劳民伤财，国必危。穆公又

秦穆公画像

问以治乱问题，他都回答得头头是道，颇具说服力。

穆公善其言而爱其才，乃离间他与戎王的关系，使人招之至秦，以客礼厚待。后为秦谋划伐戎，灭国十二（或说二十），开地千里，穆公遂称霸西戎。

穆公罪己

秦穆公不听蹇叔、百里奚的劝阻，轻信一个郑国人卖郑的谎言，发兵偷袭郑国。百里奚、蹇叔哭师，预言秦军必在殽地战败。

果然，秦军在途中被郑国商人弦高的"犒军"计所蒙骗，劳师而返，顺便灭了晋之边邑滑。此举惹怒了晋国，遂在殽地伏击，使秦军全军覆没，唯孟明视等三员秦将被晋释放生还。

三年后，穆公复派孟明视等再次伐晋。秦军渡河沉舟，大败晋军，占领王官与鄀（今陕西澄城一带），雪了殽地战败之耻。

穆公自茅津渡河，封埋了殽战中为国捐躯的将士，讣告全国举哀三日，并誓诫军队说：古人有事都向老人请教，故无所过，只因我当初不采纳蹇叔、百里奚的谋议，才有今日的警誓，希望后世之人记住我的教训。

这就是穆公罪己的故事。他罪己的那些言辞，即著名的《尚书·秦誓》，实际上也就是秦穆公的罪己诏。

黄鸟之歌

秦穆公去世，埋葬于雍。从死者177人，其中有秦之良臣子车氏三人，即奄息、仲行、鍼虎。秦人哀之，为作歌《黄鸟》之诗（现代汉语译文）：

黄鸟飞去又飞来，

飞到枣林中徘徊。

啥人陪葬秦穆公？
子车奄息遭了灾。
维有奄息这个人，
是超百人的干才。
走近他的坟墓地，
使人战栗使人哀。
苍天呀苍天！
杀害好人不应该！
如果可赎这条命，
人替百死也愿挨。

黄鸟飞得很仓皇，
飞来停在桑树上。
啥人陪葬秦穆公？
还有子车氏仲行。
维有仲行这个人，
可比百人力量强。
走近他的坟墓地，
使人战栗又悲伤。
苍天呀苍天！
杀害好人黑心肠。
如果可赎这条命，
替他百死也愿当！

飞来飞去小黄鸟，
飞飞停在荆树条。
啥人陪葬秦穆公？
子车鍼虎被他挑。

维有子车家鍼虎，

可敌百人真英豪。

走近他的坟墓地，

使人战栗气难消！

苍天呀苍天！

杀害好人罪难饶。

如果可赎这条命，

人替百死也不逃！

此诗收入《诗经·秦风》之中，其矛头直指最高统治者，明确反对残酷的人殉制度，为后世存留了极为宝贵的历史资料。

春秋末至战国初的秦国

凤翔秦公一号大墓

秦公一号大墓位于陕西省凤翔县南指挥村界内。经过 10 年发掘，1986 年清理工作全部结束。大墓如同一座嵌入地下的倒金字塔，顶部长 59.4 米，宽 38.8 米，底部长 40 米，宽 20 米，据地平线 24 米，东西各

秦公一号大墓出土石磬

春秋金啄木鸟（秦公一号大墓出土）

秦公一号大墓发掘现场鸟瞰

有一条墓道与墓室相连，平面呈中字形，东西墓道加墓室全长300米，总面积5334平方米，是迄今已发掘的先秦墓葬中最大的一座。

据墓内出土的300号石磬铭文推断，墓主应为秦景公（前577—前537）。该墓使用黄肠题凑，有众多人殉，虽经严重盗掘，仍出土3500多件珍贵文物，从一个侧面反映了秦国的社会风貌。

被动挨打的局面

自公元前621年秦穆公去世，到公元前384年秦献公即位前，换言之，即春秋末至战国初，是秦国新旧制度渐变的一个漫长阶段。

秦吸收继承周文化所建立的一套礼乐法度，在时代大潮冲击下，难以继续维持。人们矛头指向，首先对准了残酷的人殉制度。在对外战争方面，秦的军事实力每况愈下，由优势而变为劣势，在下坡路上越走越远。

进入战国后，在东方一些重要诸侯国，新兴阶级纷纷登上政治舞台，并先后不同程度地进行改革，建立新制度。与此相适应，思想文化领域出现了"百家争鸣"的局面。然而秦在相当长的时期内，却一直是落伍者。

特别是对新兴魏国的战争，基本皆魏军主动出击，秦竟没有一次能挡住魏的进攻，以致魏尽据河西之地，并在这里置郡，任吴起为河西守，而秦则完全陷入一种被动挨打的窘境。

"初租禾"与"令吏初带剑"

秦简公时期（前414—前400），秦国社会出现了明显的变化。

简公六年，秦"令吏初带剑"，史书或记作"百姓初带剑"。剑在古代不仅是防身武器，而且是身份的标志。春秋以来，东方各国官吏早已各得带剑，秦直到战国之后才颁布了这类法令，尽管时间上晚了许多，但毕竟是破旧立新的进步。

翌年，秦开始按土地亩数征税，史书写作"初租禾"。"租"即土地税。这里用作动词，意为征收土地税。"禾"原指粮食，此处引申指地亩。"初租禾"与鲁国的"初税亩"名异实同。二者都反映了私田发展已为统治者所承认的客观事实，说明依据地亩数而征收土地税的新制度的诞生。

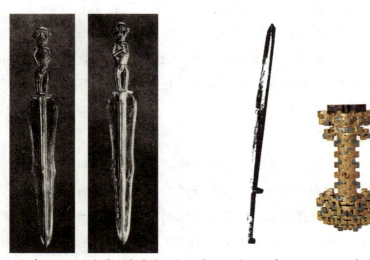

战国阴阳青铜短剑（内蒙古赤峰出土）　　秦俑坑出土的青铜剑　　　秦金柄铁剑

商鞅变法

献公的改革

秦献公是一位极有作为的国君。他在位期间（前384—前362），顺应时代潮流，进行了一系列重要改革：

一、废除人殉制度；

二、迁都栎阳，推广县制；

三、"初行为市"（即政府设立正规市场，并派专职官吏管理）；

四、"为户籍相伍"。

这场改革明显增强了秦国的力量，拉开了秦大变革的序幕。

孝公求贤诏

秦孝公是一位极富进取精神的国君。他在父亲献公改革基础上，进一步下令求贤，希望得到贤者智能的帮助，彻底甩掉秦国落后的帽子。其求贤诏曰：

昔我穆公自岐、雍之间，修德行武，东平晋乱，以河为界，西霸戎翟，广地千里，天子致伯，诸侯毕贺，为后世开业，甚光美。会往者厉、躁、简公、出子之不宁，国家内忧，未遑外事，三晋攻夺我先君河西地，诸侯卑秦，丑莫大焉。献公即位，镇抚边境，徙治栎阳，且欲东伐，复穆公之故地，修穆公之政令。寡人思念先君之意，常痛于心。宾客群臣有能出奇计强秦者，吾且尊官，与之分土。

有位年轻人应诏西入秦国，他的名字就叫商鞅。此人本是卫国国君的后裔，姓公孙，名鞅；因古时贵族常以国为姓，故又称卫鞅。其"少好刑名之学"，又向鲁人尸佼学习过。曾

商鞅画像

到魏国谋求发展，但却很不得志。当闻知秦孝公求贤的消息后，他便怀着极大的希望赶往秦地碰碰运气。不想却获得极大的成功，从而在中国历史上留下了巨大的印迹。

两次变法

商鞅抵秦后，通过宠臣景监求见秦孝公。第一次他向孝公说以"帝道"，这是道家学派的一种学说，孝公不感兴趣。第二次他向孝公说以"王道"，这是儒家学说，孝公仍不感兴趣。第三次他向孝公说以"霸道"，这是代表当时新兴阶级力量的法家学说，孝公听罢才点头称善。第四次他讲述的"强国之术"竟使孝公听得入了迷，一连数日都不厌倦。就这样，商鞅获得孝公对推行变法的支持。其后又经过与反对派的辩论，使孝公最终下定变法的决心。为取信于民，商鞅采用"徙木赏金"的做法，树立了威信。

商鞅舌战保守派

然后，大刀阔斧地开始变法活动。其相对集中者有两次：

第一次变法开始于孝公三年（前359），主要内容是：

一、颁布垦草令。即开垦荒地的命令，旨在发展农业生产。

二、"令民为什伍"，定"连坐之法"，加强对民众的控制。鼓励告奸，规定"不告奸者腰斩，告奸者与斩敌首同赏，匿奸者与降敌同罚"。

三、推行小家庭政策。国家运用经济手段，促使民众分户，建立一夫一妻制的小家庭，规定"民有二男以上不分异者，倍其赋"。

四、重农抑商。规定："僇力本业，耕织致粟帛多者复其身；事末利及怠而贫者，举以为收孥。"

五、奖励军功，严惩私斗。规定："有军功者，各以率受上爵；为私斗者，各以轻重被刑大小。"另还规定宗室成员如果没有军功，则除去其宗室的属籍。

六、制定爵制，规定各级爵位占有田宅、臣妾奴婢的数量和衣服的等次。士兵在战争中斩敌首一个授爵一级，可为五十石之官；斩敌首二个，授爵二级，可为百石之官。"有功者显荣，无功者虽富无所芬华"。

第二次变法始于孝公十二年（前350），主要内容为：

一、改革陋习，禁止父子兄弟同室居住。

二、普遍实行县制。把过去的乡、邑、聚等组织合并为县，每县设县令、县丞负责管理。令为全县最高行政长官，丞为令之佐官。

三、"为开田阡陌封疆"。即破除土地上原来的疆界封记，重新设置田界。实际上是实行土地私有制，准许土地买卖。

四、"平斗、桶、权、衡、丈、尺"，即统一度量衡。

五、"初为赋"。史家杨宽解释为："这是按户按人征收的军赋，就是云梦出土《秦律》所说的'户赋'，也称'口赋'，为汉代'算赋'的起源。"

六、迁都咸阳。此处北依高原，南对秦岭，渭水流贯其间，"据天下之上游，制天下之命者也"。

经过变法，秦实现了由落后变强盛的巨大飞跃，一个"移风易俗，民以殷盛，国以富强，百姓乐用"的新秦国屹立在中国西部大地上，并在中国历史上扮演着越来越重要的角色。

商君虽死，其法未废

商鞅在秦国取得了巨大的成功，权势亦达到无以复加的程度。可是当秦孝公一死，太子驷（即惠文王）即位后，情况立即发生了一百八十度的变化。

原来商鞅与太子及其党羽是死对头。变法过程中，太子犯法，商鞅毫不客气地对其施加刑罚，以示惩处。所以新君刚一上台，立即便以"谋反"罪名下令逮捕商鞅。商鞅逃跑无路，只好回封地商邑，组织私兵顽抗。惠文王发兵很快便消灭了商鞅的武力，把他杀死后又车裂以殉，并族灭其家。

然而，惠文王不失为一位有政治眼光的君主，他没有出于个人恩怨而废除商鞅所推行的新法。这就使秦继续沿着变法所开辟的道路前进，直至统一天下。

商邑遗址（商洛境内）

秦王扫六合

昭王时期秦的发展

秦昭王（昭襄王）在位 56 年（前 306—前 251），是秦历史上统治时间最长的国君。而这半个世纪多的时间，正是秦在商鞅变法已取得的成果基础上，继续大步发展的重要时期。

首先，此间人才大量汇集于秦国，其中以对外来人才的大量吸收和大量使用最为突出，史书中则称作"多出于客"。这对秦的持续强大，起了至关重要的作用。

其次，许多商鞅变法时未能建立和未能充分发展的制度，在这一时期建立起来和完善起来，如中央设丞相，地方置郡的制度等。日后秦王朝的许多重大制度，在此期间都已经初具规模。

再次，军事胜利和领土扩展，特别令人瞩目。例如昭王以司马错、白起等人为将，伐三晋，攻齐、楚，取魏之河东、南阳，楚之巫郡、黔中，北定太原，尽有上党，南定蜀。再如公元前 260 年，大败赵军于长平（今山西高平西北），坑杀赵降卒四十万等等。此后六国俱弱，秦独强，为统一六国奠定了基础。

吕不韦的政治投机

吕不韦，卫国濮阳人。本阳翟（今河南禹州）大贾，于赵邯郸见秦质

吕不韦与异人

吕不韦、异人逃归秦国图

子异人（后改名子楚），认为奇货可居，决定搞一场政治投机生意。

乃西入秦，劝秦昭王太子安国君的爱姬华阳夫人收异人立为子嗣；又取邯郸姬善歌舞者与之居，知有身孕，献异人以为夫人，生子政（即秦始皇）。昭王死，安国君即位，是为秦孝文王，异人为太子。孝文王立一年死，异人即位，即秦庄襄王。吕被任为相，封文信侯，食蓝田十二县，继又加封，食河南洛阳十万户。庄襄王在位三年而卒，子政年幼继位，吕被尊为相国，号称仲父。其"立主定国"的政治投机取得成功。

吕执政期间，文治武功均取得重大成就。他亲自率军灭掉东周君。秦所夺取的国土达 15 郡以上，几乎接近统一后全国总郡数的一半。在秦的打击下，东方各国再也联合不起来与秦对抗。吕门下有食客三千，家僮万人。面对即将统一的新形势，在吕的主持下，宾客们著其所闻，融先秦各家学说，集体编写了一部"备天地万物古今之事"的百科全书式的巨著《吕氏春秋》。

水工郑国·《谏逐客书》·郑国渠

郑国是韩国的著名水工，即水利专家。昏庸无能的韩桓惠王愚蠢地使出所谓的"疲秦"之计，让水工郑国入秦，劝说秦兴建引泾入洛的大型水利工程，以消耗其国力，使之无力东伐。

郑国渠工程示意图

泾阳郑国渠渠首大坝

　　不料郑国在秦主持工程之际，阴谋被秦发觉。秦宗室大臣乘机向秦王政建议"一切逐客"被采纳，随下逐客之令。一位名叫李斯的被逐宾客上书秦王，要求改变成命，此即著名的《谏逐客书》。在书中李斯首先列举了秦用外人而使国富民强的事实，从"西取由余于戎，东得百里奚于宛，迎蹇叔于宋，来丕豹、公孙支于晋"，说到孝公之用商鞅、惠文王之用张仪、昭王之用范雎，然后得出结论："由此观之，客何负于秦哉！"如果秦"却客而不纳"，"疏士而不用"，必然"使国无富利之实而秦无强大之名也"。接着李斯又举出秦王所喜爱的珠宝玩好、音乐美女，许多皆来自秦国以外，并不因其非秦国所产而拒绝，但对于"取人"，却"不问可否，不论曲直，非秦者去，为客者逐"，这是"所重者在乎色乐珠玉，而所轻者在乎人民也"。如此做法，"非所

李斯画像

以跨海内制诸侯之术也"。在此基础上，李斯反复阐述"泰山不让土壤，故能成其大，河海不择细流，故能就其深"的道理；如果不能容纳人，"使天下之士退而不敢西向，裹足不入秦"，就等于帮敌人的忙，是所谓的"借寇兵，赍盗粮"。最后李斯指出，"物不产于秦可宝者多，士不产于秦而愿忠者众"，如果执意逐客，则"求国无危，不可得也"。

秦政见到这篇情词恳切的上书后，立即撤消了逐客令，继续推行客卿制度。同时也听从了水工郑国的辩解之词，赦免其死罪，让他继续完成预定的工程，即后来以郑国名字命名的从今陕西泾阳县界内起经三原、富平、蒲城等县进入洛水全长 150 公里的灌溉渠。

史载，郑国渠成后，"用注填淤之水，溉泽卤之地四万余亩"，每亩收成可达一钟（相当今 1.837 石／亩），从此"关中为沃野，无凶年"。

尉缭眼里的秦王政

大梁（今河南开封西北）人尉缭，于公元前 237 年入秦说秦王政，建议以万金重赂诸侯，以破其合纵之谋。秦王从其计，任为国尉，因称尉缭。

他曾评论秦政道："秦王为人，蜂准，长目，挚鸟膺，豺声，少恩而虎狼心，居约易出人下，得志亦轻食人。我布衣，然见我常身自下我。诚使秦王得志于天下，天下皆为虏矣。不可与久游。"意思是说，秦王政这个人，鼻子很高，长眼睛，胸部像挚鸟那样凸起（即脊胸），声音如同豺狼叫一样，缺少恩惠而具有虎狼之心，在困难时还能够谦恭待人，一旦得志便要随便杀人，同这样的人是无法长期共事的。

《汉书·艺文志》杂家类著录《尉缭子》二十九篇，或即其所作，已佚。

消灭嫪吕两大政治集团

吕不韦政治投机的成功，使他成为秦国最显赫的当权人物。秦之有吕氏政治集团，自此始。

当秦庄襄王去世后，吕不韦即与太后——秦政之母、庄襄王的夫人，重温旧情。随着秦王政年龄的增长，吕担心与太后之事败露，于是找来替身嫪毐。史载此人阳具甚伟，可"关桐轮而行"，号称"大阴人"。毐以"宦者"近侍太后，"太后私与通，绝爱之"，被封长信侯，"赏赐甚厚，事皆决于嫪毐"。这样，在太后卵翼下，秦国又出现了一个政治暴发户。秦之有嫪氏政治集团，始自此。

吕、嫪两大集团，势力旗鼓相当。秦举国上下，非属嫪氏，即属吕氏，有"与嫪氏乎，与吕氏乎"之说。彼此间矛盾亦很尖锐，"两家宾客相抵牾尤甚"。相对看来，似乎嫪毐略占上风，故有人曾劝魏王"以国赞毐而弃吕氏"。吕、嫪两大集团势力在秦国的膨胀，必然要同王权发生矛盾斗争。当然，王权同两大集团矛盾的具体情况，各自又有不同。

王权同吕不韦之间的矛盾，较多地带有理论色彩。从吕不韦组织编写的《吕氏春秋》一书可知，吕是位杂家。他兼采儒、道等各家之长，主张在使用暴力的同时，也采取一些怀柔政策。如他率军灭东周君，而把他迁往阳人邑（今河南梁县）；再如秦灭卫后，把卫君从濮阳迁往野王（今河南沁阳），让他继续维持"君位"，等等，都是适例。秦王政对这些则不感兴趣。他崇尚法家学说，主张绝对君主集权，这就从根本上决定了他同吕之间的冲突的不可避免性。另一方面，吕不韦依持着自己对秦国的特殊功劳，极力想控制秦王政，而秦政却恰恰是一位个性极强、喜欢专断而不愿受人控制的人。随着时间的推移，双方的矛盾冲突，必然要激化为一场你死我活的斗争。

王权同嫪毐之间的矛盾，表现为赤裸裸的权力之争。如果说秦政与吕不韦的矛盾具有某种隐蔽、曲折的特点的话，那么，其与嫪毐的矛盾则是公开的直观的。吕、嫪两大集团中，嫪因太后的卵翼，占有更多的优势，故而嫪也就更加肆无忌惮。嫪与太后有私生子二人，嫪的目标即以其子取代秦政为国君。一次，嫪与侍中左右贵臣一块儿博戏，饮酒醉，互相争言而斗。嫪瞋目大叱自称是"秦王之假父"。其骄横的程度，令人难以忍受。所与斗者气愤不平，遂到秦政处告发，检举嫪实非宦者，长期与太后私乱有子二人，并与太后密谋："王即薨，以子为后"。于是，秦政立即逮捕有关人员，进行审讯，"俱得情实"。这样，秦政与嫪毐的矛盾便率先激化为剧烈的冲突。其时在秦王政九年，即公元前238年。

当秦政掌握了嫪毐的真实情况后，没有立刻把事情揭出来，而采取后发制人的策略，相机行事。这年四月，秦政赴故都雍郊祭上帝，并举行冠礼。嫪毐因事情败露正在忐忑不安之际，觉得秦政离开国都咸阳去雍是个作乱的好机会，于是"矫王御玺及太后玺"，假借国君及太后的命令，征发军队准备进攻雍的蕲年宫，以夺取政权。此事全在秦政掌握之中，即命令相国昌平君及昌文君发兵平叛，双方战于咸阳。结果"尽得毐等"，"车裂以殉，灭其宗"；"杀太后所生两子，而遂迁太后于雍"；参与叛乱的卫尉竭、内史肆、佐弋竭、中大夫令齐等20人，皆枭首；凡嫪毐舍人，"皆没其家而迁之蜀"。

叛乱"事连相国吕不韦"，"王不忍致法"，遂于次年（前237）免其相国职务；后又令回到封国河南（今河南洛阳）。过了一年多，秦王政"恐其为变"，下令他举家迁往蜀地。吕不韦看到大势已去，遂"饮鸩而死"。这样，嫪毐、吕不韦两大集团全被清除了，秦国的大权，集中于秦王政之手。

荆轲刺秦

卫人荆轲，好读书击剑，为人沈深，有报国壮志，喜结交豪杰长者。他游说至燕，与侠士田光、高渐离等友善。田荐之于燕太子丹。丹尊之为上卿，舍上舍，与共谋劫刺秦王政。

公元前227年，他携带秦逃亡将军樊於期首级，以献燕国督亢（今河北易县、汤县、固安一带）地图为名，往刺秦王。告别时，太子丹等在易水河边白衣泣送。高渐离为之击筑，荆慷慨悲歌："风萧萧兮易水寒，壮士一去兮不复还！"歌声高亢感人，在场者无不同仇敌忾。

既见秦政，献图，"图穷而匕首现"。他以焠毒匕首击秦王不中，反

荆轲持匕首刺向秦王

荆轲刺秦画像砖拓片

为所杀。其事被司马迁写入《史记·刺客列传》。尽管就此事的本身意义而言，并不足道，但荆轲视死如归的精神和他所体现的燕赵侠士气概以及"士为知己者死"的豪爽人格，却长期为后世所称道。正如史迁评论所说，荆轲"不欺其志，名垂后世"。

悲剧人物韩非

韩非（前280—前233）出身韩国贵族，师事荀子，曾与李斯同学，而学问胜过李。曾数次上书韩王安修明法度，不见用，于是发愤写下《孤愤》《五蠹》《内外储》《说林》《说难》十余万言的著作。

他继承和发展了荀子思想，把法家杰出人物的"法""术""势"理论融会贯通，合为一体，成为法家学说的集大成者。他总结各国历史得失，认为秦用商鞅之"法"，使得国富兵强、地广主尊，但由于无"术"，富强的成果全被个人用来谋私，因而国家强盛数十年，却不至于帝王。韩国用申不害的"术"而国治兵强，但由于无"法"，也不至于霸王。他兼用

韩非子画像

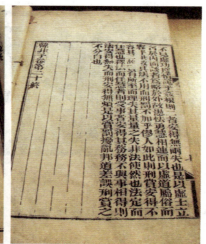

《韩非子》书影

"法""术""势",提出一整套统一天下的法家理论。主要内容有：加强中央集权，"事在四方，要在中央"；以法为教，以吏为师，禁止私学；明行赏罚，奖励耕战。他强调性恶论，提倡极端专制主义，主张君主大权独揽，威严重刑，对下善于运用权术、手腕，轻罪重罚，不必是圣贤。他的思想还包含有唯物主义认识论成分，如强调必须根据历史和事实"参验"认识、行动是否正确；再如以"矛盾"的寓言故事把矛盾的概念引进认识领域等等。他还反对鬼神和天命思想。

韩非的著作传入秦国，得秦王政赏识。后出使秦国，得见秦王。不久遭李斯、姚贾谗害，自杀于狱中，成为令人惋惜的悲剧人物。传世的《韩非子》一书55篇，除少数为后人补作之外，绝大部分为韩氏真作。

王翦父子与秦灭六国

王翦是频阳东乡（今陕西富平东北）人，少好军事，精通阵法，受到秦王嬴政的赏识，任为将军。

秦政十一年（前236），王翦率兵攻赵，初试锋芒便取九城，斩首10万。十八年，二次伐赵，直下井陉（今属河北），进围赵都邯郸，巧施离间计使赵王诛杀名将李牧。次年，攻克邯郸，俘获赵王迁，赵国仅剩代郡一地，基本亡国。二十年，王翦兵指燕国，大败燕、代联军，攻克燕都蓟城，迫使燕王喜逃往辽东。翦在不足十年之内连破两国，威名大振。然而在其后秦灭楚的过程中，他与嬴政之间却发生了一段颇具戏剧性的故事。

年少壮勇的秦将李信，曾率兵追逐燕太子丹至于衍水中并将其俘虏，秦王以为贤勇，遂向他询问攻伐楚国所需之兵力。他回答说："不过用二十万人。"秦王又问王翦，翦回答称："非六十万人不可。"秦政听罢说道："王将军老矣，何怯也？！李将军果势壮勇，其言是也。"于是遣李信等将20万军伐楚。王翦的意见被否定，因而谢病归老故里。李信军开始进攻比较顺利，取得一连串的胜利。殊不知这是楚人施的骄兵之计，不久，楚军进行反击，"三日三夜不顿舍，大破李信军，入两壁，杀七都尉，秦军走"。嬴政得知李信败北的消息后大怒，亲自赶往王翦老家道歉见谢。王翦道："大

王翦画像

始皇为王翦送行

王翦墓

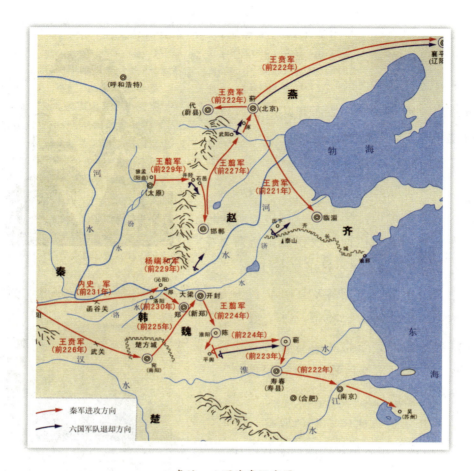

秦统一六国战争示意图

王必不得已用臣，非六十万人不可。"秦王答曰："为听将军计耳。"出兵之日，秦政亲自送至灞上，王翦则多次向秦王请美田宅园池为子孙业。有人不解，认为如此做法太过分。王翦则回答说："今空秦国甲士而专委于我，我不多请田宅为子孙业以自坚，顾令秦王坐而疑我邪？"很明显，王翦这里的良苦用心在于力求自保，不让秦王对自己有所怀疑。

王翦不愧是久经沙场的老将，他采取坚壁而守、步步为营的战法，力挫楚军锋芒，然后抓住有利战机，一举而破楚军，杀楚将项燕，乘胜略定楚地城邑，岁余即虏楚王负刍，平楚地为郡县。其后又乘势南征百越之君，略定南方边地。

王翦之子王贲也是秦的名将，曾兵围魏都大梁（今河南开封），引黄河水灌城，一举灭亡魏国。又破定燕、齐地，为秦统一天下立有汗马功劳。

司马迁说，秦尽灭六国，王氏"功为多，名施于后世"。又发感慨道："王翦为秦将，夷六国，当是时，翦为宿将，始皇师之，然不能辅秦建德，固其根本，偷合取容，以至殁身。及孙王离为项羽所虏，不亦宜乎！"

秦统一图

短命王朝

秦始皇帝画像

秦封泥"皇帝信玺"

自称皇帝

秦统一后，嬴政认为"寡人以眇眇之身，兴兵诛暴乱，赖宗庙之灵，六王咸伏其辜，天下大定。今名号不更，无以称成功，传后世"，于是令臣下议帝号。群臣建言：王为"泰皇"，命为"制"，令为"诏"，天子自称曰"朕"。嬴政裁定："去'泰'，著'皇'，采上古'帝位'号，号曰'皇帝'。他如议。"这样便有了"皇帝"的称号，产生了皇帝制度；中国从此跨入帝国时代，直到1911年清朝灭亡。

三公九卿

通常认为，秦之朝廷官丞相、太尉、御史大夫，习称为三公；奉常、郎中令、卫尉、太仆、廷尉、典客、宗正、治粟内史、少府，习称九卿。

丞相为百官之长，掌丞天子助理万机。太尉是中央主管

秦封泥中所见三公九卿　上：丞相之印　左丞之印 右丞之印　下：宗正　少府

武事的最高官员。御史大夫掌副丞相，为全国最高监察和执法之长官。奉常掌宗庙礼仪，凡宗庙祭祀及朝会、丧葬礼仪，充当主祭人皇帝的助手。郎中令掌宫殿掖门户，实为皇帝卫队长。卫尉掌宫门卫屯兵，守卫宫禁。太仆职掌皇帝专用马车，遇皇帝外出则为之驾车。廷尉主管全国刑狱。典客掌诸归义蛮夷，即职掌少数民族事务。宗正主管宗室名籍。治粟内史掌谷货，负责粮食、财政等工作。少府职掌山泽陂地市肆之租税收入，名曰禁钱，供皇帝日常生活和祭祀、赏赐开支，为皇帝私府，兼管皇帝衣食器用、医药、娱乐、丧葬等事宜。

“封建”与“郡县”之议

秦统一后，丞相王绾等建议实行封藩建卫的封建制（分封制）。群臣廷议皆以为便，唯廷尉李斯反对，认为郡县制才是“安宁之术”。

始皇肯定了李斯的意见，维持郡县制不变。最初分天下为三十六郡，后来随着边境的开发与郡治的调整，总郡数增多达四十六郡。“郡置守、尉、监”。“守”即郡守，为一郡最高长官。“尉”即郡尉，佐郡守“典武职甲卒"。"监"即监御史，"掌监郡"。郡之下有县，万户以上县设令，万户以下置长。县之下有乡、亭、里的组织，各有管理人员。

五德终始论下的水德制度

五德终始论是战国末出现的一种学说。它认为：人间天子一定要得到五行（德）中的一德，并由上天显示符应；当他的德衰了，有在五行（德）中得到足以胜过前一德的另一德者，就起而代之；如此按照土、木、金、火、水的五行相胜次序运转下去，便形成了历史上的改朝换代。

按五德推演，周为火德，火后是水，故秦便认定自己是以水德而得天下，并称说500年前秦文公出猎时所获之黑龙（蛇），即水德的符应。依五德说理论，秦制定了一整套的水德制度：

年始、朝贺，十月朔（以十月为岁首）；

衣服旄旌节旗，上黑；

数以六为纪，符、法冠六寸，舆六尺，步六尺，乘六马；

音，上大吕；

河，更名德水；

政术，刚毅戾深，事皆决于法。

巩固统一的措施

秦统一天下后，为了巩固统一的胜利成果，采取了一系列巩固统一的措施。传统的观点认为秦巩固统一的措施，主要是统一文字、统一货币、统一度量衡，即所谓的三大统一。

著名秦汉史专家陈直认为除了三大统一外，还有郡县统一、律令统一、官制统一，共为六大统一。

今之论者又补充以祭祀制度统一、礼制统一，成为八大统一。另有研究者将"令黔首自实田"、焚书坑儒亦列入，则为十大统一措施。

巡游与封禅

为宣扬皇威，加强对各地的控制，同时也是效仿古帝王巡狩，当然亦

齐国刀币　　楚国贝币　　韩国布币　　赵国布币　　魏国布币　　燕国刀币

秦半两钱

秦统一货币示意图

秦统一文字示意图

秦高奴铜石权（西安出土）

秦"北私府"椭量（礼泉出土）

秦始皇帝出巡图

含有游乐之目的，秦始皇先后五次到全国各地巡游。

第一次，公元前220年出发，巡行至陇西北地；第二次，前219年出发，先至今山东境，后转至今湖南北部；第三次，前218年出发，巡行至琅邪、上党；第四次，前215年出发，巡行目的地是碣石（今河北乐亭附近）及北方边塞；第五次，前210年出发，先至今浙江北部，后北上今山东境而返，死于途中。

秦驰道示意图

就在第二次巡游中，始皇登上泰山，举行了封禅——古代一种特殊的天地祭祀礼典。原来古人心目中，泰山是天下最高的山。帝王到那里举行封禅大典，向上天报告成功，表示受命于天，实为头等大事。文献记载，不少古帝王都曾封禅，但难以据为信史，而秦始皇才是中国历史上第一个把这种礼典付诸实践的皇帝。

不死药与徐福东渡

秦始皇十分怕死，千方百计要寻求长生不老之术和不死药。就在他第二次巡游至东方齐国故地时，齐人徐福（市）等上书，说东海中有蓬莱、方丈、瀛洲三神山，山上有仙人。始皇按其要求，派数千童男、童女随他入海求仙找不死药。不料徐等一去渺无音讯。这就是徐福东渡一事的原生态记录。

徐福画像

西汉时，已经有了徐福在海外"止王不来"的说法；至东汉，则开始把徐"止王"处与日本相联系；大约宋以后，徐东渡日本的传说在中日两国流传开来，日本甚至有关于登陆地在纪伊熊野浦的具体考定，以及所谓徐福墓与徐福祠的发现。近数十年来，江苏、山东等地关于徐福东渡事吵得沸沸扬扬。其开发本地旅游资源的愿望是可以理解的，但所炒作的内容，仅为当地的民间传说，不可视以为信史。

北击匈奴，南开五岭

公元前 215 年，秦始皇派出求不死药的燕人卢生从海上归来，因奏录图书曰"亡秦者胡也"。始皇乃使将军蒙恬发兵三十万北击胡（匈奴），略取河南地。此即北击匈奴。

而南开五岭则指秦王朝对岭南越人的战争。其于统一后不久即开始，是场名符其实的持久战，全过程分四个阶段：

一、始皇派尉屠睢以五军戍五方，做了长达三年的准备，其中包括修建灵渠以解决后勤供应。

二、秦军进攻越人，获斩杀西瓯首领译吁宋的重大胜利；然而越人利用夜战，大破秦军，杀尉屠睢，反败为胜。

三、秦被迫"发适戍以备之"，即"使尉佗（即赵佗）将卒以戍越"。

四、公元前214年，秦以任嚣为主将，以赵佗为副，再次进击越人，战争以秦设置桂林、象、南海三郡的胜利而告结束。

直道与五尺道

二者皆道路名。直道系公元前212年由蒙恬主持修建。自云阳（今陕西淳化西北）至九原（今内蒙古包头西北）。"堑山湮谷，千八百里"，是沟通关中平原与河套地区的主要通道，军事意义似更为主要，以致被喻为军事高速公路。今遗址犹存。

陕西富县境内秦直道遗址

五尺道为秦统一后用兵西南时，由常頞主持修筑。因地势险恶，路面狭窄，故名"五尺"。汉时因秦旧迹增修，为四川盆地通往云贵高原的主要交通线。

修长城，筑阿房，造陵墓

《史记·蒙恬列传》载，就在蒙恬将三十万众北逐匈奴、收河南后，"筑长城，因地形，用制险塞，起临洮，至辽东，延袤万余里。"这就是著名的秦万里长城。今仍存留有部分遗迹。

造阿房宫事见《史记·秦始皇本纪》载："三十五年，除道……始皇以为咸阳人多，先王之宫廷小"，"乃营作朝宫渭南上林苑中。先作前殿

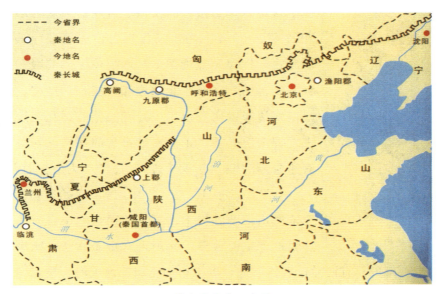

秦长城分布示意图

秦长城遗存（陕西横山境）

阿房，东西五百步，南北五十丈，上可以坐万人，下可以建五丈旗。周驰为阁道，自殿下直抵南山。表南山之巅以为阙。为复道，自阿房渡渭，属之咸阳，以象天极阁道绝汉抵营室也。阿房宫未成；成，欲更择令名名之。作宫阿房，故天下谓之阿房宫。"大体自汉代开始，阿房宫的规制就有被放大之嫌疑，至唐代杜牧作《阿房宫赋》则达到了极致。不过杜氏所赋是

阿房宫遗址出土高足杯

借秦之喻，讽谏当朝帝王，多有想象夸张，并不可视为信史。今在陕西西安三桥以南，东起巨家庄，西至古城村，还保存面积相当可观的阿房宫遗址。2002 至 2007 年，考古工作者对该遗址进行了全面的考古勘探和局部试掘，基本搞清了"前殿"夯土台基的范围，以及殿北部边缘三层台面结构，还在殿南部边缘以南发现了一处较完整的铺瓦遗迹。考古发掘情况表明，正如文献记载的那样，阿房宫没有建成，相传的"项羽火烧阿房宫"当为历史的误传。

造陵墓事亦见《秦始皇本纪》："始皇初即位，穿治郦山，及并天下，天下徒送诣七十余万人，穿三泉，下铜而致椁，宫观百官奇器珍怪徙臧满之。令匠作机弩矢，有所穿近者辄射之。以水银为百川江河大海，机相灌输，上具天文，下具地理。以人鱼膏为烛，度不灭者久之。"秦始皇陵今仍屹立于西安市临潼区骊山北麓，枕骊山而望渭水；以始皇陵为主体，建成有庞大的骊山陵园。有关具体情况，后文还将专门介绍。

焚书坑儒

始皇三十四年（前213），博士淳于越再次奏请推行分封制，丞相李斯驳其议，提出禁私学与焚书建议，为始皇认可。所焚之书包括各国史记和民间所藏的《诗》《书》、百家语；秦史记、博士官收藏的图书和民间医、卜、种树之书则不烧。令下三十日不烧者黥为城旦，有敢偶语《诗》《书》者弃市，以古非今者族，吏见知不举者与同罪。

次年又发生坑儒事件。为始

坑儒谷遗址（临潼西南韩峪乡洪庆堡）

皇求仙药的侯生、卢生，以始皇贪于权势，专用刑罚为由，相约逃亡。始皇闻讯下令追究，受到株连的儒士四百多人皆被活埋于咸阳。长子扶苏谏劝，亦被遣至上郡监军。

坑儒还有另一种说法：始皇下令焚书之后，恐天下人不服，遂招诸生七百人拜为郎。他暗地里派人在骊山陵谷温暖处用温泉水浇灌种瓜，待瓜结出后令诸生讨论瓜生长的原因。众人议论纷

焚书坑儒图

纷，始皇便令到种瓜现场察看，暗中却伏下了弓箭手。当诸生到达正在争论不休之际，全遭乱箭射杀，并被埋在谷中。此谷相传即临潼温汤西南三里的马谷。

沙丘之谋与秦之败亡

公元前210年，始皇最后一次出巡，少子胡亥与丞相李斯、中车府令兼行符玺事赵高随行。返抵沙丘（今河北广宗县西北）时，始皇病危，令赵高作书，命在上郡监军的长子扶苏至咸阳会丧。始皇死后，赵高扣压玺

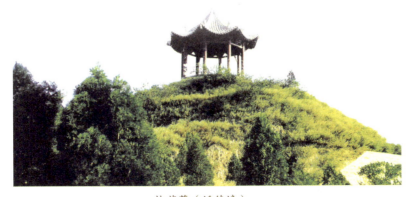

扶苏墓（绥德境）

蒙恬墓（绥德境）

书，嗾使胡亥篡夺帝位。遂胁迫李斯矫始皇遗诏，立胡亥为太子，迫令扶苏自杀。胡亥至咸阳发丧，即位称二世皇帝。是为沙丘之谋。

赵高逼李斯立胡亥为帝

二世元年（前209）七月，戍卒陈胜、吴广揭竿而起反秦，天下响应。后形成以项羽、刘邦为首的两支反秦主力军。项羽在河北巨鹿消灭了秦军主力，刘邦则先入关中接受了秦王子婴的投降。威显一时的秦帝国就这样匆匆退出了历史舞台。

社会实业与文化风貌

农业生产（含畜牧业）

秦以农立国，农业生产在承继周农业文明的基础上进一步有所发展。

大量史料证明，秦地是中国历史上最早出现和使用铁器及牛耕的文化区之一。秦穆公时救济晋国荒灾的"泛舟之役"，充分表明了秦粮食生产的发达和积贮的富有。与各诸侯国相比，秦的农业生产技术进步十分突出。成书于秦的《吕氏春秋》之《上农》《任地》《辩土》《审时》诸篇，是学

灵渠（广西兴安境内）

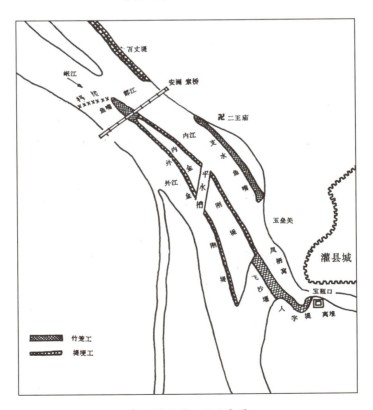

都江堰水利工程示意图

人公认的中国较早出现的总结农业生产经验和技术的专门著作。在水利建设方面，秦的成就亦令人瞩目。战国时典型的几项水利工程中，最知名的都江堰与郑国渠，皆秦国修建。商鞅变法所实行的"显耕战"政策，对秦的农业生产飞速发展起了重要的激励作用。秦的粮食亩产比六国最好的年成的产量还要多6%以上。史称秦"积粟如丘山"，"富甲天下"，并非夸张之辞。

畜牧业是与农业紧密相连的部门。由于农业生产的巨大发展，也促进了畜牧业的发展。秦人本来就有从事畜牧业的悠久历史，以擅长养马著称。春秋战国时，秦人仍然保持着这一传统。当时著名的相马专家伯乐为"秦穆公之臣"，九方皋则为秦人。云梦秦简的律令中有不少保护六畜饲养的规定，《日书》中亦有许多涉及六畜饲养的内容，特别是其中一篇以《马》为题的祭马神的祝词，或认为即迄今所能见到的中国历史上最早的一部相马经。从这些侧面，不难看出秦畜牧业的兴旺发达。

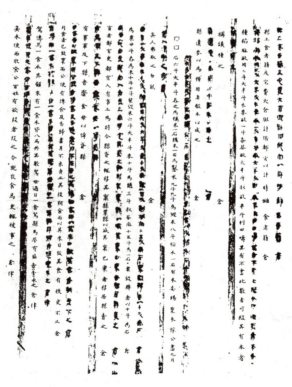

秦简·仓律（云梦出土）

手工业

秦的手工业，部门齐全，规模宏大壮观，内部分工细密，工艺技术先进。

秦的青铜制造业，直接继承周人的生产经验和技术，所造铜器多具有西周遗风。雍城遗址出土的大型青铜建筑构件，为山东各国所没有，反映了秦青铜制造业的某些典型特点。秦都咸阳发现的占地面积达 900 平方米的冶铜作坊遗址，具体体现了秦青铜制造的宏大规模。

秦·龙纹空心砖（西安出土）

秦·彩绘兽首凤形漆勺（云梦出土）

秦·杜虎符

秦兵器制造业率由官府垄断，分中央制作和地方郡制作两种形式，实行监、主、造三级负责制。所造兵器种类多，制作精，一般要经过范模浇铸、零部件加工、钻孔錾凿、截割铆钉、错磨抛光、氧化保护、组装成品等工序，具有一定的标准化要求。造器所用青铜，以铜、锡为主，含有多种其他微量元素，硬度相当于中碳钢，并能随所造兵器不同，改变各种成分的配合比例，以突出某种功能。特别需要指明的是，兵器氧化保护工序是用铬盐进行氧化处理，使兵器表面形成一层厚达 1/100 毫米的氧化膜，从而起到防锈防蚀作用，如此高超的铬盐氧化处理技术，在世界科技史上堪称奇迹。

冶铁业在秦发展较早，战国以后其生产规模更大。秦境内丰富的铁矿资源为其冶铁业的发展提供了良好的先天条件。秦都咸阳宫殿区附近发现的冶铁、铸铁作坊遗址，是官营冶铁业的见证，从遍地的铁渣及铁块、炉渣、红烧土等遗物，不难推见其经营规模。官营之外，还有不少民间私营冶铁作坊。秦政府设有专门管理铁器生产与使用的官吏与机构。史载，秦攻伐六国过程中，每每将那些从事冶铁业的作坊主连同作坊一起迁入秦境，继续从事生产，这在客观上有利于各国工匠的技术交流。

秦的陶器制造业素称发达。雍城宫殿遗址出土的陶板瓦、筒瓦、瓦当等建筑材料，形制与西周及关东诸国皆不相同，显示了秦文化的独特风采。春秋中晚期秦墓出土的仿铜器彩绘陶，反映了秦制陶业技术的进步。战国时，秦的官营、私营制陶作坊，规模进一步扩大，除生产日常生活用品及建筑材料外，还批量生产陶俑、陶车、陶困、陶圈等陪葬器物。秦陵兵马俑的制作，具体反映了战国后期以来秦制陶业的巨大规模和高超水平。

上述之外，秦的漆器制造、纺织、皮革制造等行业在整个手工业中也占有一定的地位。

城市与商业

城市是人类历史发展到一定阶段的产物，也是衡量一个国家或民族经济文化是否发达的重要标尺。秦的城市大体有三种类型：一是先后作为全国政治、经济、军事、文化中心的国都，如雍城、栎阳、咸阳等，属大型城市；二是作为地方县级行政机构所在地的县邑，如杜、郑等，属小型城市；三是兴起稍晚但规模较大的郡级行政机构所在地郡治，如蜀郡成都、汉中郡南郑等，属中型城市。

对雍城遗址的考古发掘表明，该城为约 11 平方公里的正方形，四周有城墙，护城壕，城内有大型宫殿建筑群、平民居住区及东西向、南北向

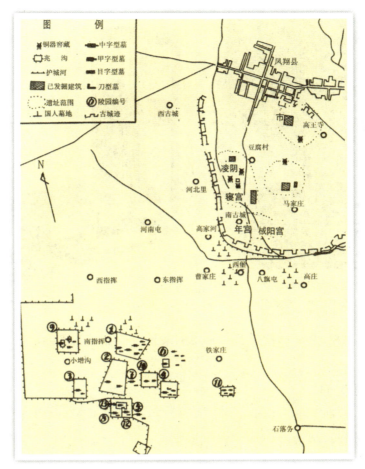

雍城平面示意图

交错为井字形的各四条大街，另还发现有凌阴、陵园等遗址。整个城市建筑规模与气魄，比起周天子所居之王城，有过之而无不及。由此不难窥见秦城市的一般情况。当然，秦城市最典型的代表，要数秦国后期及秦王朝时期的国都咸阳。对此，后面将有专文介绍，这里就不多说了。

在以农立国的传统经济模式下，秦商业活动兴起较晚，但穆公时雍城已有"贾人"，说明商业得到一定的发展。献公时"初行为市"，给商人以合法地位和固定的活动场所，对促进商品经济发展具有积极意义。商鞅变法推行的重农抑商措施，实际是重农政策的补充，并非完全抑止商业活动。据《云梦书简》等材料可知，战国末期秦的市场建设和管理已相当完善，一般城乡居民与市场的联系更加密切，货币使用更为广泛。这些都有

凤鸟衔环铜熏炉（战国雍城出土）　　　雍城出土秦大型铜建筑构件

力说明，当时秦的商业已有了长足的发展，而非一贯落后。

84

宗教信仰

秦人信仰上帝，祠祀场所称作"畤"。其"上帝为尊"观念的表现特征，一是祭祀无定所，献祭无定品；二是上帝不独尊；三是上帝人格化。这样的上帝信仰，综合地反映了秦文化的混合特质，秦族固有的游牧民族多神教和西戎文化是秦文化的基础，殷人"帝"的观念与周人"天"的思想则被秦文化吸收为新的宗教成分。

除上帝之外，秦人还崇拜许多神祇，体现出万物有灵的浓厚色彩。这些神祇约可分为四类：（1）自然神。主要有星神（即秦人宗教观念中广义的"天神"或"上神"），土地神（即"社神"，或作"大神""下神""土神""土皇"等），山川神。（2）动物神。主要有六畜神、妖神等。（3）生活神。指支配社会生活与家庭生活方方面面的神明。（4）人物神。指被奉为神明的祖先、君主、杰出人物或特殊人物。秦人认为，神处于人与上帝之间，代表上帝行使各种具体的职能，他们在许多方面具有与人共同的需要和行为。秦人对其则采取现实、功利、实用的态度和原则。

在秦人心目中，人鬼之间是相通的。各种不同类型的鬼，都与他们生前的特征和遭遇有直接的联系，他们实际上是生活在另一个世界上的人。面对鬼类的骚扰攻击，需根据其作祟的不同方法，采用不同的手段予以驱除。秦人打鬼之法有四种：一是用桑杖、桃梗、苇、白石、粪便、牡棘、良剑等器物直接打击之；二是以沙人、沙蒂等中草药治之；三是靠火攻、水攻、土攻除之；四是随机应变，灵活使用简易法驱之，如夜行鬼挡道，可解开头发冲过之类。总之，秦人观念中的鬼神世界，乃是一幅人间世俗化的长卷。

婚丧礼俗

秦的婚礼既受周礼影响，又保留了较多的戎狄风俗。秦人不责备女子"淫"，社会风尚开放，男女交往随便自由。这从宣太后及秦政生母的风流韵事可以得到很好的证明。从《云梦书简》中可以比较具体地看到战国后期秦人的某些婚姻观念，如择偶具有明显的功利主义文化特征，婚嫁禁忌严格，讲究生育的良辰吉日等等。同列国相比，"秦人爱小儿"尤为闻名。秦人对孩子未来命运的祝愿和前程的希冀，据《日书》所载，主要是：（1）政治地位，社会名望——"贵"；（2）经济收入——"富"；（3）武艺技能——"武"、"巧"；（4）身体素质——"良"、"寿"；（5）道德品质——"孝"、"闻"。

从大量的墓葬材料可知，秦人的葬俗葬仪文化特征主要有：（1）屈肢葬；（2）西向墓；（3）早期

各种图纹的秦瓦当

秦漆绘角抵图木篦摹本
（江陵凤凰山秦墓出土）

秦空心砖之龙抱璧花纹（秦咸阳宫殿遗址出土）

以长条形竖穴土圹墓为主，战国中期后发展为竖穴洞室墓；（4）盛行人牲人殉，战国中期后明显有所改变；（5）以铲形袋足鬲、茧形壶、鍪、扁壶、蒜头壶等有特色的器物从葬。而秦国君的葬仪制度的基本内涵则是：（1）建有规模宏大的竖长方形陵园，且为一公一园；（2）固守坐西向东的墓葬传统；（3）采用"中"字型墓和"亚"字型墓葬制；（4）早期墓不起封，设有享堂，战国以后起冢称陵，并在陵侧起寝；（5）椁室"黄肠题凑"建制；（6）随葬人牲人殉及车马坑；（7）置守冢户与管陵官吏。

美术与音乐

秦的美术成就，大量反映在器物表面的花纹图饰上，如秦公钟铸饰的夔龙、夔凤纹，秦公镈铸饰的蝉纹、窃曲纹、菱形条带纹，凤翔姚家岗出土的建筑青铜构件上的蟠螭纹，临潼零河出土的铜门楣上的蟠虺纹，半圆形瓦当上的各种植物纹，圆形瓦当上的各种动物纹及云纹等，皆堪称代表之作。咸阳秦都3号宫殿遗址出土的壁画《车马仪仗图》，主题鲜明，造型生动，运笔娴熟，充分体现了秦国美术所达到的水平。需要特别指出的是，从已出土的秦造型艺术品，如虎符、金鸟、金兽、泥俑、石俑、陶牛等来看，其水平是相当高的，秦陵兵马俑那样大型群雕的产生，正是在秦已有基础上的进一步发展。

秦的传统音乐，一是来自西周的庙堂乐，再是来自西部古代游牧民族的自由歌调。前者节奏迟缓，旋律庄重、肃穆，一般用于祭祀等正式礼典。后者结构简单，音律平直，声调高亢昂扬，"歌呼呜呜"，自由奔放，风格粗野，容易宣泄情绪，抒发胸怀，广泛流行于民间，被称为"秦声"。随着秦向关东的发展，

秦乐府钟（秦陵丽山飤官遗址出土）

秦

其对中原各国音乐大量吸收、消化，所谓"弃击瓮叩缶而就《郑》《卫》，退弹筝而取《昭》《虞》"，即对这一史实的生动概况。战国末，秦乐器的名目已相当繁多，如筑、钟、磬、铎鼓（或作鼗鼓，即拨浪鼓）、鞞（鼙）、琴、瑟、筝、笛、笙、竽、管、箫、埙、篪、柷（椌）、敔（楬）、琵琶、阮咸（秦琵琶）等；乐器种类包括打击、管、弦、弹四大类，十分齐全。在乐理方面亦积累了丰富的知识，形成了自己的音乐理论体系。《吕氏春秋》中的《大乐》《侈乐》《适音》《古乐》《音律》《音初》《制乐》《明理》等篇，实际便反映了秦人对音乐理论的认识。

秦咸阳宫壁画车马云游图

医学与天文历法

秦素以出名医而著称天下。医缓受秦桓公委派为晋景公治病，首次提出了"膏肓"这一医学概念。医和第一个把自然界的"六气"概念作为医学范畴引入病理分析当中，提出了六气失和的理论，从而为中医学理论发展奠定了良好的基础。秦医师们不仅在医学理论方面有很高的建树，而且在临床应用中也有杰出的贡献。如临床经验丰富的医竘，曾为齐宣王"割痤"，为秦惠文王"疗痔"，为张子治"背肿"等等，以致产生了"秦医善除"的民谚。由于秦医学的发达，便吸引了各国的名医前来观摩、切磋、交流。

秦在天文历法方面的成就，亦引人注目。伏日节令，便是秦所创立。这是秦人对盛暑季节长期观察与研究的结果，它对农业生产和人民生活，均具有重要的实用价值。颛顼历的发明与应用，更是突出的实例。这是一种在夏历基础上加以改进的历法，在当时通行的各种历法中较为先进，后一直被沿用到汉武帝时。此历法还流传到边地与海外，东南亚地区及中国西南少数民族使用的佛历，即其变体。秦人还是中国最早系统地利用二十八宿来分辨时令、制定节气的民族。他们对于昼夜的划分，以及对昼夜在四季不同月份构成比例的确定，均达到相当先进的水平。

秦石鼓（复制品）

文　字

现能见到的秦人最早文字，是石鼓文，字体为籀书，即大篆。这是直接继承西周的文字而来，也是迄今所能考见的秦文字发展的第一阶段。关于石鼓文，古人曾有考订为西周遗物者，但自郑樵断为秦物之后，已被多数学者所公认。只是石鼓究竟作于秦何时代，学人仍有较大争议。

秦石鼓文

秦石鼓文（局部）

秦十二字砖（日本藏品）

秦诏版

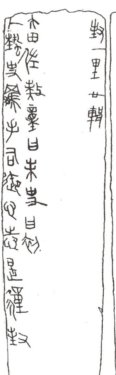

秦封宗邑瓦书（摹本）

秦文字发展的第二阶段是小篆，其虽仍属篆书，但比大篆已经简化多了。这一字体的代表作是《诅楚文》，现仅存《绛帖》《汝帖》本。

秦文字发展的第三阶段是隶书，这是比小篆更"约易"的一种字体。它开始流行于民间，后为官方所认可。1975年发现的《云梦书简》，皆为隶书所写，这说明早在秦统一前隶书已在官方文书中广泛使用。古文献记载隶书是秦始皇时程邈所作，认为这种文字可施诸隶徒，故称之隶书，看来并不准确。所谓程邈作隶，大概只是对当时社会上流行的隶体加以总结而已。

《秦风》与《秦誓》

《秦风》是《诗经》中关于秦诗歌的专章，也是秦文学的代表作。《秦风》共十篇，分别是：《东邻》《驷骥》《小戎》《蒹葭》《终南》《黄鸟》《晨风》《无衣》《渭阳》《权舆》。这些诗，或表现他们同仇敌忾、同生死共甘苦的战斗友谊；或写秦民的爱国精神，以及写爱情，反映妻子思念征夫，以及青年男女间爱与恨、失望与希望、苦与乐的复杂情感；或写秦上层社会，记叙统治者狩猎、宴饮的盛况，反映其惜别、怀旧的感情；或写民众的情绪，宣泄人们对统治者的不满。全部诗作，生动地反映了春秋时期秦国的社会现实，具有很高的艺术性和史料价值。

《秦誓》是秦穆公所作的一篇誓词，收入《尚书》的《周书》部分。实际上，它是秦国历史上的第一个"罪己诏"。对此，前文已作专门论述。抛开政治意义不论，仅从文学角度看，《尚书》是中国最古老的散文作品，《秦誓》乃是其中的成熟之作。全篇语言诚挚，自始自终运用对比的手法，写得深刻有力，是春秋时秦国散文的代表作，实开《左传》之先河，在中国散文发展史上占有一定的地位。

《商君书》与《吕氏春秋》

《商君书》与《吕氏春秋》是两部虽非秦人撰著却反映秦政治思想的著作。

《商君书》或名《商子》，最早著录为二十九篇，今有二十六篇的篇名，而实存仅二十四篇。书中从发展变化的历史观出发，论证了变法的必然性，指出治国的根本在于法治，只有富国强兵才能称王天下，为此就必须推行"农战"政策。这些思想在秦国付诸实践，取得了巨大的成功。

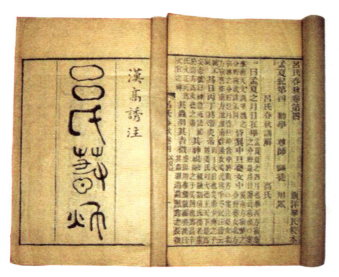

《吕氏春秋》书影

《吕氏春秋》是中国第一部有组织、按计划编写的文集，由《十二纪》《八览》《六论》组成。其体裁，在先秦诸子中是一种创新；其内容，兼容并包儒、法、道、墨、阴阳五行各家思想。从政治上看，这部书是秦相吕不韦为未来统一王朝制定的一套治国方案。从哲学角度考察，它安排了一种成龙配套的从自然到社会，即所谓"上揆之天、下验之地、中审之人"的宇宙图式。尽管由于吕不韦政治上的失势，这部书的思想与主张在秦国未能全部实施，但它却开始了一种以儒家为主兼容各家以建构体系的时代要求。这一要求到汉武帝时终于落实与完成。此外，这部书中保留的数量相当可观的古农学、养生学以及乐理方面的资料，弥足珍贵，在文学上亦有很高的价值。

教育

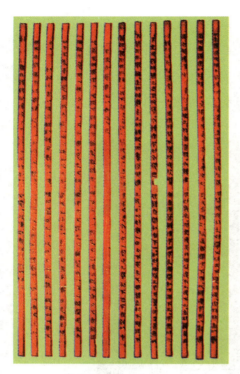

秦简（云梦出土）

秦的教育大体包含四方面的内容：一是宫廷教育，二是关于"史子"一类特殊人才教育，三是私学，四是"以吏为师"。

宫廷教育，也称作"宫邸学"，是对国君、太子及宗室贵族设置的专门教育。据《史记·秦始皇本纪》附《秦记》关于"缪（穆）公学著人"的记载可知，至少在穆公时代秦已确立了如同周那样的官师合一、政教合一的宫廷教育体系。

"史子"意谓"史"的儿子。云梦书简《内史杂》律文规定：非史子不能在叫做"学室"的学校里学习，违反这一禁令者有罪。由此可知秦时存在一种通过"学室"培养"史子"的特殊教育。古代的"史"，狭义仅指史官，广义则泛指一切从事文字工作的官吏。由于"史"职务的特殊性，所以"史"一直是"父子畴官，世世相传"的。而"史子"从小就要接受特定的教育。据张家山汉简《二年律令·史律》又知，汉代除了对"史子"的教育外，还有关于"卜子""祝子"的教育。主掌占卜、祝祠的"卜""祝"与主掌文字工作的"史"一样，都是那个时代的特殊人才，而这些人也是世袭为职的，所以祝、卜的儿子也必须经过专门教育以继承前辈的职业。据"汉承秦制"推测，秦时亦应有"卜子""祝子"的特殊教育。

私学是与官学相对应的概念，指以个人收徒讲学为形式的私人教育。在始皇三十四年（前213）丞相李斯所提出的"焚书议"中，先后两次涉及秦的私学问题，据此知秦有私学，当毋庸置疑。一般而言，这类私学以儒者开办的居多，而与秦关系密切的墨家，似也应占有重要的地位。

"以吏为师"的教育主张，战国后期已见于法家论著。如《韩非子·

五蠹篇》所谓的"以法为教""以吏为师"便是证明。秦推行这样一种极端化、绝对化的教育主张，以始皇三十四年李斯"焚书议"为界可分作两个阶段。在"焚书议"前的第一阶段，其基本限于某些特定领域，如所实施的法官法吏制，便明显体现了"以法为教""以吏为师"的精神。在"焚书议"后的第二阶段，则是于禁绝私学、禁断游宦的同时，全面推行这种主张。易言之，也就是要用"以吏为师"垄断全部教育。由于这是一项需要经过较长时间才能显见效果的制度层面的变更，而秦王朝在批准实行李斯"焚书议"后几年便覆亡了，所以今天虽然知道有所谓全面推行"以吏为师"的举措，但却无法知晓它更多的具体内容。

秦都咸阳

作为中国第一个统一的多民族大帝国的首都咸阳，位于素有"天府""陆海"美誉的关中地区中部，其范围大致在今咸阳市到西安市之间的渭河区域，这里自秦孝公时即作为秦国的都城。统一后，秦始皇按照"渭水贯都以象天汉，横桥南渡以法牵牛"的天体结构模式扩建与重建帝都。可惜由于王朝的短命，工程未能完成，从而给后人留下了不少关于秦咸阳城的历史谜案。

秦咸阳宫一号宫殿复原图

考古工作者在今咸阳东北黄土原上发现了大区域的秦宫殿建筑遗址，从而向人们展示了秦宫殿建筑的风貌。以 1 号宫殿建筑为例，它建在一座夯土台基上，高约 17 米，共三层，为四阿顶的宫观形式。台基顶层中部的两层楼阁是主体宫室，最上层阁楼可向四方远眺。主室四周设卧室、盥洗室及露台、曲阁、榭等，底层绕夯土台基建有 7 间单独宫室，室外出檐造廊绕台基一周。主体宫室皆立都柱（将军柱）。室内隔墙用夹竹抹泥墙，表面粉成红色、白色或彩绘壁画。地面坚硬光滑，呈深红色或青灰色，少数用方砖铺地。室内设取暖炭炉，室内外有竖井式储物窖穴，并有完整的给水、排水系统。宫室的通风、采光、通道设计科学，门窗装饰有青铜铺

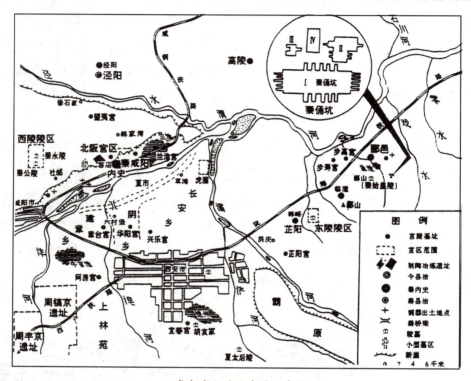

秦都咸阳平面布局示意图

首，使用绞链、合页等铜构件。整座建筑结构紧凑，设计巧妙，布局合理，错落有致，主次分明，外观雄峻庄严，内部华贵美丽，充分体现了秦代建筑工艺的高超水平和秦建筑文化风格。

秦始皇晚年，因嫌咸阳宫狭窄，在上林苑新建阿房宫，第一期工程是修造前殿。有关情况，前文已经述及。二世时曾继续施工。最后虽未完成，但在中国建筑史上实为空前绝后之巨篇。杜牧《阿房宫赋》写其"五步一楼，十步一阁"，"覆压三百余里，隔离天日"虽多夸张之辞，但却也反映了该宫规模宏大的事实。

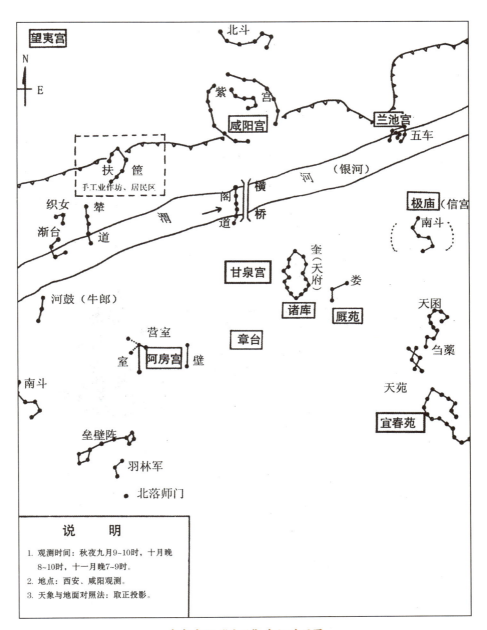

图中文字标注：
望夷宫 北斗 紫 宫 咸阳宫 兰池宫 五车
N E
扶 筐
手工业作坊、居民区
河 （银河）
织女 辇 道 阁 横桥 极庙（信宫）
渐台 道 南斗
渭
河鼓（牛郎） 甘泉宫 奎（天府） 娄 天囷
诸库 厩苑 乌薬
营室 章台 天苑
室 阿房宫 壁
南斗 宜春苑
垒壁阵
羽林军
北落师门

说　明
1. 观测时间：秋夜九月9~10时，十月晚
8~10时，十一月晚7~9时。
2. 地点：西安、咸阳观测。
3. 天象与地面对照法：取正投影。

秦都咸阳"法天"意识对照图

秦 95

　　除巨大的宫殿区外，秦都咸阳还有居民区、手工业作坊区、商业区、旅馆区等。其交通四通八达，全城常住人口约在50万左右。这里，荟萃六国都城建筑艺术之精华，凝聚天地渭水之神韵，是秦文化集大成的辉煌巨制，是当时世界上最繁盛的都城之一。

骊山陵园

　　骊山陵园古称"丽山园"，亦称"丽山"，即秦始皇帝陵园，位于今陕西临潼东五公里骊山北麓，是中国保存至今规模最大的古代帝王陵园。1987年12月，联合国教科文组织将其列入世界遗产保护目录。陵园以始皇陵为中心，由城垣、寝殿与便殿、园寺吏舍、陪葬坑、陪葬墓等文化建筑群体构成，它们有机地组合排列在一个50多平方公里的区域内，并与周围的山、原、河等自然地理环境融为一体，开创了中国皇帝陵园建筑的新时期。

秦陵夔纹大瓦当　　　　　　　铜权（秦陵丽山飤官遗址出土）

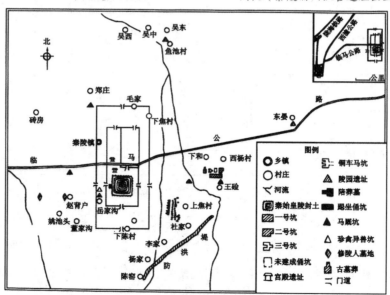

秦始皇帝陵园平面布局示意图

始皇陵修建历时 38 年（前 246—前 209）。陵冢封土原高"五十丈"，约合今 115 米，实测 87 米。墓穴地宫筑有宫墙，墙周有斜坡门道。地宫平面近似方形，面积为 18 万平方米，中心点深可能在 23～30 米之间。其棺椁铜液锢内，漆涂外，饰有珠玉翡翠。地宫内造有咸阳宫殿模型及王朝疆域自然地理模型，装有触发式自动暗弩和长明灯，并埋藏大量奇珍异宝。

秦始皇帝陵

　　陵园城垣有内、外之分，均为南北长、东西窄的竖长方形，两城组成一"回"字。内城占地 78 万多平方米，南、西、东面各一门，北边二门，均筑门阙，城垣转角处筑有角楼。外城占地 203 万多平方米，四面各有一门，均筑有门阙。始皇陵位于内城之南部。

　　寝殿与便殿是墓主灵魂日常起居饮食和休息闲宴的处所。在始皇陵封土以北的内城垣内，发现多处建筑遗址，其中北距封土 40 米处的方形建筑遗址，学者一般认为即寝殿遗址，而由此再向北 75 米处的另一建筑遗址，则被认作便殿遗址。

　　在陵园内外城西垣之间，发现有三组建筑遗址，据出土器物并参照汉代有关资料分析，学者一般认为这里是园寺吏舍——主要是掌管陵寝日常祭祀的食官的寺舍。

出于"事死如事生"的葬仪制度，始皇陵有大量的陪葬坑，现已发现的主要有：兵马俑坑，铜车马坑，石铠甲坑，百戏俑坑，铜禽坑，马厩坑等。

现已知的骊山陵园陪葬墓主要分布在：（1）内城垣内北部；（2）内、外西城垣之间；（3）外城垣外的东侧。从已发掘的外城东上焦村陪葬墓来看，葬者可能是被杀之始皇诸公子及公主。其他陪葬墓详况尚有待于进一步考古发掘。在始皇陵西南约1.5公里处还发现两处修陵人的墓地，所出土遗物为秦史研究提供了多方面的珍贵资料。

另外，与骊山园相关的文化遗址还有陵园南骊山脚下的防洪堤遗址，外城垣西侧北端的石料加工场遗址，陵园以北的鱼池遗址等。

总观骊山陵园建筑布局的基本特点，一是继承传统，陵向朝东；二是象征都邑，事死如生；三是陵墓园林，帝陵独尊。

秦陵兵马俑

被誉为"世界第八大奇迹"的秦陵兵马俑，蕴涵着中国古文化，特别是秦文化的丰富内容，具有极高的研究价值和观赏价值。已发现的1、2、3号兵马俑坑，成"品"字形分布，西距始皇陵外城垣1.5公里，属于大型陪葬俑坑。

1号俑坑规模最为壮观。它东西长230米，南北宽62米，深4.5～6.5米，呈长方形，四面环以边廊，并各有5个斜坡门道。坑内有长180米、

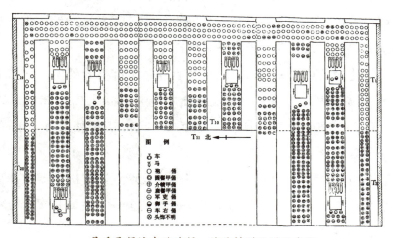

一号兵马俑坑东端陶俑、陶马排列位置示意图

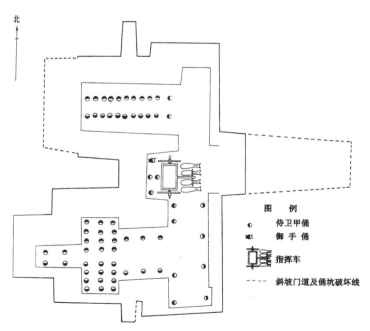

二号兵马俑坑形制及陶俑、陶马排列位置示意图

图 例

○ 立射俑

☉ 铠甲俑 御手俑

☉ 骑士俑

☉ 将军俑

☉ 跪射俑

⊟ 战车

🐎 骑兵鞍马

□ 试掘方

⌐ 门道

图　例

☉ 侍卫甲俑

☐ 御手俑

☐ 指挥车

‐ ‐ 斜坡门道及俑坑破坏线

三号兵马俑坑布局示意图

宽 3.5 米的东西向过洞 9 条，过洞间隔以夯土墙。边廊内整齐排列着面向外侧直立的步兵俑，过洞内密集分布着战车与步兵相间的纵队。该坑共有陶俑约 6000 件。

2 号坑位于 1 号坑东端北侧，南距 1 号坑仅 20 米。其平面为曲尺形，面积约 6000 平方米。坑内分 4 个单元。第一单元为立射式、蹲跪式弩兵俑，第二单元全是木质战车，第三单元是车、步、骑三兵种混合军阵，第四单元均为骑兵俑。该坑共有战车 89 乘，驾车陶马 356 匹，陶鞍马 116 匹，武士俑 900 余件。

3 号坑位于 1 号坑西端北侧，南距 1 号坑 25 米。坑平面呈"凹"字形，面积仅约 520 平方米，形制特殊，结构复杂。其东边有斜坡形门道，进门后正面有间马车房，内有战车 1 乘。两侧有南北向长廊，长廊两边分别连接南厢房和北厢房。长廊及厢房内共站立武士俑 64 件。

另外，在 1 号坑中部北侧发现一个未建成的兵马俑坑，面积约 3600 平方米，编号为 4 号坑，坑内未发现陶俑、陶马及其他文物遗迹。

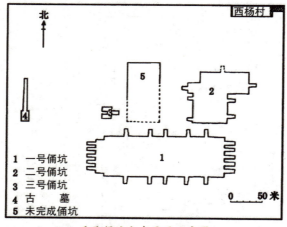

兵马俑坑分布平面示意图

对于秦俑坑内涵的认识，研究者见仁见智，看法不一。对于 1 号坑，或认为是长方形矩阵，或认为是卫尉统辖的宫城卫士，或认为对应宫城的骊山园。对于 2 号坑，或认为是中卫统领的京师屯戍兵，或认为是郎中令统领的郎中部队，或认为是兵营，或认为对应宫厩。对于 3 号坑，或认为是郎中令统领的郎卫，或认为是旅贲之兵，或认为是军幕，或认为对应宗庙。对于4号坑，或认为是武库，或认为是公车司马的军队，或认为对应祭祀礼仪场所，等等。

秦跪射俑（二号坑出土）

　　秦俑在中国古代美术史上是空前绝后的，它证明秦朝在文化领域所取得的辉煌成就。秦在雕塑与彩绘方面划时代的飞跃，已将中国美术推进到发展的第一次高峰。秦俑艺术无可争辩地推翻了中国古代雕塑艺术落后的观点，否定了秦文化落后的偏见。秦俑的艺术风格特征和艺术成就主要体现在：（1）严格的写实性，强烈的逼真感；（2）鲜明的主题，博大的气势；（3）凝练的造型，入微的刻画；（4）传神的个性，协调的类型；（5）绚丽的彩绘，浓郁的秦风。

秦骑兵俑

一号兵马俑坑全景

秦兵马俑三号坑

秦陵铜车马

铜车马是继兵马俑之后秦陵考古的又一特大发现，也是迄今已出土的秦文物中最华丽、最珍贵、最有价值的文化瑰宝。

埋藏铜车马的陪葬坑位于秦陵封土西侧20米处，平面呈"巾"字状，出土的两乘大型彩绘青铜车马系秦始皇生前乘坐的车驾的真实模拟，分别由数千件零部件组装而成，总重量近2.5吨，按排列前后顺序编为1、2号铜车马。

　　1号铜车马定名为高车，是单辕双轮四马驾车，属于为秦始皇"大驾卤簿"开道、警戒的卫车。其车体较小，舆箱平面为横长方形，车马通长2.57米，宽0.955米，高1.68米，设计极为精巧。舆内右侧站立一双手持辔、头戴鹖冠、后佩长剑、全神贯注的御官俑。车上竖立一把由22根青铜伞骨支撑的、伞盖直径1.22米的圆盖车伞，并装备有弓弩、箭镞、盾牌等武器。

一号铜车马

　　2号铜车马定名为安车，属于秦始皇"大驾属车八十一乘"中的一种大型安车，即史书上所称的"辒辌车"。亦为单辕双轮四马驾车，通长3.171米，高1.062米，总重1241公斤。舆箱平面略呈"凸"字形，分割为前窄后宽的二室，上有面积达2.3平方米的椭圆形蓬盖。封闭式后室面积78×88厘米，为皇帝乘卧之处，设计舒适而高贵。左右两侧均有随意开合的窗子，后面安装单片门扇。开放式前室面积35×36厘米，实际

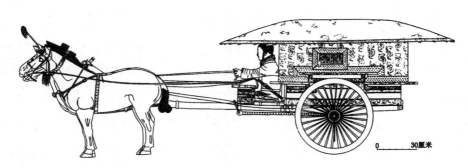

二号铜车马侧视图

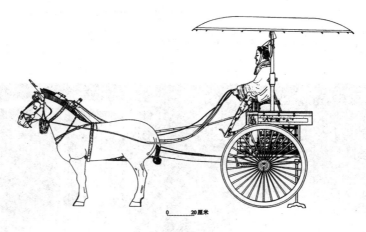

一号铜车马侧视图

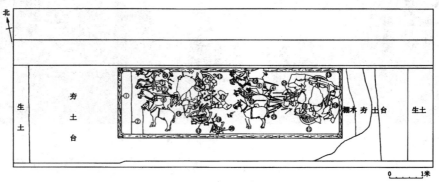

铜车马出土情况

是安车的驾驶室。其以彩绘阑板与后室相隔，板上有一小窗供通话使用。
室内跽坐一头顶鹖冠、身着长襦、腰挂短剑、双手平伸揽辔、目视前方、
面带柔顺谦恭微笑的御官俑。驾车的四马昂首向前，欲奔且止。马脖子下
悬挂着用青铜丝纽结的缨络"繁缨"。右侧骖马额前饰有古代天子之舆特

二号铜车马

有的马饰件"纛"。特别值得注意的是，铜车马奔驰的方向，与隔冢相望的兵马俑阵的方向恰恰相反。这其中隐含了秦人深刻的宗教意识与宗教习惯，表示落叶归根，日落西方，死者灵魂乘华丽之车返回秦人初始勃兴之地，驰归秦嬴列祖列宗神灵居住的西天。

铜车马坑试掘方出土情况

秦陵铜车马的出土，澄清了中国古代车制中许多令后人迷惑不解的难题，秦代马车依然采用商周以来传统的轭靷系驾法，比欧洲古代马车的颈式系驾法更为科学。尤其在生产技术方面，铸造精致、比例准确、工艺复杂、造型逼真、色彩绚美的铜车马，反映了中国古代青铜器制作的高水平，堪为东方文明的骄傲。

石铠甲坑·百戏俑坑·铜禽坑

始皇陵陪葬的石铠甲坑，位于始皇陵园东侧内外城垣东门间的东司马道南边、始皇陵现封土东南 200 米处。经试掘出土一批石铠甲、石胄以及石马甲等文物。石铠甲大致可分为三类：筒子甲，双肩有披膊之甲（据甲札形制的不同分作Ⅰ、Ⅱ、Ⅲ型），鱼鳞甲。现提取并修复的一项石胄，由 74 片用扁铜丝编缀而成，通高和底部宽约 31.5 厘米，重 3168 克。石马甲由颈甲、当胸、身甲、搭后等部分组成，残长约 1.8 米。这批石质的甲、胄、马甲，虽系陪葬的明器，但却为我们提供了当年秦军在防护装备方面的珍贵资料。另外，之所以使用石甲、石胄一类石制品从葬，似也还隐藏有某种神秘的文化内涵。研究者或认为："始皇陵园出土的石甲，是供始皇贴身的卫队使用的，在幽冥的世间身穿石甲、胄的卫士，可以起到避恶鬼的作用。"此虽为推测，但足可备为一说。

秦陵石铠甲（正视）　　　　秦陵石铠甲（后视）　　　　秦陵石铠甲（侧视）

秦陵石胄（正视）　　　　秦陵石胄（后视）

百戏俑坑位于始皇陵封土东南部的内外城垣之间，北距石铠甲坑39米。在试掘方内出土与真人大小相似的百戏俑11件，现修复了6件。这些俑上身及四肢赤裸，下身著短裙，体型和姿态各异。其中扛鼎俑膀宽腰圆，双足一前一后略呈丁字形站立，左臂自然下垂手握腰带，右臂上举作举物状。都卢寻橦俑体魄健硕，四肢粗壮，立如铁塔，双手紧握腹前系结的前搭（小裙）；左侧臂胁间原抱持一直立的高竿，因俑坑经火焚，竿已不存；竿的顶端还应有一横竿，演员缘竿上下及在横竿上做各种动作。旋盘俑身材修长匀称，一腿后曲，一腿柱立作金鸡独立状，右臂向外曲折上举，食指与拇指上指；食指顶端有一径0.4厘米、深12厘米的直孔，孔内原插有一细长棒状物，左臂下垂；仰首挺胸，目视前方。角抵俑呈大力士典型形象，作立姿，双手置于腹前作用力握物状。百戏在秦时主要是宫廷的娱乐活动，它从一个方面反映

秦陵百戏俑之旋盘俑

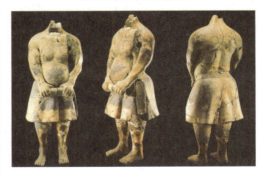

秦陵百戏俑之都卢寻橦俑

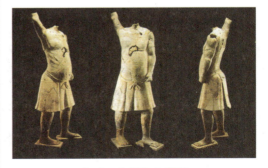

秦陵百戏俑之扛鼎俑

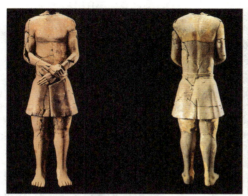

秦陵百戏俑之角抵俑

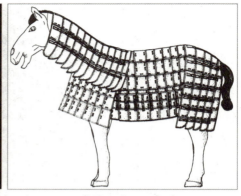

秦陵石马甲示意图

秦·铜鸿雁

了该时代的游艺水平。

　　铜禽坑位于秦陵东北角约900米处，与始皇陵中心相距1.5公里。坑内出土的20只铜天鹅、20只铜鸿雁、6只铜仙鹤及15件陶俑，有机地组合成象征宫廷禽苑的一组大型群雕。禽坑北部有条长约60米的坑道，其底部有条象征河流的沟槽，槽的底部有淤泥，说明槽内原有水。46只铜禽分布于小河两岸，头向水面，或觅食嘴里叼着小鱼，或闲步，或卧息，或举颈昂首，或颈微侧转举首张望，神态各异。禽坑南部有条南北向的坑道，两边共有11个象征着禽圈的壁龛。那些陶俑是饲禽的仆役，白天把水禽赶到小河放养，夜晚驱禽归舍。如此一批与

秦·铜仙鹤

秦·铜天鹅

真禽大小相似的铜禽之发现，填补了秦飞禽造型艺术的空白。从鸟禽雕塑史的角度去看，它开创了独立鸟禽造型的先河，意义很不一般。

秦陵铜禽坑发掘现场

秦简牍及秦陶文、秦封泥

1975年底至次年初在湖北省云梦县睡虎地11号秦墓出土的秦简（习称云梦秦简），是秦简牍资料的首次面世，学术意义特别重大。该秦简内容计分为十部分：

一、《编年纪》。逐年记述秦昭王元年（前306）至秦始皇三十年（前217）发生的大事，并记有墓主的生平及有关事项，类似后世的年谱。

二、《语书》。为秦南郡守腾于始皇二十年（前227）四月初颁发的教戒文告及附件。

三、《秦律十八种》。为18种秦律的摘编。

四、《效律》。为抄录的秦《效律》全文。《效律》是关于核验盘点县和都官物资账目的制度规定。

五、《秦律杂抄》。为根据应用需要而摘录的秦律汇编。

六、《法律答问》。为采用问答形式对秦律一些条文、术语所作明确解释的汇编，具有法律效力。

七、《封诊式》。为司法办案进行调查、检验、审讯之程序与文书格式以及对官吏审查案件的要求等法律文书的汇编，供处理案件时参照执行。

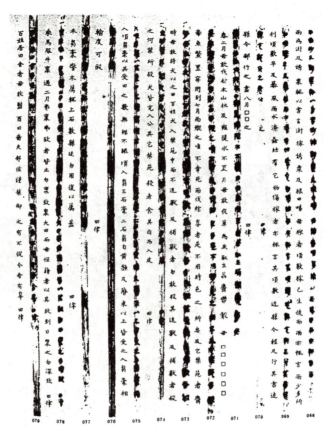

秦律竹简·田律（云梦出土）

八、《为吏之道》。为汇编的官吏必须遵守的道德规范与办事原则。或可视为官吏手册。

九、《日书》甲种。《日书》为以时、日推断吉凶祸福之书。

十、《日书》乙种。

以上云梦简的内容比较多杂，但大部分属于法律文书还是十分明显的。其所见秦律有田律、厩苑律、仓律、金布律、关市律、工律、工人程、均工、徭律、司空律、军爵律、置吏律、效律、传食律、行书律、内史杂、尉杂、属邦、除吏律、游士律、除弟子律、中劳律、藏律、公车司马猎律、牛羊课、傅律、敦表律、捕盗律、戍律等29种。这些律文的面世，令我们眼界大开，使我们对秦的法律制度有了更加具体的了解。

继云梦秦简之后，秦简牍出土陆续不断，可谓一发不可收拾。其主要者如云梦睡虎地秦牍、青川郝家坪秦牍、天水放马滩秦简、江陵岳山秦简、云梦龙岗秦简、江陵杨家山秦简、江陵王家台秦简、沙市周家台秦简等等。特别是在湖南湘西地区发现的里耶秦简，其数量之多，空前；其所提供的新信息，更是空前。以致使研究者不能不惊呼：秦史需要重写！

陶文是戳印或刻书于砖瓦、陶器上的文字。秦陶文目前已发现四千余件，主要出土于秦都咸阳及秦始皇陵园，时代为战国中晚期至秦王朝。陶

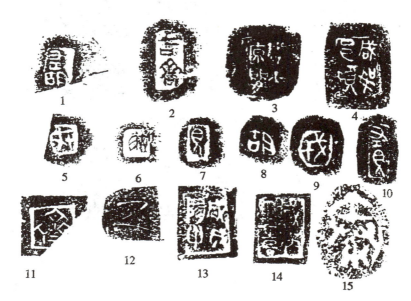

秦咸阳一号建筑遗址出土陶文
1. 左胡　2. 右齐　3. 咸原小婴　4. 咸邑如顷　5. 戎　6. 胡　7. 见　8. 胡　9. 戎
10. 左贡　11. 齐　12. 之　13. 咸阳成申　14. 咸芮里喜　15. 秦

文基本上为社会下层人的手笔，风格粗犷、随意。印文大都没有界格，字的大小不一，笔画粗壮、粗细不一。尤其是刻画文字，无定式，无规范，文字大小参差，笔画粗细不等，行笔快捷流畅，有的互相勾连旋即草就。字体篆隶间杂，有的径直就是隶书。这种无拘无束、自由奔放、率性而就的书写风格，与官府书法迥异，与上层书者不同，表现了另一种独特的审美情趣。

封泥为古代缄封简牍钤有印章以防私拆的信验物。印章抑盖于作封缄用的胶泥饼上所留的印文，成为一种重要的文字资料。20世纪90年代中期，在西安市北郊相家巷出土秦封泥两千余种，是为秦封泥首次大规模发现。

秦"市亭"陶文

1. 咸亭右里道器 2. 咸亭泾里漬器 3. 咸亭苋里陲器 4. 亭 5. 亭
6. 焦亭 7. 咸亭郎里 8. 杜市 9. 焦亭 10. 犬亭 11. 杜亭 12. 丽
亭 13. 枥市 14. 枥市 15. 丽亭

这批封泥文字的形体略作方形，用笔遒劲圆匀，但笔道已开始破圆为方，不同于秦刻石文字的形体作长方而又线条圆转。此即所谓秦"八书"中的"摹印"，字体仍属小篆，却含有金文遗韵，又带有某种隶书意味，可谓之为"摹印篆"。秦的这种摹印篆为汉所承袭并进一步发展为带有更多隶意的汉摹印篆，在篆刻艺术发展史上占有重要的一席之地。

附录：秦国国君一览

襄公	前 777[①]—前 766
文公	前 765—前 716

静公	不享国
宪公②	前 715—前 704
出公（出子）	前 703—前 698
武公	前 697—前 678
德公	前 677—前 676
宣公	前 675—前 664
成公	前 663—前 660
穆公	前 659—前 621
康公	前 620—前 609
共公	前 608—前 604
桓公	前 603—前 577
景公	前 576—前 537
哀公	前 536—前 501
夷公	不享国
惠公	前 500—前 491
悼公	前 490—前 477
厉共公	前 476—前 443
躁公	前 442—前 429
怀公	前 428—前 425
昭子	不享国
灵公	前 424—前 415
简公	前 414—前 400
惠公	前 399—前 387
出子	前 386—前 385

秦

---

①襄公即位于公元前 777 年，始封为诸侯则在前 770 年，一般认为秦自此始国。

②宪公又作宁公，清人梁玉绳有"宁字以形近致讹"之说，1978 年陕西宝鸡杨家沟公社太公庙大队出土的秦公钟、镈铭文均作"宪公"，证实"宪公"说是可信的。

献公　　　　　　前 384—前 362

孝公　　　　　　前 361—前 338

惠文王　　　　　前 337—前 311

武王　　　　　　前 310—前 307

昭王　　　　　　前 306—前 251

孝文王　　　　　前 250

庄襄王　　　　　前 249—前 247

秦王政　　　　　前 246—前 221（统一）

秦朝帝王一览

始皇帝　　　　　前 221—前 210

二世　　　　　　前 209—前 207

子婴　　　　　　前 206

114

开拓进取的英雄时代
西 汉
（公元前 206—公元 8）

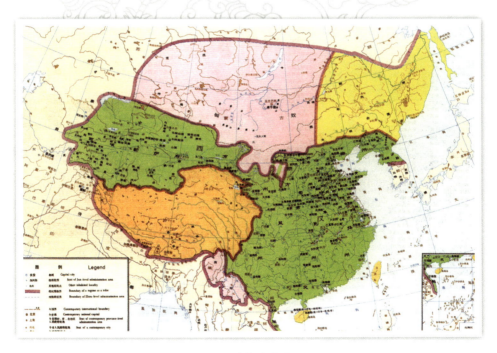

西汉时期疆域图

出身社会下层的刘邦建立汉王朝之初，打算以东周都城故地雒阳作为国都，意"与周室比隆"，后接纳臣下建议，西都关中。当时由于原秦都咸阳早已遍地焦土，而另建新城客观条件又不允许，于是选定仍属咸阳范围之内的渭河南岸长安乡一座未被项羽大火烧毁的秦兴乐宫，加以修葺扩建并更名长乐宫，作为汉帝处理政务及常居之地，从而开始了汉王朝国都最早的营建工程。汉高帝六年（前201）汉廷更名咸阳为长安，正式确定了国都的城名。不久，长乐宫建成，刘邦在此举行朝会，长安的国都功能实际上已开始发挥。其后汉政府的各个职能部门均迁至长安办公。次年二月，长安城新建的未央宫初具规模，刘邦"徙都长安"，由此正式揭开了长安作为汉帝国首都的历史。后经惠帝时期修筑城墙、营建西市，武帝时期大规模扩建，筑建章、明光等新宫，开凿昆明池，使国都规模大备，成为世界东方最著名的国际化大都会。

楚汉相争

约法三章

刘邦画像

秦末反秦义军将领之一刘邦，受楚怀王派遣扶义西行，降宛城破武关入秦，经峣关及蓝田北两次大捷，在霸上接受了秦王子婴投降后进入咸阳。"欲止宫休舍"，经劝谏，"乃封秦重宝财物府库，还军霸上"。唯萧何尽收秦丞相府图籍文书。

不久，刘邦即"召诸县父老豪杰"，向他们宣布"约法三章"："杀人者死，伤人及盗抵罪"。这既是刘邦入关后的政治宣言，也是其施政纲领。由于此举抓住了当时社会迫切需要解决的要害问题，所以受到民众的普遍欢迎，甚至出现了"唯恐沛公不为秦王"的普遍心理。

鸿门宴与项羽屠咸阳

巨鹿之战后，项羽以反秦军最高领袖的身份，率军入关驻新丰鸿门（今属陕西临潼），欲进攻刘邦。

入关约法图

　　时刘军十万，号称二十万；项军四十万，号称百万。刘邦因兵力不敌，采纳张良建议，以财物疏通项羽叔父项伯，并亲至鸿门卑辞言和。

　　项羽设宴招待。席间，项羽谋臣范增示意项羽击杀刘邦，羽不应。范召项庄舞剑，意图刺之，又因项伯以身庇护，未能得手。张良急召樊哙入席护卫。刘邦随即托词潜回军营。

　　这次鸿门宴后不几天，项羽率兵"西屠咸阳"。他先杀秦降王子婴，然后一把火，将经营了百余年的秦都宫室化为灰烬，"火三月不灭"。

　　项羽的这把火，既充满着原六国贵族对秦报复的仇恨，也包含着以农民为主的广大民众对秦暴政的痛恨。就其对于古代文化所造成的实际损失而言，远远超过了秦始皇的焚书坑儒。

项羽画像

鸿门宴壁画（汉中博物馆）

明修栈道，暗度陈仓

刘邦尽管对项羽违反怀王之约封他做汉王的决定不满，但迫于形势，也只好从褒斜道入汉中，并采纳张良建议，烧绝栈道，示无归心，麻痹项羽。

刘在汉中发展生产，招揽人才，拜韩信为大将军，积极策划东进。他乘项羽出击齐地的机会，接受韩信"明修栈道，暗度陈仓"的建议，于汉元年（前206）八月，派人公开重修褒斜栈道，转移人们的注意力，暗中却率兵从今勉县林口子间道北上越过陈仓（今宝鸡东），突然袭击关中，不到三个月，便全部据有之。

刘邦的最后胜利

刘邦攻占关中后，即通过张良致书项羽，表示只想得到关中，实践怀王之约，而不敢复东。实际上却乘胜继续进兵，以致占领项羽的根据地彭城（今江苏徐州）。

韩信画像

项羽军事上处于优势，回军大败刘邦。刘联合各地反项力量，和项羽在荥阳、成皋（今河南荥阳）间相持。同时，又派韩信攻占赵、齐等地，使项羽两面受敌。公元前203年，双方媾和，约定以鸿沟为界，西属汉，东属楚。

刘邦听从张良、陈平建议，背约追击。次年，约集韩信、彭越等率兵合围项羽于垓下（或说今安徽灵璧南，或说今河南鹿邑东）。楚军兵少食尽，项羽夜闻四面皆楚歌，以为汉尽得楚地，于是诀别爱姬虞美人，旋率从者八百突围南走，渡淮后仅余二十八骑。及至乌江（今安徽和县东北），见大势已去，遂自刎。刘邦取得最终的胜利。

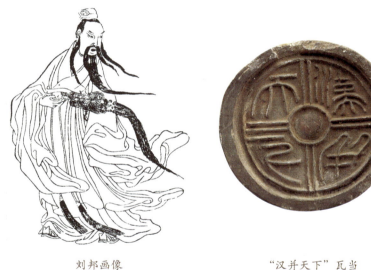

刘邦画像 　　　　　　　　　　"汉并天下"瓦当

西汉初始

平民皇帝与布衣卿相之局

西汉开国皇帝刘邦，本是沛县一普通农民。际遇秦末乱世，在反秦武

萧何画像

装斗争中，由匹夫而为天子。

西汉开国大臣，唯张良出身最贵，韩相之子。其次则张苍，秦御史；叔孙通，秦待诏博士。次则萧何，沛主吏掾；曹参，狱掾；任敖，狱吏；周苛，泗水卒史；傅宽，魏骑将；申涂嘉，材官。其余陈平、王陵、陆贾、郦商、郦食其、贾侯婴等，皆白徒。樊哙则屠狗者，周勃则织薄曲吹箫给丧事者，灌婴则贩缯者，娄敬则輓车者。

如此一种以平民皇帝和布衣卿相为特点的政治生态，前所未有，被后人惊呼，为天下一大变局。

娄敬徙都、和亲、迁豪之议

公元前 202 年，齐人娄敬以戍守陇西，途经雒阳，听说刘邦打算在此地建都，便通过老乡虞将军求见，力陈定都关中之利。刘邦即日西都长安，并赐娄敬刘姓，拜为郎中，号奉春君。

后刘邦欲击匈奴，令娄出使探听虚实。还报，力言匈奴不可击。刘邦不听，终有"白登之围"，险些被匈奴俘虏。以此娄敬被封为建信侯。

当时天下初定，士卒疲于兵革，娄敬建议与匈奴和亲。又奏请徙关东六国后裔及强宗大族十余万人口充实关中，以防备匈奴南下，兼收强干弱枝之效，所奏均被采纳，其对巩固西汉政权，保证社会平稳发展起了积极作用。

叔孙通定朝仪——汉承秦制

叔孙通是一位善于变通的儒者。他归降刘邦时，知道刘不喜儒服，便穿着楚式短衣前往。

刘邦称帝后，他见朝会时群臣欢哗失礼，乃奏请征鲁诸生与弟子共起朝仪。公元前200年，长乐宫建成，诸侯群臣按所定朝仪举行朝贺，莫不震恐肃敬。刘邦叹曰："吾乃今日知为皇帝之贵也。"以此叔孙通官拜奉常，诸弟子悉为郎。

值得注意的是，叔孙通定朝仪，乃"颇采古礼与秦仪杂就之"。这里，秦的礼仪制度显然是基础。其实，不仅朝仪如此，汉的各项制度，基本都是从秦制发展而来，所以便有了"汉承秦制"的说法。

商山四皓

东园公、绮里季、夏黄公、用（角）里先生四人，避乱商雒山中，称为"商山四皓"。

汉初，四人因刘邦慢侮士人，数召不就。后刘邦欲以戚姬子如意代吕后子刘盈为太子，吕用张良计，使皇太子卑辞厚礼，安车迎致。

四皓从太子见高祖，盛称太子仁孝，恭敬爱士，表示愿为辅翼。高祖见状，召戚夫人曰："羽翼已成，难动矣。"太子以此得安。

张良画像

惠帝与吕后时代

汉惠帝刘盈，为刘邦与吕后之子。六岁即被立为太子，因生性懦弱，刘邦晚年拟废之，以大臣反对而罢。即位后，大权掌在吕后手中。

吕是一个强势女人，为人有谋略而残忍，曾助刘邦翦除韩信、彭越等异姓诸侯王。她毒死赵王如意，残害戚夫人，致使惠帝忧郁病死。又分封诸吕子侄为王侯，拔擢亲信，排斥功臣。

但她临朝称制期间，民众的生活比较安定，残破的社会经济得到恢复，故受到史家称赞，曰：女主制政，不出房闼，而天下晏然，刑罚罕用，民务稼穑，衣食滋殖。

皇后之玺（西汉）

文景之治

平灭诸吕

吕后为巩固自己的统治，大肆分封吕氏家族宗亲，造成"诸吕用事兮刘氏微"的局面，以吕后、诸吕为一方，以刘氏王族及忠于刘姓的大臣为一方，矛盾日益尖锐。

公元前180年，吕后刚死，一场政治风暴立刻引发。齐哀王襄率先起兵反吕。长安城内，太尉周勃与丞相陈平共同谋划，通过郦寄劝说吕禄交出北军兵权，击

吕氏专权图

杀握有南军兵权的吕产，最后将诸吕"无少长者皆斩之"。

对于这场流血冲突，正史记作因诸吕阴谋作乱而起。有论者否定此说，认为是大臣们发动的军事政变。

代王做了汉皇帝

诸吕败亡后，众大臣共议，以为代王刘恒是高祖在世诸子中年龄最大的，且其母家薄氏"君子长者"，不致重蹈吕后专权的覆辙，故决定迎立之。

对于如此"天上掉馅饼"般的好事，刘恒极其谨慎地对待。当即帝位时，仍"西向让者三，南向让者再"。不过，一旦名份落定，便连夜任命亲信牢牢掌握军权，显示了其为政的成熟与干练。

汉文帝画像

西汉

123

洛阳少年才子——贾谊

贾谊是汉初才子型政论家。少年时，便以能诵诗书属文著称郡中。文帝时，因廷尉吴公推荐，召为博士。

当时，贾谊年最少，"每诏令议下，诸老先生未能言，谊尽为之对，人人各如其意所出，诸生于是以为能"，一岁中超迁至中大夫。建议改正朔、易服色制度、定官名、兴礼乐。文帝纳其言，更定法令，遣列侯就国。因功臣周勃等排陷，贬为长沙王太傅，转任梁怀王太傅。

他多次上疏陈说政事，反对无为而治，建言"众建诸侯而少其力"，削夺诸侯王权力，巩固中央集权，抗击匈奴侵扰，重农抑商，倡导礼仪教化。

贾谊画像

后因梁王胜坠马而死，自伤失职，悲泣而死。其著述有五十八篇，以《过秦论》《陈政事疏》最为有名。

开察举制先河

察举制是一种经过考察而予荐举的选官制度。汉文帝二年（前178）十一月，因日食文帝下诏，让臣下"举贤良方正能直言极谏者"，是为汉代察举选官的开始。

按此法选官，先由皇帝下诏，指定举荐科目；然后由丞相、列侯、公卿及地方郡国按科目要求举荐人才；经皇帝亲自对被举荐者进行策问；最后据对策成绩的不同，区别授官。

文帝十五年（前165），再次"诏诸侯王、公卿、郡守举贤良能直言极谏者"，从而使察举之法形成一种制度，为以后各代汉帝所遵循，并一直延续使用到科举制诞生。

为富安天下

贾谊曾向汉文帝建言重视农耕，认为"驱民而归之农，皆著于本，使天下各食其为"，则"可以为富安天下"。

自汉初以来，合理的经济政策促进了农耕生产的发展，社会财富日渐充实，至文景时期，"为富安天下"的设想基本得以实现。

西汉纺车图摹本及细部（临沂金雀山汉墓出土）

《汉书·食货志》的一段话，典型反映了那时富足的情况："民人给家足，都鄙廪庾尽满，而府库余财；京师之钱累百钜万，贯朽而不可校；太仓之粟陈陈相因，充溢露积于外，腐败不可食；众庶街巷有马，仟佰之间成群，乘牸牝者摈而不得会聚。"

汉树叶纹栽绒毛毯（新疆出土）

法制改革

汉文帝对秦的刑罚制度进行了重大改革。

其一，重新制定法律，按犯罪情节轻重，规定不同的刑期；服刑期满即免为庶人。

其二，废除"收孥相坐律令"。

其三，废除黥、劓、刖三种肉刑，改以笞刑代替（景帝时又进一步减轻笞刑）。

俭朴之风

史称汉文帝"躬修节俭，以安百姓"。

他在位期间"宫室苑囿车骑服御无所增益"；多次下诏禁止地方郡国贡献奇珍异物，灾年甚至令诸侯不必进贡，还"驰山泽之禁"帮助民众度过荒年；又宣布降低消费生活等级，精简宫中近侍人员；所宠幸的慎夫人，"衣不曳地，帷帐无文秀"；曾打算建造露台，"召匠计之，值百金"，遂立即取消计划；营建霸陵，"皆瓦器，不得以金银铜锡为饰"等等，皆给人留下俭朴印象。

后霸陵出土过珍宝之器，有人据以认为文帝薄葬只是一种政治宣传。其实，霸陵"因其山而不起坟"，节省了不少土木工程，值得肯定；至于随葬品的情况就比较复杂，入葬时本人已死，出现某些与其意愿不符的事应在情理之中。

晁错削藩与七国之乱

颖川（今河南禹县）人晁错，初习申商刑名之学，文帝时任太常掌故，从伏生受今文《尚书》。后迁博士、太子家令，为太子（即景帝）所信用，号"智囊"。以对策高第，迁中大夫。上书言事凡三十篇，建议劝农立本、徙民备边、抵御匈奴侵扰，并力主削夺诸侯王权力，颇能切中时弊，得文帝赏识。

景帝立，任内史，迁御史大夫，幸倾九卿。景帝采纳其议，更定法令，着手削藩。

公元前154年，久已蓄谋作乱的吴王刘濞联络楚王戊、胶西王卬、胶东王雄渠、淄川王贤、济南王辟光、赵王遂，以诛晁错、清君侧为名，公开发动武装叛乱。景帝命周亚夫为太尉平叛，以大将军窦婴驻屯荥阳，监齐、赵兵，又听信袁盎等谗言处死晁错，企图平息事端。

汉景帝画像

吴楚等叛军并未因晁错被诛而罢兵。周亚夫乃引兵固守昌邑，以轻兵绝吴楚军粮道，待其粮尽溃散，遣精兵追击，大破之。前后凡三月，乱平。

骑兵俑摹本（杨家湾出土）

杨家湾汉墓兵马俑

1970—1976年考古发掘的杨家湾4、5号墓，距长陵较近，推测可能是周勃、周亚夫父子的墓葬。其陪葬坑出土骑兵俑 500 多个，步兵俑 1800 多个。另有战车坑一个，位置居中，但坑内扰乱严重，车马形制已难复原。

这批俑应是当时军阵的真实写照，作用与秦始皇陵东的兵马俑相同，只是规模较小，陶俑造型也较小罢了。从其排列组合来看，论者认为汉初的军阵正处于从车骑并用向以骑兵为主力的变化过程中。

杨家湾汉墓彩绘骑兵俑

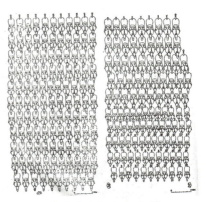
杨家湾骑兵俑坑平面图

阳陵出土的裸俑——东方维纳斯

1990 年在汉景帝阳陵南区从葬坑发现了数量相当可观的陶俑，一般高 62 厘米，无臂，作裸体。

裸俑整体各部基本合于人体比例，唯腰腹、股部略长。其阳具（或女阴）、肚脐、窍孔无一不备。头发上拢于顶，绾髻后插笄。头发、眼眉、胡须、瞳孔用黑色，同颜面、躯干的橙红色相陪衬，显示出一种特有的鲜明艺术效果。

从出土迹象知，男武士俑在额前原缠有一条束敛头发的丝带，再漆纚长冠压顶。由于织物腐朽，留下一道朱红色。俑原来身着长袍，以铜带钩束腰，再摆穿着革质的铠甲。双腿胫部，缠有朱红色的"行縢"。木质胳臂装在横穿两肩部的转轴上，可以作抬举、下垂或划圆的动作。由于长期埋于地下，衣物、木臂均腐朽，出土时只剩下裸体陶俑，被美誉为"东方维纳斯"。

这是 20 世纪后期继秦兵马俑、法门寺佛教文物等之后的又一重大考古发现。

汉阳陵东侧 13 号坑发掘现场

"阳陵令印"封泥

雄才大略汉武帝

充满传奇色彩的帝王之路

汉武帝刘彻是景帝的第九个儿子，上有八兄，下有五弟，几乎没有可能继承帝位。然而他却从诸多皇子中被选中。其帝王之路，充满了神奇色彩。

汉武帝画像

原来他的母亲王娡本是已婚女子，被送入宫后受到还是太子的景帝的宠幸，并最终生得一子即刘彻。王娡工于心计，联合景帝姐姐长公主嫖，与之结为儿女亲家。通过长公主活动，景帝废太子刘荣，将其母栗姬打入冷宫，抑郁而死。王娡遂被立为皇后，七岁的刘彻当上了皇太子。

公元前141年，景帝去世，太子刘彻即位，君临天下，是为汉武帝。

罢黜百家，独尊儒术

"罢黜百家，独尊儒术"是汉武帝在思想文化领域采取的统治措施。

武帝初年，社会经济得到恢复发展，汉初统治者所倡导和奉行的黄老之学已不适应专制主义中央集权国家的需要，因而被儒家的春秋大一统思想、神化皇权的政治理论和以仁义为核心的伦理学说所取代。

一般认为，尊儒建议由董仲舒在其贤良对策中提出："诸不在六艺之科孔子之术者，皆绝其道，勿使并进。"《汉书·武帝纪》载亦有丞相卫绾奏请："所举贤良，或治申、韩、苏、张之言乱国政者，请皆罢。"武帝采纳这些建议付诸实行，"黜黄老刑名百家之言，延文学儒者以数百；而公孙弘以治《春秋》为丞相封侯"。自此之后，通晓儒家经典便成为入仕的主要途径。

不过武帝所尊的儒家已吸取了法、道、阴阳等有利于加强君权的思想因素，与先秦以孔孟为代表的儒家有所不同。

张骞凿空西域

西汉初，匈奴经常侵扰汉边境，成为严重的边患。为了有效抵御匈奴入侵，汉武帝从一个匈奴降人口中得知西迁的大月氏有报复匈奴之意后，立即决定募使前往寻求与国，以实现其"断匈奴右臂"的战略构想。

这一募召得到了汉中城固（今属陕西）人张骞的积极响应。当时，从汉到西域需要经过匈奴人控制的河西地区，前进的道路异常艰难。公元前138年，张骞率众百余人持节从长安向西域出发，途中被匈奴人俘获，拘留十余年，逃脱后继续仗故节西行抵大月氏。

张骞塑像

敦煌石窟张骞出使西域壁画

张骞出使西域（敦煌壁画摹本）

不料大月氏在中亚阿姆河流域定居已久，"殊无报胡之心"，张骞扑了个空。尽管张未能完成结交与国的使命，但他终于在公元前 126 年生还长安，给西汉王朝带回了关于西域的最新消息。这更激发了汉武帝西进的热情，此后遂开始了一系列广求西域通路的活动。自公元前 121 年，汉将霍去病大败匈奴收复河西之后，通往西域的道路终告畅通。

司马迁把张骞的西域之行称为"凿空"。凿空即探险的意思，其意义重大。由此发展而来的丝绸之路，对中西文化经济交流起了重要作用，谱写了世界古代史上绚丽的一页。

起用卫青、霍去病反击匈奴

汉武帝在反击匈奴的战争中，大胆起用了两个新人——卫青和霍去病。他俩都是河东平阳（今山西临汾西南）人。青是武帝卫皇后的弟弟，去病是卫后姐姐的儿子，皆属外戚，但也都是军事奇才。

对匈奴的反击战主要在公元前 133 年至前 119 年进行，先后打了十几仗，其中关键性的大战有三次：

第一次大战发生在公元前 127 年，汉军收复河南地区，解除了匈奴对长安的威胁。此战卫青贡献最大，受封长平侯。

第二次大战发生在公元前 121 年，霍去病两次率军征战，收复河西地区，并接受匈奴浑邪王投降。

第三次大战发生在公元前 119 年，卫青与霍去病分兵远征漠北，兵临

卫青画像 　　　　　　　　　　　霍去病塑像

汉石砌长城（内蒙古境内）

瀚海（今蒙古高原东北境，或说即贝加尔湖）而还。"是后匈奴远遁，而漠南无王庭"。此战霍去病战绩尤著，加封大司马，秩禄比于大将军卫青。

推恩分子弟

汉武帝为进一步削弱诸侯王势力，于元朔二年（前127）采纳主父偃建议，颁行"推恩令"。

该令规定，诸侯王得推恩将其封地分封给继承王位的嫡长子以外的子

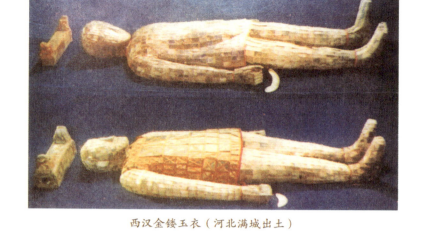

西汉金缕玉衣（河北满城出土）

弟，并上报朝廷，由皇帝制定列侯封号，诸侯王无权废除或更改；所分王
子侯其国归郡统辖，不得过问政事，仅收纳封地内租税。

　　这是一个较为温和但却切中要害的措施。推行之后，长期困扰汉代统
治者的诸侯王问题，得以彻底解决。

强化中央集权——中外朝问题

　　汉武帝为加强中央集权，
采取了多种措施，其中关键
性的一步则是建立"中朝"
（或称内朝）。具体做法是，
皇帝特意从身份低微的士人中
破格提拔人才，担任侍中、常
侍、给事中等职，使之能够出
入宫禁，随侍左右，顾问应对，
参议大政决策。另皇帝亲自任
命的高级将领，加官侍中，亦

西汉玉铺首（兴平出土）

具有参与宫廷决策的特殊地位。由此组成中朝，是实际的决策者。而由三
公九卿构成的官僚机构——外朝，反而变成执行一般政务的机关。

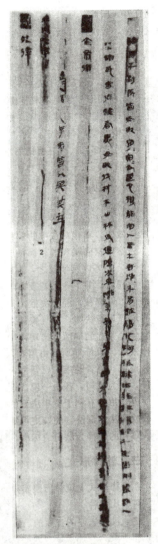

汉律令竹简（江陵张家山出土）

西汉青玉角形杯（广州南越王墓出土）

军队的改革与法制的完善

汉武帝时期军队的改革主要有两项内容：一是设置期门军、羽林军及羽林孤儿，壮大皇室禁卫军的规模，提高其战斗力。二是在北军中建立八校尉，即城门校尉，中垒校尉，屯骑校尉，步兵校尉，越骑校尉，长水校尉，射声校尉，虎贲校尉。另还有胡骑校尉，但不常设。

而法制的完善则体现在：（1）增补律令，使多至"三百五十九章，大辟四百九条，千八百八十二事；死罪决事比万三千四百七十二事"。（2）重用"酷吏"，严刑峻法。

广开选举之路

汉代的人才选拔，以察举制为主体。此制正式产生于文帝时期，至武帝朝，才得以完善，并真正确立。具体表现在：

一、察举人才的标准有了明确规定，即以儒术取仕。

二、察举范围有所扩大，普通布衣之士亦能被察举。

三、察举科目增加，特别是

岁举性科目"孝廉"的出现。

察举之外，当时取仕的途径还有许多，其中以"自衒鬻"最为突出。所谓"自衒鬻"，即毛遂自荐之意。西汉名臣如主父偃、朱买臣、东方朔、徐乐、严安、终军等，皆通过此途入仕。有人则将此途直称为"上书求官"。

新经济政策

汉武时期，推行了一系列新的经济政策，增加收入，以维持国家庞大的财政支出。其主要有：

一、币制改革，发行三官钱。

二、总一盐铁，将盐与铁两种物资实行官营，牢牢控制在国家手中。

三、实行"均输""平准"，调剂运输，平抑物价。

四、算缗、告缗，即采取强制措施，令富裕户出钱，并鼓励对隐匿资产者的举报。

西汉金饼

长安城的扩建

西汉社会发展到武帝时，呈现出一派繁荣富庶景象。在这样的社会条件下，武帝大规模营建京师长安，使之规模大备。扩建长安的主要工程是：

一、在西南城外筑"千门万户"的建章宫；

二、在长乐宫北面建明光宫；

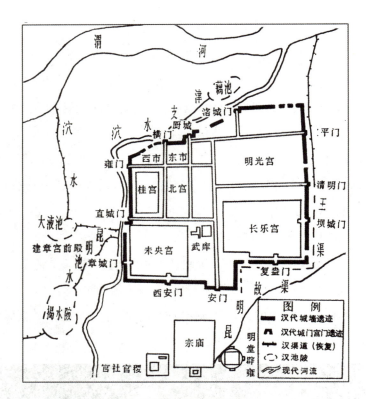

西汉长安城平面布局示意图

汉城墙夯土遗址

三、在未央宫北面建桂宫；

四、增修北宫；

五、扩建上林苑；

六、开凿昆明池。

关中六渠

关中六渠为汉武帝时在关中地区修建的主要水利工程：

一、漕渠。与渭水平行的人工运河。其自长安而东，经今临潼、渭南、华县、华阴，在潼关附近入黄河。

二、龙首渠。由北而南引洛河水的灌渠。开建中发明井渠法，为水利史上的创举（后文将另论）。

三、六辅渠。在秦郑国渠基础上增修六条辅渠而成。

四、白渠。"首起谷口，尾入栎阳，注渭中"。其与六辅渠、郑国渠构成了渭北完整的灌溉系统，故合称郑白渠。

五、灵轵渠。起于鄠屋（今陕西周至东）灵轵原下，为引渭工程，灌溉今周至、户县一带农田。

六、成国渠。自今眉县开始，引渭东北向流往上林苑蒙笼渠。

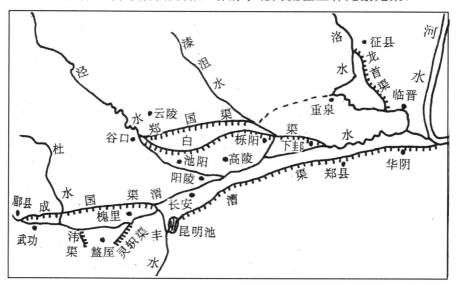

汉武帝时关中水利工程示意图

关中六渠的兴建，大大促进了汉代关中农业经济的发展和航运事业的兴盛，是古代水利史上的壮举。

兴建茂陵

茂陵位于今陕西兴平南位乡策村，为汉武帝陵墓。其营建了整整53年，而每年王朝赋税的三分之一都被用来筑陵。

在汉代帝陵中，它是最大最雄伟的一座。其合葬墓与陪葬墓数量多、规模大、等级高，礼制建筑极其恢宏，殉葬品极为豪华。由于建陵时间长，及武帝葬时，"树皆已可拱"。

茂　陵

西汉末，农民军曾打开其羡门，成千上万的人搬取陪葬品，数十天后，"陵中物不能减半"。

陵区设有县邑，并三次徙民充实之。当时社会名流多迁居于此，如思想家董仲舒、文学家司马相如、史学家司马迁等。史载茂陵邑人口27.7万，有研究者认为该邑实际人口远超过30万。其繁华景象甲天下。

土德制度

按五德终始论，继秦的水德之后，汉应为土德。然而入汉以后的很长时间内，仍奉行水德制度，于是在文帝时有人便提出了改水德为土德的问题。那时由于客观条件还不成熟，故改制未能实现。

至武帝时，改制之风重新刮起。史称当时"缙绅之属"普遍要求将水德改为土德，而武帝本人既雄才大略，又好大喜功，所以定德改制之事，势在必行。

太初元年（前104），当各方面的准备工作就绪后，武帝便正式宣布改制，即建立新的土德制度。具体内容是：正朔，正月朔（建寅）；服色，上黄；度数，以五为纪；音律，上黄钟。

其中正朔一项，是采用了从五德说衍生出来的三统说的规定。三统说的要素是黑、白、赤统，另还有四法，即夏、商、质、文（此处夏、商非朝代名）。它认为历代帝王被分配在三统里，夏为黑统，商为白统，周为赤统，其后依次循环，三统各有自己的制度。四法也是循环的，而且与三统相配，构成"黑统——法夏""白统——法商"……这样的组合。由于三统以三数循环，四法以四数循环，故需经历十二代才能完成一次大循环。

武帝朝以这样神秘的理论构筑起的神秘制度，今天看来自然很可笑，但当时它却是人们笃信不疑的圣典。

求仙与祭祀

战国时期曾出现所谓的神仙家，秦汉时将这些人称作方士。向往神仙，迷信方士，成为当时的社会时尚。

为求长生不老，汉武帝对于方士始终兴趣不衰。不少方士居然取得其信任，成为显贵，如少翁被拜文成将军，栾大连挂五将军印，封乐通侯，妻卫长公主。

玉奔马（西汉）

鎏金银竹节铜熏炉（西汉）

西汉朱雀灯（河北满城出土）

当方士的骗术被戳穿后，武帝虽然毫不客气地把他们杀掉，但对神仙及不死药，仍然一心向往。为此，特在长安作飞廉、桂馆，在甘泉作益寿、延寿馆，命方士"持节设具而候神人"；又在长安建30丈高的通天台，"将召神仙之属"；甚至还在建章宫太液池中建蓬莱、方丈、瀛州、壶梁四仙岛，表示精神寄托。

汉武帝对祭祀活动特别重视。元光二年（前133），他亲自郊雍之五畤，后形成三年一郊的定制。又接受谬忌等人建议，祭祀"泰一"、"三一"。元狩三年（前120），听信方士少翁言，"作甘泉宫，中为台室，画天地泰一诸鬼神，而置祭具以致天神"。元鼎五年（前112），又在甘泉宫起三层泰一祠坛，五帝坛环居其下，黄帝西南，"除八通鬼道"。另在汾阴脽上（今韩城西南）建后土祠，祭地神（社神）。如此一来，天地祭祀终于被武帝搞齐备了。公元前110年，武帝到泰山举行封禅大典，为此还特地改年号为"元封"。于是他成为历史上继秦始皇之后第二位行封禅礼的帝王。

个性与爱好

汉武帝个性有两大特点，一是进取尚武，二是好大喜功。

就爱好而言，他自青年时就喜好文学，酷爱诗、赋，也格外珍惜诗人、文士；他又喜欢艺术，对音乐、歌舞都相当精通；他还喜爱宝马，爱好打猎和追逐猛兽。

另外，他庸俗腐朽的癖好也很多。如迷信鬼神方士、求仙祭祀终生不懈，喜欢营造别宫离馆，搜求珍奇异宝等。尤其对于女人，更有特殊喜好。"上能三日不食，不能一日无妇人"。

危机四伏的盛世

汉武帝的文治武功，把西汉帝国推向了空前的盛世，但在盛世的背后却危机四伏。

饥民与流民是当时社会相当突出的问题。元封四年（前109），关东出现了二百万流民事件。虽然汉廷采取措施使事件没有扩大，但却不能从根本上解决问题。社会矛盾积存的结果，导致了天汉年间的农民起义。当局不惜颁行"沈命法"，强迫地方官吏严厉镇压民众的反抗斗争。

在内忧不断的情况下，匈奴再起边患。苏武事件、贰师

代田法示意图

败北、李陵投降等等，均严峻考验着当政者的智慧和能力。

特别是统治阶级内部斗争酿成的"巫蛊之祸"，竟令暮年的汉武帝亲手杀死了自己精心选定的接班人，从而让帝国面临一场巨大的政治危机。

晚而改过

面对太子之死、贰师将军李广利投降等一系列事件，汉武帝终于正视现实，悔过罪己，决心由多欲政治改弦更张为养民富民、与民休息。概括起来，主要做了三件大事：

一、颁"轮台之诏"，"深陈既往之悔"。

二、任用赵过推行"代田法"。

三、重新安排接班人——立少子刘弗陵为太子，为之精心挑选辅佐大臣，并处死太子之母钩弋夫人（此即所谓"钩弋故事"）。

汉武悖论现象透视

悖论是一种特殊的逻辑矛盾命题，实际上就是哲学所讲的矛盾。汉武帝集大功与大过于一身，充分体现了历史悖论现象，可称为汉武悖论。这种情况不唯古人独有，也存在于今人身上。为防止汉武悖论现象再度发生，树立一种防患于未然的思想意识，建立一种强有力的制约机制（核心应是废除终身制，实行任期制），是非常必要的。希望未来的杰出人物，能够将其功绩建立至最大值，而将其过失缩小至最小值。

昭宣时代

辅翼少年天子的重臣们

汉昭帝即位时才八岁，由霍光、金日磾、上官桀、桑弘羊四位重臣辅政。

霍光是骠骑将军霍去病的同父异母兄弟，服侍武帝二十余年，始终小心谨慎，从未犯过过失，深受信任，为辅臣之首。武帝曾以周公背成王朝诸侯图示之，意谓让他做辅佐幼主的周公。

金日磾原是匈奴休屠王的太子，十四岁被俘后即在汉宫中养马，受到武帝的特别宠爱，而他本人也忠心为武帝做事。

上官桀初为羽林期门郎，因力气过人，得到武帝赏识，视为心腹。

桑弘羊出身商人，为理财专家，一直受到武帝的信任。

盐铁会议

始元六年（前81），汉昭帝令丞相车千秋、御史大夫桑弘羊，召集郡国所举贤良文学六十余人至长安，以问"民所疾苦，教化之要"为议题，对政府现行政策举行一次大规模讨论

霍光画像

西汉

143

内蒙古匈奴墓出土金玉耳坠（西汉）

会。是为盐铁会议，或称盐铁之议。

会上，以贤良文学为一方，以政府代表（主要是桑弘羊）为另一方，展开激烈辩论。所论问题主要有：

一、盐铁官营问题；

二、与匈奴和战问题；

三、法治与德治问题；

四、重本与重末问题。

辩论双方的观点，应该说各有一定的合理性，也各有一定的片面性。二者乍看起来针锋相对，实际却有很强的互补性。抑此扬彼或扬此抑彼，都有失全面。

通过这次辩论，西汉统治者总结了施政的得失，对现行政策作了适当的调整，这具体反映在后来奏罢郡国榷酤及关内铁官等行动上面。不管从何种视角去看，盐铁之议都是昭帝时期的一次重大事件。

宣帝时，庐江太守丞桓谭根据这次会议的资料，结合当事人汝南朱子伯的追述，推衍增广成《盐铁论》一书，使我们在今天仍能有幸了解这场唇舌大战的一些真实情况。

昭帝去世与议嗣之争

公元前 74 年，二十二岁的汉昭帝病逝，无嗣，群臣咸举武帝子广陵王刘胥继立。

然而刘胥，"本以行失道，先帝所不用"。正当辅政大臣霍光因此事而为难时，有一郎官上书言"广陵王不可以承宗庙"。霍光遂以其书遍视大臣，改迎昌邑王刘贺即位，那位郎官也被超迁为九江太守。

刘贺系武帝之孙，昌邑哀王刘髆之子，六月丙寅受皇帝玺绶，二十六天后又被霍光等废黜。据霍光等人的"联名奏"称，刘贺被废原因是其"荒淫迷惑，失帝王礼谊，乱汉制度"。不过有论者则指出，此中真正的原因当为擅权的霍光与"昌邑群臣"间势不两立的权力斗争；昭帝死后上演的一幕，实是霍光执导的一出"立帝—废帝—再立帝"的政治戏。

"如芒在背"——初登帝位的汉宣帝

汉宣帝刘询，戾太子孙，武帝曾孙。幼遭巫蛊之祸，生长民间。霍光等废昌邑王贺后，被迎立为帝。

即位之初，霍光曾打出一张"稽首归政"的试探牌。"上谦让委任焉，论定策功，益封大将军光万七千户"；"诸事皆先关白光，然后奏御天子"。由是，霍光的权力似乎更大了。实际上，宣帝对霍光"内严惮之，若有芒刺在背"，这就决定了皇权与霍氏之间矛盾的不可调和性。

不过宣帝与霍光在为政方针上并无太大分歧，因此君臣之间尚能维持较为正常的关系。公元前68年，霍光病危，宣帝亲往问病，"为之涕泣"。及死，更以帝王之制予以厚葬，下诏称其"功如萧丞相"。

霍氏败亡

霍光秉政长达二十年，特别是当粉碎燕王、上官桀等谋反事件后，更是独揽大权，遂使霍氏家族"党亲连体，根据于朝廷"。霍光死后，子霍禹以右将军嗣父爵，其家仍旧煊赫一时。

宣帝在民间时便听说霍氏尊盛日久"内不能善"，及亲政后便开始大刀阔斧地削弱霍氏势力。当霍光夫人显毒杀许皇后的恶性事件泄露后，诸霍"始有邪谋矣"。

公元前66年，霍氏欲废宣帝而自立之谋被发觉，霍禹遭腰斩，"与霍氏相连坐诛灭者数千家"，霍皇后被废，显赫多时的霍家一败涂地。

循吏政治与中外朝制度的完善

循吏又称良吏，"谓本性循理之吏也"。昭宣时期，之所以呈现政治清平局面，与当时的循吏政治直接有关。

宣帝本人"由仄陋而登至尊，兴于闾里，知民事之艰难"，故尤重吏治，而当朝良吏也最多，如赵广汉、韩延寿、尹翁归、严延年、张敞、王成、黄霸、朱邑、龚遂、郑弘、召信臣等，皆其代表人物。他们施政有两大特点：一是执法公平，不避豪门权贵，但又不同于酷吏，而更重教化。二是重视发展经济，殖财富民，以宽政合于人心。

昭宣时期，中外朝制度进一步完善。当时形成一种较固定的模式，即担任大司马和将军的重臣多领尚书事，成为中朝核心成员。

石渠阁会议

甘露三年（前51），汉宣帝诏萧望之、刘向等儒生，会集长安未央宫北的石渠阁，讲论"五经"异同，由宣帝"称制临决"，亲自作总结。这一次经学讨论会，被称作石渠阁会议。

置西域都护与汉匈奴关系的重新调整

一般地说，西域都护为汉帝国派驻西域最高长官的正式官名。不过按汉官体系，它属加官，或称都护西域、使西域都护等。宣帝神爵三年（前59，一说二年）汉廷以郑吉并护鄯善以西南道、车师以西北道，称都护西域骑都尉，于乌垒城（今新疆轮台东）设都护府，监护西域三十六国（后分为五十余国），诸屯田校尉、戊己校尉皆属之。此即置西域都护之事。

单于和亲瓦当（西汉）

总的来看，昭宣时虽然也曾发生过如五将军击匈奴一类的战争，但汉匈关系以匈奴附汉为主流是毋庸置疑的。昭帝时，匈奴五单于争立，分为南北两部。甘露三年（前51），南匈奴呼韩邪单于降汉，北匈奴郅支单于西迁，后被汉西域都护甘延寿和副校尉陈汤所杀。呼韩邪在汉的帮助下，重新统一匈奴。从此，双方结束了百余年的武装冲突，恢复了和亲关系。

汉玉门关"千秋燧"简　　　　　　大方盘城粮库（敦煌附近）

宣帝性格对政局的影响

汉宣帝出生数月即遭遇巫蛊大案，在襁褓中被牵连入狱。他受到有关官吏怜护，安置由女犯乳养，后逢大赦出狱，并恢复了皇族身份。如此际遇使他具有了不同于一般皇族子弟的特殊性格。

他欣赏豪迈奔放的任侠之风，经常往来于长安诸陵及杜、鄠之间，与平民少年斗鸡走马，熟悉下层社会生活，深知民间疾苦。唯此，他在位期间，能够有功必赏，有罪必罚，注重实效，"吏称其职，民安其业"。

然而也正因其那段特殊经历所铸成的某些性格弱点，使他重用宦官和外戚徐、史和王氏，实启西汉后期外戚专政之滥觞。

汉末荒政——元、成、哀、平时期

西汉由盛而衰的分水岭——元帝时期

汉元帝名奭，"柔仁好儒"。其父宣帝曾叹谓"乱我家者，太子也"。即位后，朝中便出现了以名儒萧望之、周堪等为一方，以宦官弘恭、石显及外戚史高为另一方的两大政治派别。

萧望之等不失为统治阶级中有一定远见卓识的政治家，而宦官、外戚集团中的人物多是图谋私利、贪婪庸鄙的小人。在两派斗争中，表面上元帝似乎有时倾向于萧派，但实际上却一屁股坐在反萧派一边。

他酷爱音乐，不亲政事，认为"中人无外党，精专可信任"，而对于"君人之道"几乎一窍不通，甚至连奏章中"请谒者招致廷尉"即下狱都不懂。反萧派

长信宫灯（河北满城汉墓出土）

正是利用他的昏庸无能，假他之手逼死了萧望之，从而使宦官擅权，外戚恣纵，政治日趋黑暗。这就更加速了土地的集中，小农经济的破产。

尽管元帝也曾下诏减免田赋徭役，以公田苑囿赋假贫民，但也无法挽救王朝的衰败。旧史家评说他"牵制文义，优游不断，孝宣之业衰焉"，是符合实际的。元帝朝确是西汉由盛而衰的分水岭。

"霸王道杂之"

《汉书·元帝纪》载，元帝为太子侍宴时向其父建言："陛下持刑太深，宜用儒生。"宣帝作色曰："汉家自有制度，本以霸王道杂之，奈何纯任德教，用周政乎！"所谓霸王道杂之，即法、儒并用之意。这实奠定了历代施政思想的基调。

京房及其考功课吏法

京房，字君明，本姓李，东郡顺丘（今河南清丰西南）人。治《易》，善说灾异。

初元四年（前45），房以孝廉为郎。奉诏作"考功课吏法"奏上，朝臣"皆以房言烦碎，令上下相司，不许可"；"唯御史大夫郑弘、光禄大夫周堪

初言不可，后善之"。

房进言为中书令石显、尚书令五鹿充宗所嫉恨，出为魏郡太守，试以考功课吏法治郡。月余，石显劾奏其与淮阴王舅张博通谋，诽谤政治，归恶天子，遂弃市。时年四十一岁。

京房的考功课吏法，不失为加强官吏管理的尝试与努力，可惜在复杂的政治斗争中竟不了了之。

汉克孜尔尕哈烽燧遗址

陈汤矫诏

陈汤，字子公，山阳瑕丘（今山东兖州东北）人。元帝时以荐为郎，数求使外国。时匈奴郅支单于役属康居，攻略乌孙、大宛，威胁西域。

建昭三年（前36），已官至西域副校尉的陈汤，伙同西域都护骑都尉甘延寿，矫制发城郭诸国兵及车师戊己校尉屯田吏士共四万余人，进击康居，诛郅支单于，建立了奇功。

昭君出塞

王昭君，名嫱，昭君是其字，南郡秭归（今属湖北）人。汉元帝时，以良家子选入宫中。

竟宁元年（前33），匈奴呼韩邪单于入朝求和亲，昭君自请嫁匈奴呼韩邪为

昭君出塞

妻，称宁胡阏氏。呼韩邪死，上书求归。成帝命其遵从胡俗，复为后单于阏氏。

昭君和亲对汉匈通好起了积极作用，并成为后世诗词、戏曲、小说、说唱的流行题材。

酒色天子——汉成帝

汉成帝名骜，字太孙。昏庸程度远在其父元帝之上。

他为太子时，就是个酒色之徒。即位后更是广采良家女子备后宫以满足淫欲。尤其赵飞燕、赵合德姊妹得宠后，奢侈淫佚，"自后宫未尝有焉"。

这位好色帝王还经常微服出宫，至市里郊野斗鸡、走马。如此荒唐的国君，自然无心顾及朝政，而把政事交给元舅王凤，任为大司马大将军领尚书事；王氏诸舅皆拜为列侯。

成帝又营建昌陵，费以巨亿，以至天下匮竭，百姓流离，民众反抗斗争此起彼伏。史家评曰："朝政自此乱，外戚之势自此成，汉事遂不可为矣。"

土地兼并与师丹限田之议

西汉末，严重的土地兼并成为社会问题最大的症结，另还有王侯官吏及豪富"多畜奴婢"的问题。汉哀帝时，辅政大臣师丹，建言限民名田及奴婢，以缓和社会矛盾。哀帝下诏令朝臣"其议限列"，丞相孔光、大司马何武随即制定了限定的额度和限制的措施。

然而，这一设想遭到当政外戚、官僚的激烈反对而未能实行。提建议的师丹本人，也因反对立哀帝祖母尊号忤旨，为外戚诬陷，免官废归乡里。

西汉塑衣式粉彩拱手俑

宦官干政与外戚专权

西汉宦官的亲任始自孝武，而其干政则以元帝朝典型。当时形成以宦官弘恭、石显与外戚组合的政治集团，僭诉大臣，专擅权势。然弘恭早死，成帝即位后，石显罢官，宦竖势力消沉，但外戚专权又凸显出来。

追溯有汉一代，外戚膨胀，始自吕后。至元帝朝，其势已相当严重。及成帝时，王凤专政，五侯当朝，王氏分据势官满朝廷，外戚势力发展又创新高，并最终导致了王莽代汉的结果。

昌陵营建与罢建

汉成帝即位的次年，即选定渭城（今陕西咸阳）延陵亭部为自己的建陵地。当延陵建造十年之后，却下令停建，又于渭河南岸的新址建造昌陵。由于昌陵地势低下，填土工程量巨大，墓建了五年，仍无法完成。朝臣一片反对声，永始元年（公元前16），成帝下诏，停建昌陵，复还归延陵。

变态汉哀帝

汉哀帝名欣，为元帝庶孙。成帝无嗣，于临死前一年立欣为太子。

他即位后，削弱外戚王氏权势，却又大力扶植外戚丁氏、傅氏。他嬖幸"美丽自喜"的董贤，"出则参乘，入御左右"，甚至同床而寝；而董除了仪貌漂亮外，并无实际本领，却被封为大司马大将军，位居三公，权倾当朝，骤然暴富，财产达43万万，比汉政府"都内钱"还多。他还采纳方士之议，搞所谓的"再受命"，自号陈圣刘太平皇帝。

如此变态皇帝，荒唐可笑之极！患痿痹之症，不断加剧，在位七年而亡。

傀儡汉平帝

汉平帝名衎，本名箕子，元帝庶孙。九岁被迎立为帝，由太皇太后王政君临朝，大司马王莽秉政。

莽以大司马领尚书事，进位安汉公、宰衡，政由己出，平帝完全成为傀儡，西汉王朝名存实亡。元始五年（公元5）病死，或谓王莽鸩杀。在位六年。

思想、学术

黄老之学

　　"黄老之学"的"黄"指黄帝，"老"指老子。作为传说中的古代圣王，黄帝在先秦时期备受尊崇。《汉书·艺文志》中记录有战国时以"黄帝"为题名的书计12类26种400余卷（篇），可见当时黄帝学派已经形成并具备了一定的学术势力。黄学一派的书籍后来陆续亡佚，但据《汉志》所录信息，可以推知该学派与道家之间存在极深的思想渊源。1973年长沙马王堆三号汉墓中出土的《黄帝四经》（包括《经法》《十六经》《称》《道原》）进一步证实了黄学与老学同源异流的关系。较之后者，黄学更具催生法家学说的可能。最明显的证

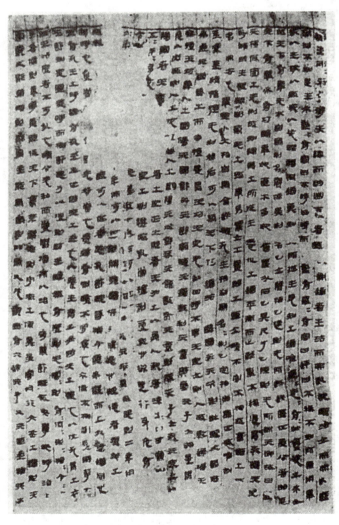

帛书《经法》（马王堆三号汉墓出土）

据，是老学公开反对法治，而黄学中包含丰富的法治思想内容，主张"是非有分，断之以法"。也许正是因为与法家思想密切相关，"黄帝之书"才能穿过秦火的烈焰浓烟传递至汉。入汉之后，黄学"静作相养"、老学"清静为天下正"的理念很快与"休息"政策产生了共鸣。

"黄老"合称首见于《史记》。黄老之学的主要特征，一方面主张清静无为，另一方面强调法治。此外，黄老思想中亦有尊君肃臣及提倡仁政的成分，表现出对其他学术思想的兼容性。事实上，黄老思想是以道家思想为基础并吸收各家思想而形成的一种能适应现实社会各种需要的思想体系。

据《史记》记载，汉代黄老思想的最早践行者是曹参（？—前190）。曹参曾为沛县小吏，随刘邦起事后多有功劳。西汉建立之初，刘邦封长子刘肥为齐王，曹参为齐相。到任之后，他遍访贤士请教"安集百姓"的妙招，最终被黄老学者盖公"治道贵清静而民自定"的说教打动。曹参用黄老之学治理齐国，大获成功，不仅使齐国国泰民安，也使自己获得了"贤相"美誉，并于惠帝二年（前193）继萧何成为帝王之相。汉相任上，曹参继续秉持黄老无为之术，"举事无所变更，一遵萧何约束"，再获成功。此期间传唱的民谣"萧何为法，顜若画一；曹参代之，守而勿失。载其清静，民以宁一"，便是对其处政方式的歌颂。黄老之学从此风行，崇尚黄老、提倡无为成为当时汉家王朝的治国策略。

惠帝、吕氏执政时期，"君臣俱欲休息乎无为"。文帝恬淡寡欲，在位23年，宫室、苑囿、车骑、服御无所增益，重用"治黄帝老子之术"的陈平为相，专门配备"治刑名"的谨厚长者张欧教导太子。文帝皇后窦氏也"好黄老术"，她迫使儿子景帝从做太子时起就"不得不读黄帝、老子，尊其术"，因此景帝即位后对这种祖传的治国之道谨遵无违，对"学黄老言""好黄老言"的汲黯、郑当时等大臣颇为倚重。

黄老之学不仅是当时官方的意识形态，也成为一代学术思潮。司马迁的父亲司马谈在对学术进行分类品评的过程中，赞其"与时迁移，应物变化；立俗施事，无所不宜，指约而易操，事少而功多"。言外之意，这种学说简直有百利而无一害。司马迁本人也被后世学者指为"论大道则先黄老而后六经"。可见黄老之学的学术影响。

黄老政治在西汉初期产生了良好的治效。统治者们轻徭薄赋、节约开支、减省刑罚、赈抚百姓，发展了生产，争取了民心；百姓则致力农耕，滋殖衣食，创造了大量的社会财富。尤其是文、景二帝统治的四十余年，政局稳定，经济发展，社会呈现国泰民安的兴旺景象，历来被看作繁荣治世的典型，史称"文景之治"。文景之治不仅功在当时，还为汉武盛世所有重大成就的取得奠定了坚实的基础。

综上所述似可以这样说：黄老之学符合汉初特殊情况下的社会需要，而以黄老思想指导政治也确实给当时社会的各个阶层都带来了利益。

董仲舒思想

董仲舒是西汉时期的儒学宗师。他熟习经典，精通《春秋》，好学而知礼，"学士皆师尊之"。《举贤良对策》是他对武帝诏问的"答卷"。由于君臣之间的三问三答，问答重心关乎天人关系，此策又称为《天人三策》。正是在这封对策中，董仲舒提出了"诸不在六艺之科孔子之术者，皆绝其道，勿使并进"的建议。

董仲舒画像

董仲舒的主要思想集中体现在《天人三策》和他的另一部著作《春秋繁露》中。

作为儒学的传人，董仲舒扬弃了先秦儒家的仁义思想，主张"以人安人，以义正我"；同时强调德教，提倡"三纲"（君为臣纲、父为子纲、夫为妻纲）"五常"（仁、义、礼、智、信）。具体到社会政治问题上，既对统治者提出了推恩施人、严以律己的施政要求，又为整个社会制定了有利于专制主义统治的道德要求。

作为公羊大师，董仲舒继承了公羊学派对于《春秋》的一贯看法，即认为这部书以"微言大义"的方式表达了孔子的政治理论。《春秋》开首就是（鲁隐公）"元年春王正月"。这原本是编年史以年时月日时间顺序组织史料的特征体现，但《公羊传》不惜笔墨详加解释，大意是说：元年是国君即位的第一年；春是一年中的第一个季节；王指周文王；先说王而后说正月是因为用的周文王历法的正月；用周文王历

《春秋繁露》书影

法的正月，是为了使用天下统一的历法。注意这里强调了"大一统"。董仲舒正是通过对"大一统"进行发挥性阐释构建起自己的政治学说。他直言"《春秋》大一统者，天地之常经，古今之通谊"，将"大一统"表述为宇宙之中的基本规律。具体到社会政治问题上，就为汉武帝加强中央集权提供了强有力的理论依据。

为了回答武帝关于天人关系的诏问，董仲舒对天人关系做出了详尽的论证。他糅合儒家、道家、阴阳五行诸学的相关内容，同时运用自然科学的相关成果，对古已有之的天人感应说展开了自己立场上的抽象发挥，构建起新的天人感应的学说体系。董仲舒认为天人之间存在某种神秘的联系。他说上天是"百神之君"和人类社会的主宰，它具有"仁"的特征，时常通过自然界的种种灾祥，表达对人的谴责或嘉奖；人"下长万物，上参天地""最为天下贵"，其行为可以感动上天直至改变上天的安排。天人感应论给传统儒学披上了神学的外衣。具体到社会政治问题上，它鼓吹君权神授，同时强调君权的得失无常。它既向被统治者展示了服从统治的终极依据，又企图对统治者施加约束、迫使其敬天保民，所谓"屈民而伸君，

屈君而伸天"。

很显然,董仲舒以儒家思想为主体、兼采阴阳五行等多种学说建立了一个新的儒学体系。新体系以天人感应说为理论形式,以政治哲学为基本面貌,以大一统论为经世内核。新儒学成为适应汉代社会需要的、具有实用价值的经世学说,为巩固中央集权、维护国家统一、协调社会矛盾、育化道德风尚做出了理论贡献,"令后学者有所统一",成为中国思想文化发展史上的重要环节。正是对新儒学的种种价值有所认知,武帝果然采纳了这一建议,"卓然罢黜百家,表章《六经》",独尊儒术。

刘向、刘歆父子校书

西汉立国之后,反秦之弊,除挟书律,广开献书之路。文帝时"天下众书"已经"往往颇出",至武帝朝政府公藏更是大增。然而武帝闵于"书缺简脱,礼坏乐崩",于是始"建藏书之策,置写书之官",将文献的管理提上议事日程。成帝时则进一步诏令刘向等人校书,中国历史上第一次大规模的群籍校理工作就此展开。

刘向原名刘更生,是汉高祖刘邦同父异母弟楚元王刘交的四世孙。他自幼"有材行",成年后以通达经典、善属文辞被汉宣帝视作"俊才"而置于左右。"为人简易无威仪,廉靖乐道,不交接世俗,专积思于经书,昼诵书传,夜观星宿,或不寐达旦"。元帝时因用阴阳灾异推论时政得失并弹劾外戚专政误国,两次入狱。成帝即位,复进用,更名向。出于难以自明的学术兴趣和文化责任,同时继承前贤业已取得的学术经验,刘向开始了自觉的校雠工作。刘向校书18年,其间升迁中垒校尉,但事业未竟,于成帝绥和元年(前8)去世。一直随其左右的幼子刘歆先"复为中垒校尉",又"迁骑都尉、奉车光禄大夫","复领《五经》,卒父前业"。

刘氏父子的校雠工作由目录、版本、校勘三个部分组成。

刘向在校书过程中为所校每一部书撰写目录,并将所撰各书书目汇集类编,形成目录专著《别录》。刘歆子继父业,将群书分类,著成《七略》(含《辑略》《六艺略》《诸子略》《诗赋略》《兵书略》《术数略》《方技略》）。《别录》是《七略》的母本。《七略》是对《别录》的浓缩和总结。它为我国最早的综合性图书分类目录，日后班固撰《汉书·艺文志》，即以其为依据，"删其要，以备典籍"。

刘向、刘歆校勘工作的步骤包括选定底本，广备众本，订脱误、标笺识，补缺去重、条定篇目，存取别义，撰写校勘记。此外，还有确定书名。

现代学者将校勘方式分为存真、校异、订讹三类，或分为定本式、底本式、札记式三类。刘氏校勘对这些均有不同程度的涉及。因此中国文献校勘学实应"宗刘"。

"版本"一词的出现大概要晚到宋代，但版本问题几乎与文献孪生。由于受到复制手段落后的局限，早期文献一经流传就会形成不同的版本。汉兴后"往往间出"至"积如丘山"过程中同一文献版本各异的情况尤为普遍。就文本而言，差异主要表现在字体不同、文字不同两个方面。此类版本的混乱给文献的传习带来了诸多麻烦，也成为汉世经学学术争议的直接原因，所以引起了学者和政府的注意。刘氏文献版本主要做了两项工作：一是写定本，再是选底本。

长期以来，学界多以版本专指纸质文献而言，认为其"广义包括抄写本和刻印本，狭义则仅指刻印本"，因而对于汉代版本问题鲜有提及。其实"版本的含义实为一种书的各种不同本子"，"关于图书的发生和发展、各个本子的异同优劣"都是版本学的内容。汉代的版本意识及其引导下的版本工作，已经开版本学的先河，同时为文献校勘提供了极为重要的资料。

刘向、刘歆校书过程中取得的卓越校勘成就，对于文献的整理和文献学的发展做出了巨大贡献。他们所创立的目录的编制程序和体例，著录了数以万卷计全面反映西汉末年社会文献财富的图书，引起了历代王朝对建立公藏图书机构以保管图书并编纂官修目录的关注，也为学者指明了学术门径。如龚自珍言："微夫刘子政氏之目录，吾其如长夜乎？"

经今古文之争

"经学"一词首见于《汉书·兒宽传》。虽然传文中的"经学"指《尚书》之学，但实际上"经学"已可理解作为五经之学的总称。汉代经学从学术阵营分，有今文家和古文家。两派的争论，贯穿经学的始终。经今古文的区分标准，在于使用的经书版本不同。

据《汉书·艺文志》的记载，武帝之前，文景之世已立博士，《诗》有鲁申培、齐辕固、燕韩婴，《书》有张生，《春秋》有胡毋生、董仲舒。武帝立《五经》时，《诗》相因未改；《书》改立兒宽的再传弟子欧阳高；《礼》立高堂生经由徐生、萧奋、孟卿再传的后仓；《易》则立汉初田何经由丁宽再传的田王孙；《春秋》立《公羊传》。由此可见三家诗、欧阳高所传伏生《尚书》、田王孙所传田何《易》、董仲舒所传《春秋公羊传》在武帝朝成为经书的法定版本。这些就是今文经学赖以产生的最早文献版本。这些版本的来历，除《易》之外，主要是经过"献"口耳相传，在条件具备时书于竹帛，再经国家所置写书之官写成定本。如《公羊传》的传承路径就是"子夏传于公羊高，高传于其子平，平传于其子地，地传于其子敢，敢传于其子寿。至汉景帝时，寿及其弟子齐人胡毋子都著于竹帛"，武帝置写书之官后再写入秘府。由于不曾间断，故今文经本的授受线索较为可考。武帝之后的宣元时期对博士家数有所增改，但关于经书版本的情况大体如此。

古文经学所依据的文献版本，是传世或出土的经书古本。传世本主要指《易》《尚书》《周官》《礼》《毛诗》《左传》。西汉古本出土见于记载的主要有三次。第一次是景帝时鲁恭王坏孔子宅欲以广其宫，结果得字体为六国古文的《尚书》16篇、《逸礼》39篇以及《礼记》《春秋》《论语》《孝经》凡数十篇于坏壁之中。第二次是武帝末年"民有得《泰誓》书于壁内者，献之"。第三次是宣帝时"河内女子发老屋，得逸《易》《礼》《尚书》各一篇，奏之"。其中河内女子发老屋事史书未载，《泰誓》后被学者证实系伪作，只有孔壁书成为继河间藏书之后古文经的又一个版本来源。

无论是传世还是出土，古文经书发现后在民间流传时应该都由"今文"重新写定。所以"今文与古文的分别，其实不在字体的不同"，二者"流布中的字体是相同的，即同为隶书。今、古文的分别，乃在文字上有出入，及由文字上的出入而引起的解释上的出入。有如今日同一部书，发现有两种不同的版本"，"所以今、古文问题的本质，是一种校雠上谁对谁错，谁较完备，谁较残缺的问题"。篇目文字有异，争论自然兴起。

武帝始独尊儒术，规划了以儒学为主干的学术路向；立经学博士，又确认见立诸家为学之正宗。从秦时按之入地，到此际举之上天，儒学的时代境遇得到如此之大的改善，使学者的心理受到了强烈刺激，于是"天下之学士靡然乡风矣"。但当时立为学官的都是今文经。古文经书在献给国家存于秘府后引起了文化官员的研究兴趣，因此虽未列入学官，却并非全然在野。如刘向虽然受诏治《穀梁传》，但在校书过程中发现中秘《左传》后对之非常看中，用以"教授子孙"，以至府中"下至妇女，无不读诵者"，并且在上疏时开始引用。刘歆更是"大好之"，以为《左传》不立"乃有识者之所惜闵，士君子之所嗟痛也"。

刘歆的学术取向非常明显，即崇尚古文经学。哀帝时他开始为《左氏春秋》《毛诗》《逸礼》《古文尚书》争立学官，"哀帝令歆与五经博士讲论其义，诸博士或不肯置对；歆因移书太常博士，责让之"。这是古文经学正式登上历史舞台的标志，也是今古文经学的第一次正面交锋。作为古文经学的成立宣言，《让太常博士书》表达了四层意思：第一，说明《左传》应立于学官的原因。第二，揭露今文经反对立《左传》的原因。第三，指出古学不立的严重后果。第四，表明自己的争立态度。

《让太常博士书》成为古文经学派争取学术和政治地位的一篇战斗宣言，经今古文之争的帷幕就此被一把扯开。

刘歆吹响的号角可谓高亢嘹亮，但今文却因其深厚的政治根基不战而胜。随后古文经在王莽的支持下一度实现了政治上与今文经平起平坐的愿望，可惜荣耀来去倏忽，就如同黄粱一梦。于是在东汉的光武帝、章帝朝双方又发生了两次冲突。不过值得注意的是，随着时间的推移，今古文双方渐渐开始取人之长补己之短，在学术上出现融合。融合或许不是初衷，却是结果，而且渐成潮流，如朱彝尊所说，东汉兼者渐多。到东汉后期，以郑玄为代表的汉代博学兼综之士，出于学术研究的需要，自觉拆除了经今古文之间曾经森严的壁垒，使二者道通为一。于早期经学而言，他们既是总结者，又是终结者。在他们融会和合思想的作用下，中国文献学的重镇"汉学"终于形成。

<h1>文字与教育</h1>

早期汉隶

汉字字体变化虽然相当复杂，但总体来看可明显分为两大阶段、四个时期。两大阶段，指应用线条构字的"篆体"阶段和用笔画构字的"隶体"

西汉隶书简（甘肃武威出土）　　　　　　　文字笔法演变

阶段。篆体阶段根据所用线条的特征分为两个时期：一是应用无定的摹物线条的"大篆"时期，二是应用相对定形化构字线条的"小篆"时期。

隶体阶段根据所用笔画的特征亦分为两个时期：即用不出锋笔画构字的"隶书"时期与应用出锋笔画构字的"楷书"时期。隶书初始自战国末至秦，而两汉则是其鼎盛期。有一种从使用时代角度命名字体的说法，其将秦时隶书称为"秦隶"，把汉代的隶书称为"汉隶"。诚然，严格意义的汉隶，应指东汉时那种带波磔的更加规范化的隶书，或称"八分"。但西汉一代是由秦隶向汉隶的转变期，应该是没有问题的。为确切起见，我们把这一时代的隶书称作"早期汉隶"。

至于"隶书"名称的由来，传统的说法主要有三种：

一见于《汉书·艺文志》："是时（指秦始皇时）始造隶书矣，起于官狱多事，苟趋省简，施之于徒隶也"。

二见于《晋书·卫恒传》："秦既用篆，奏事繁多，篆字难成，即令隶人佐书，曰隶字。汉因行之，隶书者，篆之捷也"。

三见于《魏书·江式传》："隶书者，始皇使下杜人程邈附于小篆所作也，世人以邈徒隶，即谓之隶书"。

以上三说，对于隶书始创于秦，看法基本一致；对于隶书产生的原因，认识似乎也大体接近；唯对于隶书之得名，存在歧义。第一说认为因用于徒隶故称隶书，似信从者不多。第三说认为因造字人程邈身份为徒隶而得名，虽然流传较广，但随着诸如云梦秦简、青川秦木牍一类秦隶书资料的出土，此观点实在难以自圆其说。独有第二说，将隶书解作篆字的简体，比较符合字体发展规律，倒是可取的。特别是此说把"隶"字理解为隶属于长官的下级办事人员"胥吏"，颇有见地。此辈负责登记籍簿、填发表报、收租纳税、力役征发等日常事务，文字应用量大，需要苟趋简易，所以才把难写的篆字简化为隶书。如此将胥隶用字叫做隶书，就如同后世把抄经书的字体叫做"经生体"一样，是从使用人的身份来命名的。

西汉虽是隶书广泛使用的时代，但并不是只有隶书一种字体流传。实际上，当时与隶书互相依赖、相互补充的字体还有"篆书"或称"篆文""篆字"，或称作"篆"，实际也就是前文所说的"小篆"。篆书这一字体虽然存在于隶书之前，但其名称却是隶书产生之后才有的，先秦时并没有篆书的名字，秦代似也不提篆书。西汉时篆书与隶书的区别，用现代的话说就是上行公文用字与下行公文用字的区别。胥吏日常办事用字基本都写直线条的隶书，报上级和朝臣的公文，则使用标准体文字篆书。篆书于隶书，相对待而存在。直到东汉人许慎编撰《说文解字》，仍以篆书为标准字，由此可见篆书在汉代的地位之重要。

《急就篇》为代表的字书

《急就篇》又名《急就章》，传为西汉史游撰。游于元帝时任官黄门令。黄门为宫中的禁门，《汉书·百官公卿表》记载，九卿之一少府属官有黄门令、丞。其负责掌管宫中乘舆狗马倡优鼓吹画工，职任亲近。此宫东汉时沿置，秩六百石，名义上仍隶属少府。《续汉书·百官志》黄门令条本注曰："宦者。主省中诸宦者。丞、从丞各一人。"东汉末多以中常侍兼任。由此推知，史游当为宦者。《急就篇》或可能是其为适应任职实际需要而编撰。

《汉书·艺文志》小学家著录有《急就》一篇。注云："元帝时黄门令史游作。"然该书今本为34章，除末章60字外，每章63字，大多七字为句，亦有三字、四字为句者。有关姓名、称谓以及衣食总用等方面的常用杂字，则以韵语编次，方便诵习识字。其首五句概言体例要旨道：

急就奇觚与众异，罗列诸物名姓字，分别部居不杂厕，用日约少诚快意，勉力务之必有喜。

如此连字为句，既琅琅上口便于读记，又寓教其中，表达了编撰者的意图和愿望，可谓一举而多得。这样的一种识字课本的编撰，应该说是一项了不起的创造。该书即取首二字为名。宋晁公武《郡斋读书志》释义称："谓字之难知者，缓急可就而求焉。"

唐代以前为《急就篇》作注者有曹寿、崔浩、刘芳、颜之推等多家，可惜均未能流传下来。今存有唐颜师古注，宋王应麟补注。清孙星衍、钮树玉及近人王国维亦有考订之作。20世纪80年代初，上海古籍出版社曾出版学者兼书法家高二适手书之《新定急就章及考证》一书，对考定《急

西安十三朝
XI'ANSHISANCHAO

就篇》全文及研究古代书法递变，均具有较高价值。

在《急就篇》成书之前和以后，还出现有多种字书，虽未能流传下来，但却都见诸文献著录。兹述其主要者如次：

西汉初成书的《仓颉篇》，系当时"闾里书师"合并原秦丞相李斯所作《仓颉篇》（七章）、中车府令赵高所作《爰历篇》（六章）、太史令胡母（或作"毋"）敬所作《博学篇》（七章）而成。原书均为学童识字课本，内容是把常用杂字编撰为文，四字一句，两句一韵，以便诵读；字体为官方规定的篆书，亦即小篆，或曰秦篆。西汉书师所作的整理工作，主要是"断六十字为一章，凡五十五章，并为《仓颉篇》"。可惜此书久佚，清孙星衍、黄奭、马国翰、任大椿、陈其荣等各有辑本。以近人王国维所辑最为完备。另，居延、敦煌及阜阳汉简中均有《仓颉篇》残简，可窥知其原貌之一斑。

《凡将篇》又名《凡将》，汉武帝时司马相如作。唐时此书犹存，大约宋代亡佚。

《元尚篇》为汉成帝时李长所作。《汉书·艺文志》称该书"皆《仓颉》中正字也"，早已亡佚。

《训纂篇》或名《训纂》，西汉末扬雄撰。后人将此书与《仓颉篇》、东汉贾鲂的《滂喜篇》合称《三仓》，而三书皆为隶字。该书早亡佚，清马国翰有《训纂篇》辑佚一卷。

五经博士

博士原本是对学者的一种泛称，意谓博学之士。大约最迟在战国末，齐、魏、秦等国均以之设官，博士遂由泛称改为官名。秦王朝时博士多达70人，汉承秦制，亦置博士官。文帝时期设置的两类博士值得注意：

一是设立的诸子专书博士，表明当时诸子书已被允许在学馆公开讲授，而凡具有一技之长的人即有可能被任为博士。应该说，这反映了汉初以来教育的进步。

二是设立的儒学一家的专经博士（或被称作"一经博士"，即专治一经的博士），表明此期博士的设置已出现了逐渐被儒家把持的新发展趋势。这自然也与当时的教育发展密切相关。

至建元五年（前136），汉武帝正式设置五经博士，从而迈出了汉代博士设置史上最为关键的一步，意义特别重大。这里所谓的"五经"，具体指儒家典籍《诗》《书》《易》《礼》《春秋》。

《汉书·武帝纪》记载，武帝即位初始的建元元年（前140），便下令罢黜百家，独尊儒术。几年后即设置五经博士，这显然与尊儒有关联。后者应是为实现前者而提出的一项重要的制度性措施。此其重大意义的第一点。

西汉帛书（马王堆三号墓出土）

如前所述，文帝朝开始设置儒家的专经博士，至武帝以前，这类经学博士虽已设有《诗》《书》《春秋》三经，《诗》博士还分齐、鲁、韩三家，但儒经还远没有全设博士，博士职位毕竟尚未由儒家一家专主。及五经博士设立，局面发生了根本性的变化。从这以后，儒家遂垄断了博士职。此其重大意义的第二点。

重大意义的第三点，置五经博士后，由于儒家专主博士，就使博士官具有了新的特点，即其学官属性凸显，教育功能增强。为了说明这一变化，以下对博士官的组织、职掌等略作考察。

西汉博士隶属九卿之一的太常，长官称仆射。博士虽为太常属官，但却与太常同侍列于朝，负有多项职掌，不少地方直接向皇帝负责。纵观博士的职事，议政自然是最主要者。《汉书·百官公卿表》所说的"掌通古今"，即指此。另外，如制礼、藏书一类的工作，也是博士的职责。在通古今备顾问的总前提下，博士的职掌随着时间的变化亦有所变更。如自武帝派博士公孙弘出使匈奴以后，博士出使便相沿成例，变为其新职掌。这里，如下的两种职掌变化，是研究西汉时期教育尤其需要注意的：

其一，五经博士设置后不久，武帝即采纳朝臣奏议，在京师建太学，置博士子弟（说详后文）。这样博士便增加了教授与测试弟子——太学生的职责。前文所讲博士学官属性凸显，教育功能增强，实际主要指此而言。

其二，置五经博士后，博士皆为经学大师，而皇帝、皇太子亦需要学习儒经，故而博士教授职掌也包括进宫为皇帝或太子授课的内容。如韦贤以《诗》教授昭帝，郑宽中、张禹分别以《尚书》和《论语》教授为太子的成帝等。这类宫廷讲授，虽属特殊教育，但毕竟是当时教育活动的组成部分之一。

另外，几乎与五经博士设置时间相连，武帝已确立岁举孝廉为核心完善了察举制度，凡地方察举到中央的各科人才，一般都要经过策试然后才能任职，由于策试内容主要是经学，所以此任务亦由博士承担。还有一些类似的考试、考核事项，朝廷也每派博士去做。严格地说，这些策试、考试并不具有直接的教育属性，不过如果放宽眼光来看，将之视为教育的某种延伸，或不致大谬。总之，博士官是西汉时期教育的一支重要的力量；他们教授、策试一类的职务行为，构成了当时教育活动的重要内容之一。

太学与郡国学

太学或作大学，为中国古代的最高学府。相传虞时的庠，夏朝的序，殷代的瞽宗，西周的辟雍皆为古代之太学。西汉立国之际，国力十分有限，难以考虑兴学之事。文帝时，虽有贾山上书，建言设立太学，但限于客观条件，未能实现。直到武帝即位后，董仲舒再次提出建立太学的问题。元朔五年（前124），也就是置五经博士之后的第11个年头，武帝感到各方面的条件已臻成熟，于是授意丞相、御史二府讨论此事，时任御史大夫的公孙弘拟定了一个实施方案，获得批准，于是太学正式建立。

一、太学的组织结构与学生数额。太学建于京师长安，教师由五经博

汉代讲学图

士充任，学习儒家经典。学生称作"博士弟子"，也叫太学生。其数额，武帝初建太学时为50人，昭帝朝增为100人，宣帝末增至200人，成帝时增为3000人。平帝、新莽时一度改成国学，骤增至10800人。

二、弟子选任。博士弟子分两部分。一是正式弟子，由太常择选，条件是"民年十八以上仪状端正者"。二是"如弟子"即员外弟子，由地方县令长丞尉、侯国相推选，条件是"好文学，敬长上，肃政教，顺乡里，出入不悖"；入选者须先送到郡太守、王国相那里慎重审查，于每年终时随同到朝廷作汇报的上计吏一起，再被送到太常那里，"得受业如弟子"，即算作不在正式弟子员数的员外弟子。

另外，博士弟子也有通过高官宠臣享有的荫任特权而荫补者，如伏湛"以父任为博士弟子"，即典型例证。

三、弟子的待遇、受学、射策与任用。博士弟子学习期间，享有免除徭役的待遇，被称作"复其身"。不过游学费用需要自理。

一般情况下，弟子受学专攻一经，拜一位博士为师；个别也有兼治别经、兼问别师者。王充《论衡·明雩》记载说："汉立博士之官，师弟子相呵难，欲极道之深，形是非之理。"可见除博士讲课外，师生间亦展开讨论。

太学中还不时举行某博士或大师的经学演讲会，称作"都授"或"都讲"，实际上就是一种专题报告，各种弟子皆可参加。

弟子受学一年即要受博士考课，称为"射策"，即一种抽签考试。这是博士弟子仕宦的必经之途。早期设甲、乙二科。凡"能通一艺以上"，即达到乙科标准，可以任用为文学掌故。考课成绩优秀的所谓"高第"，是为甲科，可以为郎中，但必须"太常籍奏"。另还有与之配套的规定：一是"即有秀才异等，辄以名闻"；二是"其不事学若下材，及不能通一艺，辄罢之，而请诸能称者"。大约至迟到宣帝时又增设丙科。《汉书·儒林传》所讲："岁课甲科四十人为郎中，乙科二十人为太子舍人，丙科四十人补文学掌故云。"当指西汉后期的制度。如此甲乙丙三科，依次分难易，射策者量力取策，答案正确者为"中"。其做法比较充分地考虑到人的智力差别，具有一定的科学性。如果屡射不中，又不够罢学条件，可以留太学继续学习。这样就使一般弟子都有机会做官，达到了某种和谐。

除京城建太学外，西汉地方亦有官办学校，叫做郡国学。

早在景帝末年，蜀郡太守文翁，为改变本地区落后面貌，修起学官于成都市中，招属县子弟入学，免除更徭，学毕得补小吏，是为兴办郡国学之始。武帝时"令天下郡国皆立学校官"，如此一来，建立郡国学的工作便在全国范围内推开。

元帝时期，郡国学进一步有所发展。当时郡国置五经百石卒史，职掌地方教育。至平帝即位，王莽秉政，郡国学又有了新的变革发展。元始三年（3），命郡国曰"学"，县、道、邑、侯国曰"校"，学、校置经师一人；乡曰"庠"，聚曰"序"，庠序置《孝经》师一人。这样一种制度一直延用到东汉时期。

特殊人才教育

秦汉之世，史、卜、祝为官府中的特殊人才，其职务如太史、太卜、太祝等，均"父子畴官，世世相传"。为此，史子、卜子、祝子必须到一种特殊的学校，经过学习、训练，并通过考试，方能任职。如此就有了特殊人才教育。

根据张家山汉简《二年律令·史律》的记载，综合《说文·叙》引汉《尉律》及《汉书·艺文志》记载的"试学僮"之法，同时参考云梦秦简有关"史子""学室"的记载，可知当时特殊人才教育情况如下：

一、汉王朝设有培养特殊人才的专门学校，最初存在史、卜、祝专业的区别，学生为史子、卜子、祝子，或曰史学童、卜学童、祝学童。"童"亦通"僮"。随着时间的推移，这种区别似逐渐消失，学生统称作"学僮"。

二、专门学校设有学习辅导者，叫做"学佴"，负责学童的管理工作，如带领学童参加考试等。

三、史、卜、祝三种学童学习期限一般都是三年，皆需定期考试，时间为八月初一。学童始试，年龄规定为 17 岁以上。通过考试，即任以职事。主持考务者为太史、太卜、太祝以及郡守。这种考试，即所谓"试学僮"，被著为律令条文，以法律的形式付诸施行。

四、史、卜、祝三种学童考试内容不同。史学童考《史籀篇》，初期要求背诵 5000 字以上，并会书写各式字体——所谓"八体"，指秦书八体，即大篆、小篆、刻符、虫书、摹印、署书、殳书、隶书。后来"讽书"的标准大为提高，达 9000 字以上。卜学童考"卜书"及占卜实用技术，另还要求背诵通行隶书 3000 字。祝学童则考"祝十四章"，要求"善祝""明祠事"等。

五、由学童考试内容，可推知其平时学习情况。史学童似主要进行识字和各种字体书写的教育；卜学童似以学习占卜术为主，同时兼有识字教育；祝学童则以学习祝、祠礼仪与实际操作演示为主。至于原来分专业的三种"学童"，在后来的文献记载中何以变成了无专业区别的一种"学僮"？目前由于资料的限制，尚无法说明。

文学与史学

汉初政论文

西汉初，人们较多思考的问题，一是秦为何二世而亡？二是如何消除诸侯王尾大不掉之势？三是怎样对付匈奴人的进攻？不少思想家、政治家围绕上述三个问题，各抒己见，大展鸿论，从而造成当时政论文的大繁荣。

汉初政论文最早的作者，当数高祖时的陆贾。他追随刘邦打天下，名有口辩，常使诸侯。当天下已定，他向刘邦指出，用武力可以夺取政权，却不能单靠它来坐天下。力主提倡儒家"行仁义，法先圣"，并辅以黄老的"无为而治"，作为巩固政权的工具。刘邦遂让他"试为我著秦所以失天下，吾所以得之者何，及古成败之国"。他奉命而作，共撰得 12 篇。所著书名《新语》，实际是汉初第一部政论文集。可惜此书已佚，今流传的二卷本《新语》，系后人所依托。

汉初政论文作者中，最有才华最负盛名者是贾谊。他的政论文，审度天下形势极其洞彻明了，行文畅达，辞势雄劲，连史圣司马迁也称赞曰"善乎哉"，在所撰《史记·秦始皇本纪》最后引用其《过秦论》全文以表达自己的见解。班固讲他的著述凡58篇，其中名篇如《过秦论》、《治安策》（或作《陈政事疏》）、《请封建弟子疏》等。今所传《新书》58篇，并非其旧，多取《汉书·贾谊传》所载之文割裂章段、颠倒次序加以标题而成。

晁错是汉初又一位著名的政论文作者。他洞明天下大势，善于抓住要害问题，做出透彻剖析，故言必有中。所著政论文如《言兵事书》《论募民徙塞下书》《论贵粟疏》等，皆当时之急务，议论犀利，分析深刻，堪称经典之作。另外，他的贤良对策，回答有序，逻辑严密，说理周详，亦不失为议论文之佳品。难怪当时"对策者百余人，唯错为高第"。《汉书·艺文志》法家有《晁错》31篇，可能是流传的晁氏文集，今仅存清马国翰等人辑本。

汉 赋

以"赋"名篇，最早约在战国末。到汉代其形成一种特定的体制，讲究文采、韵节，兼具诗歌和散文的性质，或曰是韵文与散文的综合，流行一时。通常用来写景叙事，也有以较短的篇幅抒情说理的。一般地讲，汉赋主要分两种：一是骚体赋，汉初盛行；再是散体大赋，形成于汉初，自武帝时开始兴盛。

司马相如画像

汉初的骚体赋，是具有浓郁楚辞风格的一种韵文。主要作家以贾谊、枚乘为代表。贾的名作《吊屈原赋》，凭借吊屈原来抒发自己心中的愤懑，表达了"横江湖之鳣鲸兮，固将制于蝼蚁"的不平。另一名篇《鵩鸟赋》则是抒发作者悲伤情感的作品，开西汉散体赋的先河。枚乘的《七发》，对后世赋作也很有影响。贾、枚之外，当时辞赋作品见诸记载的还有陆贾赋3篇，朱建赋2篇，刘友（赵幽王）赋1篇，庄忌（字夫子，或作严忌）赋24篇。

汉武帝刘彻不仅是位雄才大略的帝王，而且也是位辞赋的爱好者。《汉书·艺文志》著录其有自造赋2篇。他那首《悼李夫人赋》，便写得十分动情。其最后，总理赋中之意道：

佳侠函光，陨朱荣兮。嫉妒阘茸，将安程兮。方时隆盛，年夭伤兮。弟子增欷，洿沫怅兮。悲愁於邑，喧不可止兮。向不虚应，亦云已兮。嫶妍太息，叹稚子兮。懰栗不言，倚所恃兮。仁者不誓，岂约亲兮？既往不来，申以信兮。去彼昭昭，就冥冥兮。既不新宫，不复故庭兮。呜呼哀哉，想魂灵兮！

这篇赋虽谈不上绝顶佳作，但透过它可见当时辞赋形式之一斑。由于武帝的喜好，所以在他周围集合了众多的辞赋家，如司马相如、东方朔、枚皋、严助、刘安、吾丘寿王、朱买臣等。司马迁亦喜作赋，《艺文志》著录其赋作 8 篇。这些人多擅长散体大赋，使之一时蔚成风气。其中司马相如所作影响最大，枚皋的作品则数量最多。

司马相如是蜀郡著名才子，曾以琴心挑卓文孙寡女文君，结为夫妻，传为千古佳话。他写的《子虚赋》《上林赋》《哀秦二世赋》《长门赋》等，皆一时名篇。其作品极富文采，极尽铺张之能事，内容则多是帝王苑囿之盛，田猎之乐，并于篇末寄寓讽谏。后世不少赋家，皆效法他的文笔。枚皋为枚乘之子，辞赋"受诏辄成"，以快捷著称。不过所写皆皇家庆典颂词，绝无思想可言。史家评说其赋"凡可读者百二十篇，其尤嫚戏不可读者尚数十篇"。

武帝朝以后的赋家，主要有王褒、张子乔、扬雄等人。张子乔有赋 3 篇，皆佚。王褒有赋 16 篇，以《洞箫赋》《圣主得贤臣赋》《四子讲德论》《甘泉宫颂》等最为著名。相传皇太子得了健忘症，宣帝令褒入侍，朝夕诵读所作，竟使病愈。扬雄是西汉末一位全才式人物。他极倾慕司马相如的文才，所作《甘泉》《河东》《校猎》（或作《羽猎》）《长杨》等赋，皆拟相如诸赋为式，以弘丽的体制、缦诞的叙述、过度的描状、夸张的铺写见长。

总之，汉赋是典型的宫廷文学。它用华丽的辞藻，铺张的手法，堆砌了丰富的词汇，描写汉代上层社会的繁华，反映帝国的统一与强大，显示汉天子的尊严，是统治者自我赞美心情的流露。汉赋尽管体制弘伟，光彩辉煌，但内容却相当虚浮空洞，正如著名文学史专家郑振铎所说："我们远远地看见了一片霞彩，一道金光，却把握不到什么。"特别是辞赋家们遍寻奇字、穷稽典实的做法，实际上把"赋"这种文体推向了堆砌辞藻的绝路。当然，虽说汉赋文学价值不算很高，但其在形式和技巧上对后世的文学作品还是有较大影响的。

乐府诗

乐府是古时掌管音乐的官署，始置于秦，汉相沿不改。汉武帝时，为了宫廷娱乐和庙堂祭祀，开始大规模地采集各地民歌。据《汉书·艺文志》

记载,西汉一代乐府采集的各地民歌多达138首。从广义上讲,凡乐府歌辞,皆是乐府诗。像宋郭茂倩编的《乐府诗集》,即按这样一种理解辑录而成。

乐府诗中最富有生命力的部分自然要数民歌。这是乐府诗的精华所在。有些民歌虽然经过了文人的加工、润色,但总还保持着民歌的特色,反映了民众的呼声。如《战城南》这首诅咒战争、哀悼阵亡士卒的诗写道:

战城南,死郭北,野死不葬乌可食。为我谓乌:"且为客豪!野死谅不葬,腐肉安能去子逃?"水深激激,蒲苇冥冥,枭骑战斗死,驽马徘徊鸣。梁筑室,何以南?何以北?禾黍不获君何食?愿为忠臣安可得?思子良臣,良臣诚可思,朝行出攻,暮不夜归。

全诗描绘出战场上悲惨凄凉的状况,控诉了战争带来的深重灾难,反映了

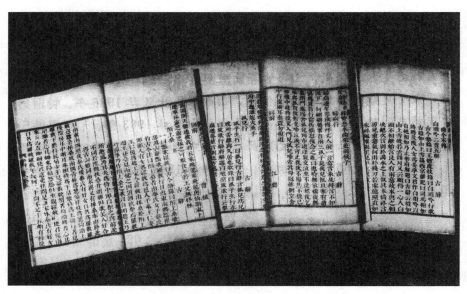

《乐府诗集》书影

民众厌恶战争的心情。再如《陌上桑》(或作《艳歌罗敷行》),叙述了一个采桑农家女子严词拒绝太守调戏的故事,反映了民众反抗强暴的斗争精神。这些民歌语言朴实,形象鲜明,思想性强,是汉代社会生活的一面镜子,在中国文学史上占有重要地位。

就体裁而言,汉乐府诗的民歌有三言、四言、五言、七言等,形式生

动灵活。其中以五言居多，当是东汉以后五言诗的先声。

《史记》——史家之绝唱，无韵之离骚

西汉时期产生了我国第一部纪传体的史学巨著《史记》。其作者是被世人誉为"史圣"的司马迁。他的家乡韩城，汉代叫做夏阳，属左冯翊。其祖先做过周太史，以后世代为史官；其父司马谈学问渊博，精通天文历数和黄老之学。在这样的家庭里成长起来的司马迁，自幼便接受了良好的教育。

武帝初，司马谈仕为太史令。司马迁亦随至京师长安，曾向孔安国、董仲舒等著名学者求教。20岁时，开始漫游全国。此举使青年司马迁饱览祖国大好河山，体验了各地风俗民情，考察了重要的历史遗迹，积累了丰富的资料，加深了与民众的情感。

司马迁画像

《史记》书影

韩城司马迁墓祠

这些为他日后撰写《史记》奠定了良好的基础。壮游结束不久，他入仕为郎中，从此经常侍随武帝巡行郡县，并曾奉使西南夷。

公元前110年，武帝去泰山封禅，司马谈未能随驾前往，滞留周南（今河南洛阳一带），为此气愤发病。刚从西南出使归来的司马迁，在河洛之间见到奄奄一息的父亲。父亲紧紧握着他的手悲痛地述说自己未竟事业的遗憾，希望他继承父志，勿废天下之史文，扬名于后世。司马迁俯首流涕回答，表示谨遵父命，一定完成其未竟之业，写出一部贯通古今的史书。父亲死后三年，司马迁继任太史令。由于职务之便，他得以大量阅读国家藏书，搜集整理史料，为完成父亲的遗愿积极做准备工作。

不料当司马迁正式开始写作后不久，因替投降匈奴的李陵辩护触犯武帝，被处腐刑。此事使他的肉体与精神受到极大的打击。"是以肠一日而九回，居则忽忽若有所亡，出则不知所如往，每念斯耻，汗未尝不发背霑衣也。"但为了完成著史的事业，他顽强地活了下来。公元前96年，司马迁终于被赦出狱，并拜官中书令，尊宠任职。这样一来，使他有条件又经过数年的艰苦努力，最后于公元前91年完成了所计划史书的写作。

司马迁把自己毕生写就的这部史学巨著，与文王演《周易》、仲尼作《春秋》、屈原赋《离骚》、左丘撰《国语》等相提并论，认为都是遭到厄难之后的愤发之作。他深知此书难容于世，写作时便已有将其"藏之名山"的准备。史载："迁既死后，其书稍出。宣帝时，迁外孙平通侯杨恽祖述其书，遂宣布焉。至王莽时，求封迁后，为史通子。"

西汉帝国发展到武帝时期，统治相对稳定，经济实力空前增强，从而为文化事业的发展创造了良好的社会条件。当时的史官，受时代的激励，深感必须承继孔子修旧起废、论《诗》《书》、作《春秋》的传统，改变自获麟以来数百年间诸侯相兼、史记放绝的局面，论载汉兴之后海内一统、明主贤君、忠臣义士的业绩，以不废天下之文。这当中，司马迁及其父司马谈是最具代表性的人物。

司马氏父子所体现出来的强烈的史家责任感，正是当时史学要求突破原有的模式，寻求大发展、大前进的时代趋势的反映。这一时代的使命，最终以司马迁继承父命，撰成《史记》这部划时代的巨著而得以实现。

唐刘知几《史通》将"诸史之作"析为"六家"，然后统归"二体"，即"编年体"与"纪传体"。而《史记》则是"二体"中"纪传体"的鼻祖。其开创价值，约有三方面：

首先，《史记》开创了以人物为中心的记史法，或曰以人物传记为主干的史书形式。

《史记》以前的各种史作，如《左传》《战国策》《国语》等，或编年，或记事，或记言，却没有以人物传记为主干来展现历史进程的。《史记》正好与此不同，全书骨干由 12 本纪、30 世家、70 列传构成。"本纪"是帝王的传记，以此作为全书的根本、纲纪。要之，即以主宰天下的帝王为中心来编排一个时代的历史。12 篇帝王传记前后连贯，首尾相衔，构成历史主线。"世家"是诸侯王（含重要列侯将相）的传记。由于诸侯分封在不同地区，所以这部分实际是以诸侯王为中心的地区史。"列传"是各类重要人物的传记。通过记载这些人物活动，展示一个时代历史的细部。就规模和层次而言，本纪最大最高，世家和列传依次降低。这样一种以人物传记为中心的史书形式，被称作"纪传体"，是以前从来没有的。纪传体史书以本纪、世家、列传为主的结构，与当时形成的金字塔形社会政治结构完全一致，它适合于更有力地表现西汉帝国大一统的雄姿和威容，能够大大凸显贤君明主、忠臣义士的地位，特别是突出帝王的作用，因此它较编年体等其他史书形式，更能适应当时统治阶级的政治需要。而史学也就在满足了这一需要的前提下，大发展、大前进了。

其次，《史记》开创了通史这一史书体裁。

《史记》以前的史著，如《左传》是以年代为次的编年史，《国策》《国语》是以地域为限的国别史，此外，还有以文告档案形式保存下来的政治史，如《尚书》；然而却没有一部长时间跨度的通史。《史记》的问世，结束了这一局面。该书所述，上自传说中的黄帝，下迄作者所处的汉武帝时代，时间长达 3000 年之久。书中改变了以往史著记一事一言或单线条记述的做法，而是采取"本纪""世家""列传""书""表"五种不同的表现形式，以时、空两个维度，从政治、经济、文化等各个层面同时展开，众多人物和事件交错叙述，形成统一的有机整体。这样一部上下几千年，包罗各方面，而又融会贯通、脉络分明的通史的出现，是我国史学史上的一大创造。这里，固然不可否认当时出现如此一部通史巨著的时代必然性，但作者的创新勇气、聪明智慧和所付出的创造性劳动，也是不可忽视的。

第三，《史记》开创了无所不包的"大历史"史书体例。

所谓"大历史"，是指广义历史，即认为历史不仅仅只限于社会史，而是还包括自然史。在古代固然没有"社会史""自然史"一类的概念，但却有从"大历史"角度考察历史的史观，有按"大历史"规格撰写的史著。《史记》就是这样一种"大历史"史著的开创之作；而其"大历史"的体例，则具体化为"书"这种形式。"书"是《史记》中很特殊的部分，实际上就是一种专门史。《史记》中共有八"书"，其上自天文，下到地理，囊括"礼乐损益，律历改易，兵权山川鬼神，天人之际，承敝通变"，充分展现出一种无所不包的"大历史"格局。诚然，《史记》之前，有些史著如《左传》，也有某些自然史方面如天象、灾异等记录，但却是零碎的、分散的，范围和数量都很有限，远不能同《史记》中的"书"这种已经上升为专门史的系统论述相提并论。《史记》开创的无所不包式的"大历史"史书体例，对中国史学影响十分深远。以后的历代正史，差不多都有"天文志"，特别是宋郑樵所撰《通志》的"二十略"，自天、地、人、礼、乐、书，到经济、政治、法律、艺文，乃至金石、灾祥、昆虫、草木，几乎应有尽有。如此博大的气魄和规模，显然是对《史记》"大历史"体例的继承和发扬。这无疑是中国史学的优良传统之一。

以上只是从总体上或曰大的方面所做的论述。实际上，《史记》还有许多更具体的创造，更具体的"第一"。例如《史记》第一次提出了中国式的史学理论体系，即"究天人之际，通古今之变，成一家之言"。《史记》第一次从世界史的角度描述中国历史，其视野第一次移出中原一带而达到了南越、东南亚，到达今新疆、中亚地区。《史记》第一次把历史活动的主体从政治家、军事家扩展到商人、医生、游侠、占卜者，甚至农民起义领袖及刺客。《史记》第一次提出了黄帝是中华民族共同始祖的思想，其成为中华民族凝聚力的源泉。几千年来不管有多少次内乱、分裂，有多少次外敌侵略，中华民族始终打不散、分不开，与此有绝大关系。《史记》第一次在书中为作者本人立传，使史学家也成为被研究的对象，等等。这些更具体的创造与第一，同前述的三个方面相比，自然属于细节问题了，故在这里仅点到为止，就不再展开论述。

《史记》不仅是一部史学巨著，开创纪传体史书这一新体例形式，代表了西汉时期史学的最高成就，而且也极富文采，是一部记传文学的巨著，具有极高的文学价值。

一、《史记》以前的一些历史著作，虽然也写到许多人物，甚至较生动地刻画了人物形象，但通常均系片段，也较分散，属于历史事件的附庸。在《史记》中，司马迁则将人物作为事件的主宰，以写人物为主，进而反映历史的进程。《史记》这样一种更充分、更集中刻画人物性格，比较完整地写出人物一生活动的写作模式，为后世传记文学创立了典范。

二、《史记》描述人物，不是面面俱到，而是善于抓住人物一生中最典型的事件和行动，突出其主要性格特征。如《项羽本纪》，作者着力描写了少年项羽的志向、巨鹿之战、鸿门宴以及被围垓下后与虞姬作别这样几幕，以表现他既勇猛磊落，又自负残暴的悲剧性格。这样的表现手法，同样对后世传记文学产生有巨大影响。

三、《史记》善于把人物事迹、历史事件故事化，即把它们变成一个充满矛盾、紧张而又曲折的故事。像《魏公子列传》中的"窃符救赵"，《蔺相如列传》中的"完璧归赵"，《刺客列传》中的"图穷匕见"等，都是结构完整、情结曲折、引人入胜的小故事，从而大大增强了文学性。这亦为后世传记文学的法式，成为效仿的榜样。

四、《史记》在刻画人物时，带有明显的抒情性，如"易水送别""霸王别姬"等，皆是作者饱含情感绘制的千古佳篇。另外，符合人物个性和生动传神的对话，简洁、形象、极富表现力的叙事，亦是其突出的特点。这些均开我国传记文学风气之先，对后世有着深远的影响。

艺术概览

绘画与书法

壁画是西汉绘画作品常见形式之一。文献记载的长安汉宫有壁画者就不止一处，如承明殿、麒麟阁、甘泉宫等。《汉书·成帝纪》载太子宫中有所谓"画堂"，按颜师古的解释，这是一种"通有彩画之堂室"，即四周皆壁画的房屋。由于汉宫早已无存，故对其壁画难知其详。东汉王延寿《鲁灵光殿赋》描述灵光殿壁画说："图画天地，品类群生。杂物奇怪，山海神灵。写载其状，托之丹青。千变万化，事各缪形。随色象类，曲得其情。"长安汉宫壁画，当与此大致相仿。

当时壁画除了用来装饰宫殿外，还用来装饰墓葬。如果说 1987 年发现的西安交通大学西汉墓室内的天象图壁画，集中反映了当时天文学所达到的水平的话，那么，2004 年发现的西安理工大学西汉墓壁画，则典型反映了当时社会习俗与官僚贵族生活等方面的情形。该壁画遍及墓室四壁及券顶。墓门东、西侧分别绘龙、翼虎，均为立状，爪持节。墓室东壁为车马出行、狩猎等内容，场面生动。后壁上部为一乘龙羽人，下部绘黄蛇、青蛇各一条，其间为云气。西壁北部图案剥落，中部为斗鸡场面，南部为一幅女性宴乐歌舞图。墓室券顶上展现的是羽化仙场景：南部正中绘一只飞向墓门的凤鸟，两侧各绘一翼龙，东侧龙前绘太阳、金鸟，西侧龙前绘月亮、玉兔和蟾蜍；北部绘并排飞向墓门的两只仙鹤，其间布满云气。值得注意的是，此墓壁画题材不仅有西汉常见的羽化升仙等内容，还出现了东汉中期以后流行的狩猎、宴乐等场景。其绘画风格也与汉代常见的"粗犷朴拙"迥异，画面细腻，线条纤细，所绘人物眉清目秀，具有"工笔重彩画"的韵味。

西汉绘画有一个很大的变化，就是人物画占有突出的地位。这反映了当时绘画水平的提高。其著名的人物画像如：

西汉壁画骑马人物图（西安南郊出土）

　　《周公辅成王图》。汉武帝令黄门画者绘，赐予霍光，暗示令其辅佐
幼主，行周公之事。此图当为一幅帛画。

　　《休屠王阏氏像》。降汉的匈奴休
屠王阏氏教子有方，为汉武帝所敬重。
她死后汉武帝诏令绘其图像于甘泉宫，
以示彰显。

　　《麒麟阁功臣图》。绘于公元前51
年，为汉长安一组大型写实人物壁画。
史载，汉宣帝"思股肱之美，乃图画其
人于麒麟阁，法其形貌，署其官爵名"。
所画功臣依次为霍光、张安世、韩增、
赵充国、魏相、丙吉、杜延年、刘德、
梁丘贺、萧望之、苏武共11人。由此
开朝廷绘画功臣像之首。

　　《屏风列女图》。汉成帝时刘向、
刘歆所作。刘氏父子依《列女传》人物，
"画之于屏风四堵"，作为后宫女教之用。

帛画（马王堆一号汉墓出土）

漆画竹笥（乐浪汉墓出土）

西汉时专业画工见于史传，也从一个侧面反映了当时绘画业的发达。画工的称谓，汉之前便有，但涵盖面比较宽泛。真正的专业性画工见诸史传，始自西汉。《汉书·霍光传》记有"黄门画者"，颜师古注："黄门之署，职位亲近，以供天子，百物在焉，故亦有画工。"此处"画者"即"画工"甚明。《西京杂记》卷二首条《画工皆弃市》，记汉元帝时，宫廷画工受贿事发，"乃穷案其事，画工皆弃市，籍其家，资皆巨万。画工有杜陵毛延寿，为人形丑好老少，必得其真；安陵陈敞，新丰刘白、龚宽，并工为牛马飞鸟众势，人形好丑，不逮延寿；下杜阳望亦善画，尤善布色；樊育亦善布色，同日弃市。京师画工于是差稀。"

西汉人的手书墨迹，见于大量出土的简牍帛书。尽管这只是当时一般吏员日常所写，但今天在很大程度上人们已经将之视为书法作品了，称之为简帛体，或曰汉简体。当然，如果从严格书法艺术的角度来说，研究者

西汉画像砖拓片（咸阳出土）

可能更为看好石门摩崖石刻"汉魏十三品"中属于汉代的作品。

石门（小石门）为世界上最早的人工隧道，位于贯穿关中与汉中的褒斜道南端。石门两壁及其外的褒河两岸崖上，刻满摩崖石刻。这当中最负盛名的即所谓"汉魏十三品"。十三品中那些汉代作品，归入西汉的只有《石虎》摩崖，而且是传为西汉时所刻。原来石门南，河东店北约半里处，山峰有石形如虎，峰下河边有摩崖石刻隶书"石虎"二字，字径30厘米，旁刻"郑子真书"四字。郑子真名朴，西汉成帝时人，家居褒谷口，隐居不仕，常于此处垂钓，因三却元舅将军王凤礼聘而名动京师，人称"谷口先生"。

石虎（郑子真书）

在此，如果把眼光再放开些，从"汉魏十三品"转向另一个领域——西汉出土器物铭文，那么所看到的西汉书法艺术作品就另有一番天地了。实际上，这些器物铭文是非常宝贵的西汉书法第一手资料。著名学者陈直曾收集秦汉时期关中所出陶瓦器物，编为《关中秦汉陶录》行世，为我们了解、认识这些书法作品提供了方便。

雕　塑

雕塑是一种造型艺术。西汉时期的雕塑作品，以茂陵东面汉骠骑将军霍去病墓石雕群最具代表性。这批大型纪念性石刻，形体庞大，完全承继了秦始皇兵马俑那种博大沉雄的气势。如石刻立马高168厘米、长190厘米；卧马高144厘米、长369厘米；人与熊高277厘米、宽172厘米。均采用花岗岩雕成，更凸现出粗犷豪迈的气派。雕塑者巧妙地运用循石造型的艺术手法，借助石质的特性，用非常简练的线条，生动地表现了人与动物的形态。无论是捕食前的饿虎，还是怒气正盛的卧牛，憨厚狡黠的小象，

马踏匈奴雕塑

卧牛

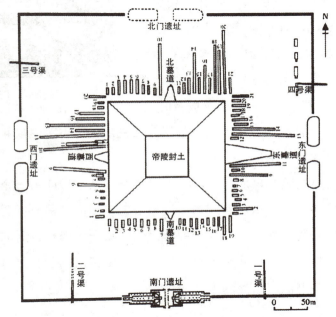
汉阳陵帝陵陵园平面布局示意图

汉阳陵裸俑额前留下的一道朱红色

个个神态毕现，不能不令人惊讶作者以简驭繁的创造力。该雕塑群的主体名《马踏匈奴》，刻一匹立马，高大雄健，正踏压着一个战败的匈奴侵略者。战败者形象丑恶，正在拼命挣扎，而马则悄然卓立，沉静自若，似在蔑视、嘲笑足下的败将。作者用含蓄的手法，歌颂了战马所象征的包括霍去病在内的英勇将士，以及作为强大后盾的汉帝国与民众。这是一件思想性与艺术性完美统一的石刻典范。

西汉雕塑在承继秦的博大沉雄气势之外，也有自己的出新之处。这集中反映在从葬陶俑制作摆脱了秦俑那样与真人同大的作风，而趋于小巧。例如咸阳杨家湾汉墓出土的583件骑兵俑，在数平方米之内即可排开，比秦兵马俑要小得多。再如1990年在汉阳陵南区从葬坑发现的裸体陶俑，虽较杨家湾兵马俑略大，但其身高不过62厘米。这种变小的趋势，既是社会进步的反映，也是艺术进步的表现。

就表现手法而言，杨家湾兵马俑体型虽小，但造型别有韵味。

西汉羽人骑天马玉雕（咸阳出土）

西汉玉雕舞人（广州南越王墓出土）

汉阳陵裸俑三人行

汉阳陵出土陶俑

汉阳陵出土著衣摆甲陶俑

制作者不着意于身体的每一部分的精雕细刻，而是象征性地勾画粗线条，突出人物的神态。这种写意风格在出土的其他一些陶俑上也有明显的体现。如1966年西安姜村出土立式、坐式侍女俑，便是适例。需要指出的是，前文已述之汉阳陵裸俑在创新方面亦有独特之处。这些俑原本着衣，并配以木制能活动的手臂。如此复合式的俑，应该说反映了时人对美的追求。由于长时间埋葬地下，衣物及木臂皆坏朽，只剩下陶体。而制作者对陶体的刻画也相当讲究，甚至连生殖器也表现出来。对于头部、面部则采用绘塑结合的手法，悉心打造，力求真实。在不少地方，还运用夸张的手法，以增强生动感与美感。

音 乐

西汉开国君臣，深谙音乐的力量，以"四面楚歌"迫使霸王项羽最终败亡。这些大家都很熟悉。

汉立国之初，有"以雅乐声律世世在大乐官"的"乐家"制氏。可惜他只有音乐的实践而不能言其义，所以汉制定宗庙乐由叔孙通主持而依靠秦乐人来完成。当时一个突出的特点是，楚乐极为流行。这显然与开国皇帝刘邦是楚人，与刘邦集团的核心成员大都来自楚地，以及"四面楚歌"的故事有关。大家知道，楚的音乐，原本十分发达。20 世纪 70 年代在湖北随县曾侯乙墓出土的编钟等百余件古乐器表明，楚乐水平极高，位于当时世界的前列。所以楚乐的盛行，对汉代音乐的发展，其实起了一种积极的推动作用。有关汉代"楚乐"的具体音律，今已难详考，但从文献所保存的众多"楚歌"中，似可领悟出它的某些特点。一般来说，楚歌语言清新活泼，平易通俗，句式灵活，或长或短，音节自然流畅，乐句中间或末尾多有一"兮"字作拖腔。这些特点使其声情深长，既能低吟曼唱，也可引吭高歌，很适合抒发深沉激昂的感情，因而它容易引起共鸣，为人所喜爱，得以广泛流传。其中某些帝王的作品，如刘邦的《大风歌》，还被"四时歌舞宗庙"，成为正规的庙堂用乐。

西汉亦有乐府设置，前文已经述及。武帝时进一步扩大乐府规模，增加其职能，"以李延年为协律都尉，多举司马相如等数十人造为诗赋，略论律吕，以合八音之调，作十九章之歌"。到各地采集民歌，是当时乐府的重要职掌之一。"自孝武立乐府而采歌谣，于是有代、赵之讴，秦、楚之风。"这些歌谣，经过乐府整理、配乐，以适应宫廷及各类祭祀演奏的需要。武帝后，乐府机构仍不断扩大，其官员除乐府令、丞外，又置乐府音监、乐府游缴等，乐工在成帝时达千人之多。及哀帝绥和二年（前 7）撤销乐府时，其乐人的职掌类别竟多达 50 余种，足见专业分工之细，从业人员亦有 829 人，可见阵容之庞大。

汉世普通民众的音乐生活，有关资料有限。《汉书·杨恽传》

塑衣式跽坐奏乐俑（西汉）

有一段记载曰：

田家作苦，岁时伏腊，亨羊炰羔，斗酒自劳。家本秦也，能为秦声……奴婢歌者数人，酒后耳热，仰天拊缶而呼乌乌。

应劭注："缶，瓦器也，秦人击之以节歌。"颜师古注："缶即今之盆类也。"关于"呼乌乌"，颜注："李斯上书云：'击瓮叩缶，弹筝搏髀而呼乌乌快耳者，真秦声也。'是关中旧有此曲也。"据此可知，汉代老百姓所喜闻乐见的依旧是粗犷、放达"呼乌乌"的乡土音乐，而他们只有在农闲时节，伏、腊祭祀的时候，才有机会畅怀高歌。

西汉一代涌现的音乐家不少，其代表性的人物，如乐工出身的作曲家、演唱家李延年，音乐理论家京房（也是著名经学家）等。汉元帝刘奭，虽为无能的昏君，但却是位难得的音乐天才。可惜历史的错位，造成了令人无限叹息的时代悲剧。

舞 蹈

西汉时，不仅楚乐流行，而且楚舞也相当盛行。楚舞的特点，长袖飘逸，腰肢轻柔。《淮南子·修务训》描绘楚怀王幸姬舞姿云："今鼓舞者，绕

盘鼓舞（四川出土汉画像砖）

身若环，曾挠摩地，扶旋猗那，动容转曲，便媚拟神。身若秋药被风，发若结旌，聘驰若骛。"汉高祖时戚夫人擅长的翘袖折腰之舞，成帝时赵飞燕的轻盈翩然之舞，或可能接近楚舞的姿态和风格。

汉世最为流行也最具代表性的舞蹈是《七盘舞》。此舞屡见于诗赋，但史籍鲜有记述。据出土画像砖石资料，可知《七盘舞》表演者有鼓有盘，鼓、盘数目不定，覆置盘于地上，配以踏击之鼓。舞者衣长袖，或蹑足于鼓、盘之上，或徘徊于鼓、盘之间，若俯若仰，若来若往，体如游龙，袖如素蜺。

除《七盘舞》之外，常见舞蹈还有：

《巴渝舞》 因其初创于巴郡渝水而得名。刘邦当年为汉王时，得矫捷善斗的巴渝賨人帮助，作为先锋，渡陈仓而还定三秦。賨人不仅骁勇而且善舞，刘邦称赞其歌舞为"武王伐纣之歌也"。西汉王朝建立，存其舞乐，令乐工习之，名曰《巴渝舞》。汉乐府乐工有"巴渝鼓员三十六人"，可见此舞在宫廷中是常演节目之一。该舞以鼓伴奏，舞姿雄武，后世遂用以宣扬武功。

《剑舞》 汉以前有剑术而无剑舞。鸿门宴上，范增令项庄舞剑助乐，伺机杀掉刘邦，项伯则与项庄对舞而阻挡之。其后舞剑始用于饮宴或娱乐，并渐成舞蹈百戏之一种。

《巾舞》 因持巾而舞得名。汉画像石常见巾舞者形象。该舞源起说法不一，《通典》认为，鸿门宴上项庄舞剑，项伯以袖隔之，即巾舞之源。该舞又名"公莫舞"。

巾舞汉画像石（上：山东出土，下：南阳出土）

《**踏鞠舞**》 踏鞠就是踢球。踏鞠舞即脚踢球而舞，也叫蹴鞠舞。山东曲阜汉画像石上有三女踏鞠舞图，被认为是最典型的图像。

《**鞞舞**》 即执鞞鼓而舞，有人认为此舞系从《巴渝舞》中演化而来。

《**沐猴舞**》 一种拟兽动作的滑稽舞蹈，具体模拟猴子与狗相斗，为舞蹈状。此舞虽被社会上层视为有失高雅、有失体面，但流行极广，至南北朝时仍盛行。

汉代乐舞画像石摹本（山东出土）

蹴鞠舞图（选自嵩山启母阙、少室阙）　　　蹴鞠（南阳汉画馆藏）

西汉乐舞杂技俑群（济南出土）

汉代还有不少宗庙祭祀舞蹈，但缺乏艺术性，在汉舞中不是主流。

喜歌好舞为秦汉人的一大特点。当时的达官贵人、豪室巨贾，在家中蓄婢养倡，成为时尚。尤其帝都长安此风更盛。而一般的民间酒会，亦多有乐舞助兴。在此世风驱使下，也着实出现了相当一批能歌善舞的人才，其中一些人甚至成为帝王的妻妾，如戚夫人、王翁须、赵飞燕等。用今天的话讲，她们是歌舞表演艺术家。

西汉鎏金舞人（云南晋宁出土）

汉代马术

飞丸和飞丸跳剑（南阳汉画像石）

百　戏

百戏为古时杂技的通称。早在战国、秦时，杂技已相当成熟。入汉以后，随着经济繁荣，对外交往的扩大，杂技艺术发展进入一个新时期。当时帝王不仅常用杂技乐舞招待外国来宾，而且还在皇家苑囿举行大型杂技演出，让百姓聚观。如武帝元封三年（前108）春举行的一次角抵表演，长安四周300里内的百姓皆来观看，盛况空前。时人喜好杂技，上自帝王下及普通百姓，莫不如此。汉画像石中大量的百戏图像，从一个侧面反映了这一现实。

汉代杂技艺术名目繁多，其主要节目有下列若干种：

角抵：即两两相当，角力而分胜负。为汉代最常见的杂技项目，每每被当作杂技百戏的代称。隋唐时则被用以指相扑摔跤之戏。

象人：即假面之戏，指神头鬼面或兽形的舞蹈者。其形象在汉画像石中常见。

扛鼎：一种带有举重性质的杂技。

缘竿：或名都卢、寻橦，即一种爬竿杂技。

水人弄蛇：一种舞蛇之伎。水人，或谓水乡所居之人，或谓裸体者。

五案：或称安息五案，即今椅技的前身。汉时无椅，是用案累积起来，在上面表演。

舞轮：即戏车轮之技。其以车轮为舞器，掷弄于手中，颇具惊险性。

耍盘：与今转碟或耍盘子相类似的杂技。

弄壶：类似今日耍罐子的一种杂技。

跳丸剑：跳即抛。一种表演抛接丸、剑等物品的杂技。

飞剑弄瓶：飞剑是向空中掷耍小剑，抛接自如；弄瓶即用拳、头、臂、肩来戏耍巨瓶。

铜丸擿鼓：汉元帝表演过的一种击鼓技巧。先置鼙鼓于殿下，击鼓者立于轩槛上，临空投掷铜丸击鼓，鼓声要符合击打的节奏音量要求，属一种兼具杂技性和音乐性的节目。

马戏：在奔马上做各种动作或舞姿，是汉代杂技中较精彩的节目之一。

转石：一种象征天威、表现伎人力量大小的杂技。具体表演方法不详。

冲狭：类似于今之钻刀圈。又称透剑门。

銛锋：表演刀枪不入的气功一类杂技。

戏车：车技或彩车杂技表演。唐时演变为山车陆船。

吞刀吐火：属一种魔术。其表演，先把利刃吞进腹内，瞬间熔化，张口吐出团团烈火。此术系从西域传入。

斗棋：术士所创的一种魔术。其借磁力挪动棋子，使自相抵击。

画地为川：一种在地上变幻出山川江河的魔术。

东海黄公：一种幻术兼气功的表演。传说东海人黄公能制龙御虎，秦末白虎见东海，他前往降服反被虎害。三辅人以黄公之术为戏，汉时将其列入百戏节目。

易貌分形：变幻人物面貌的一种魔术。其或男女互变，或变幻人数（以一变多，或以多变一）。

屠人截马：又称肢解。一种以幻术表演分解人畜肢体再令复合的魔术。

斗兽：又称人兽斗。一种杂技、游乐竞技项目，即人与虎、熊、牛、羱（野猪）相搏斗。

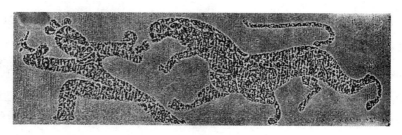

戏虎：或称驯虎。即驯养猛虎按人的意志表演节目。

驯象：即驯养大象用以表演。

舞象：以人饰象而舞，与前述驯象不同，而同后世的舞狮子相仿。

舞大雀：大雀即鸵鸟。以人饰为鸵鸟而舞。

筋斗：或称制挈，即翻筋斗。南北朝时演变为掷倒伎。

卞：又称弁、手搏，即摔跤。

叠罗汉：多人搭叠数层并作表演的一种杂技艺术。

走索：又称舞絙、高絙，即踩软索。《盐铁论》言两汉民间有"唐锑追人"之俗，陈直释为走索。

水嬉：即水上作戏。一般多流行于水乡。

鱼龙曼衍：或作鱼龙蔓延，一种大型杂技歌舞，实际是化妆乐舞兼以魔术变化。主体为一传说中的巨兽蔓延，忽而在其背上显出神山；由人化妆而成的各种动物，表演搏击攀援，并有大鱼变龙、奇兽化作四鹿仙车等。

女娥坐歌，洪涯指麾：融歌舞、幻术和技艺于一体的节目。女娥即尧女娥皇、女英，洪涯为黄帝之臣伶伦的仙号。艺人扮作女英，坐而歌唱，另有艺人扮作洪涯，立而表演，伴之以云雾幻景变化。或以为此系古代戏剧的起源。

偃师戏：即木偶戏。传说周穆王时有巧匠偃师，所制木人能歌善舞，故后人称木偶戏为偃师戏。

古时将杂技谐戏艺人统称为俳优，常与乐舞艺人倡优并提，作"俳倡"。汉代长安，乃俳优聚集之地。京兆人古生，精于纵横揣摩、弄矢摇丸樗蒲之述，在长安任京兆都掾史40余年，有很高声望。昭宣之际，赵广汉任京兆尹，始将古生贬黜回家。因古生以杂戏著称，西汉长安人一直借他之名，将俳优杂戏者呼为古缘曹。这也可称得上汉世杂技艺人的一段趣闻。

科学技术

天文历法

西汉在长安筑有天文台，称灵台，又称候景之台。当时的天象记录丰富而完整，从这里可以看出西汉天文学所达到的水平。

早在《淮南子》书中，就有"日中有踆乌"的记载。踆乌即太阳里的黑子的形象。《汉书·五行志》里，关于太阳黑子的记录就更多了。如"汉元帝永光元年（前 43）四月，日黑居仄，大如弹丸"。这说明太阳边侧有黑子成倾斜状，大小和弹丸差不多。再如"河平元年（前 28）三月己未（18 日），日出黄，有黑气大如钱，居日中央"。这里把黑子的位置、时间都记述得十分详细，是现今世界公认的最早的黑子记录，比欧洲记录早 900 多年。

当时对天文学的研究也很盛行。武帝时，落下闳造浑天仪，太初三年（前 102）立日晷仪下漏刻（水钟），以求二十八宿的位置。宣帝时，耿寿昌铸铜为像，以测天象。由此可见，汉帝国是世界上天文学最早发达的国家之一。

天文学的发展为历法的进步创造了条件。汉初继续沿用秦的"颛顼历"。此历虽较先进，但精度不高。到武帝时已出现了 "晦朔月见，弦望满亏"的错乱现象。于是武帝令司马迁、落下闳、唐都、邓平等改"颛顼历"而作"太初历"，以正月为岁首，采用有利于农时的二十四节气，在无中气的月份插入闰月，调整了太阳周天与阴历纪月不相合的矛盾，使朔望晦弦较为正确，在我国历法发展史上取得了新进步。成帝时，刘向"总六历，

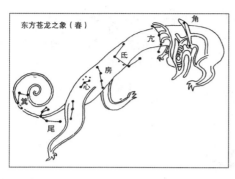

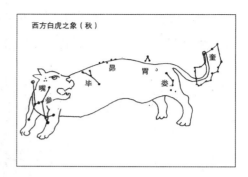

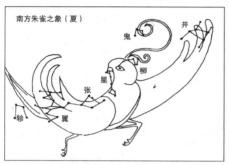

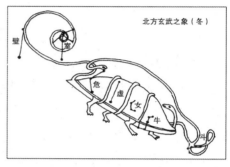

天象东宫、南宫、西宫、北宫示意图

列是非，作《五纪论》"。刘向之子刘歆又据"太初历"作"三统历"。
该历以81章即1539年为一统，三统4617年为一元，是一部更完整的历法。
刘歆还作《三统历谱》以说《春秋》。东汉史学家班固以为其"推法密要"，
在所撰《汉书·律历志》中作了极详细的介绍。

北斗帝车图

　　《史记》中关于历法的专篇，是体现西汉天文历法成就的又一重要方
面。前文已经指出，《史记》是西汉人完成的一部通史性巨著，其作者对
自古以来到汉武帝时代的天文历法成就，进行了全面的总结整理，撰写出

《历书》《天官书》两部专论。这两部专论，不仅保存了大量的西汉及以前的天文历法资料，而且将之系统化、理论化，因此它本身也就是一种了不起的天文历法成果。我们今天之所以能对古代天文历法成就有所了解，所依靠的正是这些文献。另外，东汉班固撰著的《汉书》中，也有关于古代天文历法的专篇《律历志》《天文志》。由于《汉书》是专述西汉一代历史的纪传体断代史，所以其《律历志》《天文志》两志与《史记》的《历书》《天官书》两书一样，不仅反映西汉天文历法成就，而且也属于西汉天文历法的成果。

数学与地理学

　　西汉政府管理，继承秦的制度，看重数量统计，许多管理目标，皆以数量具体化。这种实际需要，有力地促进了当时数学的发展。再者，天文历法的进步与发展，更与数学息息相关。

西汉长沙国南部地形图（马王堆三号汉墓出土）

约成书于西汉或更早一些时候的《周髀算经》，是我国古代著名的算经十书之一，也是我国现存最早的数学著作。该书使用了相当繁复的分数算法和开平方法，并引用了勾股定理。另一部古算经十书之一的《九章算术》，正式成书虽在公元一世纪，但西汉著名数学家张苍、耿寿昌等人皆对它作过增删，付出过劳动，所以此书实是西汉以来众多数学家研究成果的结晶。它系统总结了先秦至东汉初年的数学成就，标志着我国古代以算筹为计算工具、具有自己独特风格的数学体系的形成。全书共分 9 章，搜集 246 个数学问题的解法。其中记载了当时世界上最先进的分数四则和比例算法，还有各种面积、体积的算法和利用勾股定理进行测量的问题，以及开平方、开立方的方法，特别是在世界数学史上第一次记载了负数概念和正负数的加减运算法则。这部书对中国古代数学发展所产生的影响，正像古希腊欧几里德《几何原本》对西方数学所产生的影响一样，是非常巨大的。它不仅在中国数学史上占有重要地位，而且影响到朝鲜、日本等东亚地区，被译成多种文字出版。

可以同《九章算术》一书呼应的是 1983～1984 年间在湖北江陵张家山汉墓出土的西汉初年的《算数书》。其体裁与《九章算术》有不少共同之处，而它的成书时间比《九章算术》要早得多。由此不难推知，《九章算术》这部书所反映的数学成就，还应该以西汉为主。

1971 年在陕西千阳西汉墓中发现了迄今最早的汉代计算工具——算筹。研究者估计墓主职业应与数学有关。这一发现为我们了解西汉数学的发展，提供了极其宝贵的实物例证。

西汉时期，地理学的成就也很突出。《史记》《汉书》中都相当详细地记载了西汉山川地理都市布局等情况。尤其《汉书·地理志》，可以说是一部总结西汉地理学成就的专著。还有成书于西汉的《尔雅》，其《释地》《释丘》《释山》《释水》等篇，对地理和地质现象所做的记载和分类，反映当时地学已具有相当高的水平，其中不少名称概念一直沿用至今。

扬雄《蜀都赋》中记载了当时四川地区有"火井"，表明我国是世界上最早开采和利用天然气的国家。《汉书·地理志》记载"高奴"（今陕西延长一带）有洧水，可燃。"洧水"即石油。这是我国关于石油的最早记载。不论是天然气的利用，还是石油的发现，都需要以一定的地学知识为基础。从这里似不难推知，西汉地理学的发达。

值得注意的是，当时作为表达和传播地理概念的工具——地图，绘制水平已经很高。20世纪70年代长沙马王堆三号汉墓出土的三幅绘在帛上的地图，即《舆地图》《驻军图》《城邑图》，便是有力的证明。从马王堆地图可知，不仅西晋地图学家裴秀提出的制图六体（分率、准望、道里、高下、方邪、迁直）基本都有所体现，而且其大部分还已经接近现今地形图的绘制水平。

医　学

西汉的医学有了进一步的发展。当时的名医淳于意（仓公），"为人治病，决生死多验"，而"意治病人，必先切其脉，乃治之"。可见西汉的脉学已有较大的发展。《史记》记载了他许多典型的医案，其中为安陵阪里人项处治病的经过，则成为著名的长安医事。此时，我国所创造的独特治疗法——针灸疗法，亦进入其发展新阶段。河北满城中山靖王刘胜墓出土的

马王堆一号汉墓出土烟色绢草药袋

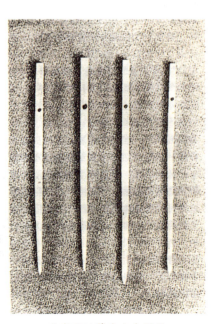

满城西汉墓出土金医针

金针和银针，说明针灸治疗在王侯家中已很普遍，反映了其使用的广泛性。而且其理论，也在实践中不断完善并臻于成熟。长沙马王堆女尸和湖北江陵男尸，在地下埋藏2000余年基本完好无损，证明当时的防腐技术已相当先进。

西汉时期的医书，在考古中也屡有发现。如湖南长沙马王堆汉墓出土的《五十二病方》，湖北江陵张家山汉墓出土的《脉书》等，皆其适例。应该说，这些医书更直观地反映了当时的医学水平。

养生学在西汉时的发展亦值得注意。当时辟谷养生术甚为流行。辟谷又称却谷、却粒、断谷、绝谷等，即不食五谷，仅从天然植物的根、茎、果（如松子、柏子、火麻仁、黄精、麦冬、生地、茯苓、山药、水果等）中摄取可食之营养，并坚持食气（行气）练功。据《史记·留侯世家》，辅佐刘邦平定天下的谋臣张良，当西汉立国后，"即导引不食谷"。裴骃《集解》："服辟谷之药而静居行气。"今陕西城固牛蹄山东北15公里处，有张良辟谷纪念性建筑。当时此类辟谷实例颇多。如《雍胜略》记载，秦宫女玉姜，不堪屈辱出逃，隐于华山毛女峰，食柏饮水，寿延西汉。再如《梧浔杂佩》记载，秦建阿房宫之际，伐木工匠深山断粮，偶食黄精，得

帛书导引图摹本（马王堆三号汉墓出土）

以幸存。还有四皓蓝田采芝的传说，更给人留下无限的遐想。四皓即东园公、甪（角）里先生、绮里季、夏黄公。四人隐居商山，曾至蓝田一带山区采灵芝，并留下"晔晔紫芝，可以疗饥"的诗句。《商州志》称："四皓茹紫芝，形似芝而味苦，性质坚重者食之耐饥。"长沙马王堆汉墓出土的健身图谱《导引图》表明，西汉时的养生活动是与体育锻炼相结合的。这显然也是古人的一大发明创造。

造纸术

纸是我国古代四大发明之一。从现有文献资料及考古资料来看，纸的发明，至迟也应该在西汉。

据《汉书·外戚传》，西汉将纸称作"赫蹄"。1933年，著名考古学家黄文弼曾在新疆罗布淖尔汉代烽燧遗址中发现一片麻纸残片，同时出土的还有汉黄龙元年（前49）木简，从而断定它属于西汉故纸，可惜原物今已无存。1957年西安东郊灞桥的不晚于汉武帝时期的汉墓中，出土了一些古纸残片。其长宽虽不足10厘米，但质地细薄均匀，制作技术相对成熟。化验分析表明，这种古纸已具有早期麻纸的原始结构要素，是现存世界上最早的植物纤维纸——灞桥纸。由此可见，在西汉时代我国劳动人民就已从敝帛恶茧制絮纸的经验中，摸索到了用更为廉价易得的麻头等植物原料造

西汉金关纸

西汉早期纸（天水放马滩出土）

西汉灞桥纸

纸的新途径。此后,西汉纸又多次被发现。如在甘肃天水放马滩的文景时期墓群中出土的绘有地图的纸,在扶风中颜村窖藏中发现的约属于宣帝时期的纸,在敦煌汉代悬泉置遗址中发现的麻纸及纸文书等。

需要指出的是,尽管在西汉已经有纸,但当时纸的使用并不普遍,帛绢竹木简牍还是主要的书写工具;而纸的开始普及,则是东汉蔡伦进一步改进造纸技术以后的事。

井渠法及其他技术

井渠法是西汉时创造发明的一项水利技术。

约在元朔、元狩之交(前123—前122),有一个叫严熊的人,向汉武帝建议由北而南修一条引洛河水的灌溉渠。当时重泉(今陕西大荔西)以东有万余顷盐碱地,临晋(今大荔东)人民希望开渠灌溉以提高产量。武帝诏准了这一建议,于是征发万人,自征县(今陕西澄城南)引洛水开渠。

渠道所经商颜山一带(今铁镰山),土质疏松,渠岸容易崩塌,修渠的劳动群众因地制宜,发明了"井渠法"。这一开渠技术,类似现代的隧洞竖井施工法。在地面上打成许多井,在地下修建暗渠使井井相通,水流井下暗渠中。因开渠中获得"龙骨"(当为古动物化石),故取名"龙首渠"。

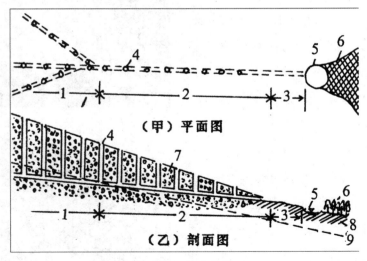

坎儿井工程示意图

1.地下渠道的进水部分 2.地下渠道的输水部分 3.明渠 4.直井
5.涝坝(小储水池) 6.坎儿井灌区 7.砂砾石 8.土层 9.潜水面

经十余年努力，渠基本建成，后虽未能发挥显著效益，但所创井渠法不失为水利史上的一项了不起的创造。此法通过丝绸之路传至西域，直到今天，新疆人民仍用这种办法修建灌溉渠道，称为"坎儿井"。

西汉长安曾出现一位著名的工匠丁缓（或作"媛"），多种文献对他均有记载。

据《西京杂记》，他善作卧褥香炉，又名被中香炉。"为机环转运四周，而炉体常平，可置之被褥，故以为名。"这是利用回转运动原理和常平支架原理制作的一种焚香除臭的巧器，构造原理与现代的万向陀螺仪基本相同。该炉原由房凤发明，其法后绝，丁缓复制。

戴念祖《中国力学史》认为，它的核心结构由几个轴心线互相垂直的金属环构成，即常平支架。其中央的回转轮实为一具有较大重量的圆轮（状如空钟），被支于通过其重心而垂直于轮面的轴心线上。在其中央轴上装置盂形或半圆形容器，内盛香料。由于互相垂直的各环转轴彼此制约及半圆形容器本身的重心影响，致使容器内置放的任何形态的物质都不会倾倒而出。

丁缓又制作有九层博山香炉，镂以奇禽怪兽，"穷诸灵异，皆自然运动"。又作七轮大扇，"一人运之，满堂寒颤"。这两件器物，皆利用发条和齿轮转动变速原理制成。从丁缓所造的这些巧器，不难看出汉代机械制作技术的高超水平。

西汉错金博山炉

附录： 西汉帝王一览

高祖刘邦　　　　前 206—前 195

惠帝刘盈　　　　前 194—前 188

高后吕雉	前 187—前 180
文帝刘恒	前 179—前 157
景帝刘启	前 156—前 141
武帝刘彻	前 140—前 87
昭帝刘弗陵	前 86—前 74
宣帝刘询	前 73—前 49
元帝刘奭	前 48—前 33
成帝刘骜	前 32—前 7
哀帝刘欣	前 6—前 1
平帝刘衎	公元 1—8

昙花一现的王朝

新 朝

（公元9—24）

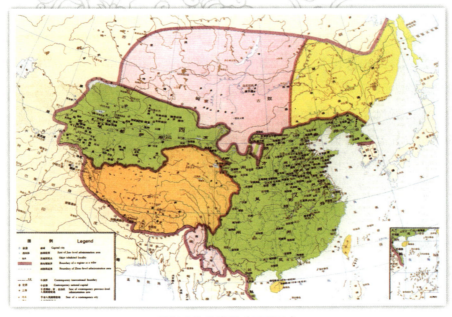

新朝时期疆域图（同西汉）

　　王莽代汉建立的新朝，虽名曰"新"，也的确搞了不少更新名称的事儿，但实际上除了皇帝易姓王氏之外，其他基本仍是汉"旧"。因此新莽一朝与西汉并不存在什么实质性的差异，它仍延续以长安为国都，只是改"长安"为"常安"罢了。唯其如此，以往史家通常都不将新朝单独列出，仅仅作为西汉政权在王姓皇帝名下的继续。不过，如果从祭祀制度发展史和都城建设史的角度考察则也不难发现，自西汉后期开始的祀典改革及改变汉早、中期长安城东向布局为南向的走势，至王莽秉政时制定"元始之制"和莽朝在长安南郊兴造"九庙"、明堂辟雍等礼制建筑为标志而达到了极致。就此而言，莽朝之"新"，似乎还不能说全然没有道理。

引子——从王政君的发迹史说起

要讲新朝的历史，须从王政君的发迹史说起。

王政君，史称"元后"，即汉元帝皇后的意思，魏郡元城（今河北大名东）人。其祖父王贺，武帝朝官绣衣御史；父亲王禁，少学法律，为廷尉史，有四女八男，政君为其次女。

宣帝五凤年间，政君入掖庭为宫女，时年18岁。恰巧此时皇太子（即后来的汉元帝）所爱幸的一个姬妾病死，太子悲愤发病，忽忽不乐。宣帝疼爱儿子，便令皇后在后宫宫女中挑选五人侍奉太子，政君与在其中。当时太子对这些宫女并不感兴趣，但碍于皇后的面子，不得已勉强答应说"此中一人可"。刚好政君坐近太子，而所穿衣服的颜色显眼特别，于是就被送入太子宫中，并得御幸而有身孕。甘露三年（前51），生一男为世嫡皇孙，深受宣帝喜爱，起名骜，字太孙。政君自然也母以子贵，地位非同一般了。

此后三年，宣帝去世，太子即位，是为汉元帝。立太孙为太子，以母王政君为婕妤，封政君父王禁为平阳侯。过了三天，王婕妤被立为皇后，王禁位特进，禁弟王弘官长乐卫尉。就这样，王氏家族成为朝内的政治新星。永光二年（前42），王禁逝世，其长子王凤嗣侯，拜官卫尉侍中。

及元帝驾崩，太子立，是为汉成帝。尊王皇后为皇太后，以太后兄王凤为大司马大将军领尚书事，全面掌有朝廷的大权，史称"王氏之兴自凤始"。河平二年（前27），王凤诸弟谭、商、立、根，逢时五人同日封侯，世谓之"五侯"。是时，"王氏子弟皆卿大夫侍中诸曹，分据势官满朝廷"。

其间虽有朝臣如王章者曾借日食之类天变弹劾王凤，但在以太后王政君为首的王氏集团反击下，王章等以彻底失败告终。著名学者杨树达曾指出："王凤见留，王章罪死，此事为刘王二氏消长之枢机。"史称："自是公卿见凤，侧目而视，郡国守相刺史皆出其之下"。

王凤专政长达 11 年之久，临死前把侄儿王莽推荐给太后和成帝。这位王莽是外戚王氏集团中更为出类拔萃的权谋高手，他的出场为日后王氏取代刘汉埋下了一颗特别强壮的种子。至成帝末年，他已任职大司马，成为当政的实权人物。

汉成帝无子，死后由定陶恭王子继嗣，是为汉哀帝。这时王政君虽被尊为太皇太后，但王氏集团的权势已有所下降，王莽甚至被罢退回到自己的封国。不过哀帝在位仅 6 年多，如此短暂时间内王氏势力尚不致全然消退。当哀帝一死，王政君即召王莽入朝复任大司马，共议征立平帝，并临朝称制，委政于莽，最终上演了一幕王氏代汉的历史大剧。

王莽的政治钻营

王莽，字巨君，自称是黄帝的后代。他的亲姑姑是汉元帝的皇后，汉成帝的生母，他家算是正宗的外戚。不过，他的父亲死得较早，也未曾封侯，家境相对孤贫一些。这样的客观环境，使他养成了一种既折节恭俭，又自我奋斗的性格。同时还练就了一套善于察言观色、曲意奉承、伺机钻营的本领。他曾拜沛郡（治今安徽淮北市西）人陈参为师，学习《礼经》，"勤身博学，被服如儒生"。在家中"事母及

王莽画像

寡嫂，养孤兄子，行甚敕备"；对外广交"英俊"；在族内悉心"事诸父，曲有礼意"。成帝阳朔年间，他的伯父，权倾当朝的大将军王凤患病。他觉得这是一个能够改变自己现状从而飞黄腾达的千载难逢的绝好机会，于是下大力气精心护理生病的伯父。"莽侍疾，亲尝药，乱首垢面，不解衣带连月"。不想这一手还真灵验，王凤终于被感动，临死前把他推荐给太后和皇帝。那太后王政君，就是王凤的亲妹妹；而皇帝（汉成帝），则是王凤的亲外甥。他们对王凤举荐的人，岂能不用！于是乎王莽由此步入仕途，先拜黄门郎，不久即迁官射声校尉。

永始元年（前16），30岁的王莽继嗣了补授给其亡父的新都侯的爵位，并担任骑都尉光禄大夫侍中的官职。随着官爵的升迁，他更加以谦谨的方式来"匿情求名"。"散舆马衣裘，振施宾客，家无所余；收赡名士，交结将相卿大夫甚众。"果然，又有一个机会被他抓住了。原来太后姊子淳于长，与王莽一样也是个极善于钻营的人物。由于他为立赵飞燕为皇后之事卖过力气，所以得到汉成帝的赏识，不仅受封列侯，而且位居九卿。此人显贵之后，"淫于声色，不奉法度"，十分猖狂。王莽对他一直看不惯，尤其是嫉妒他的官比自己升得快，地位比自己高。于是王莽便"阴求其罪过"，亦即秘密搜集淳于长的过错乃至隐私，通过大司马曲阳侯王根向太后告密，并最终置他于死地。这样一来，王莽不仅铲除了竞争对手，而且获得了"有忠直节"的更大名声，真可谓一举两得。绥和元年（前8），王根上书告老"乞骸骨"，并推荐由王莽接替他所担任的大司马职务，被汉成帝批准。如此王莽终于爬上了一人之下万人之上的权利高峰，时年38岁。

一个不到40岁的年轻人，便口含天宪，手握大权，应该说是人生的极大成功。不过王莽此时头脑还是比较清醒的，他知道前面的路还很长，需要继续付出代价。"莽既拔出同列，继四父而辅政，欲令名誉过前人，遂克己不倦，聘诸贤良以为掾吏，赏赐邑钱悉以享士，愈为俭约。母病，公卿列侯遣夫人问疾，莽妻迎之，衣不曳地，布遮膝。见之者以为僮使，问知其夫人，皆惊。"就这样，王莽小心翼翼地辅政一年多时间，没有出现什么大问题。不想成帝这时却撒手人寰，离世而去。继立的哀帝似乎对王莽不感兴趣，出于外戚间的复杂斗争，他被罢官回封国杜门自守。此时，他更加小心谨慎。一次，他儿子王获杀了一个奴隶，他便毫不客气地责令其自杀。这件事在社会上产生了很大的影响。加之多年来王莽恭俭、克己给人们留下的好印象，所以他在封国的三年之中，"吏上书冤讼莽者以百数"。元寿元年（前2），刚巧发生日食，参加对策的一些贤良也乘机颂莽功德。在舆论的压力之下，哀帝不得不把王莽征还京师。岁余，哀帝驾崩，无子，而莽的主要政敌傅太后、丁太后等皆先期死去，这样汉廷的大权又全部落入太皇太后王政君及其侄王莽之手。

此次王莽重新上台，完全今非昔比。他先诛灭了哀帝的宠臣董贤，接着迎立年仅9岁的汉平帝即位作为傀儡，自己则以辅政大司马的身份掌握着实权。"于是附顺者拔擢，忤恨者诛灭"，把自己的亲信全部安插在要害部门，层层加强控制。当然，王莽毕竟是王莽，他的所作所为有其非同一般的特色。史称"莽色厉而言方，欲有所为，微见风采，党与承其指意而显奏之，莽稽首涕泣，固退让焉，上以惑太后，下以示信于众庶"。显然，王莽政治手法较其他人要更为隐蔽狠毒，他的权术手段较其他人也要更加阴险狡猾。当一切安排妥当之后，王莽便向着一个更高的目标挺进了！

新
朝

207

代汉三部曲

王莽取代汉政权建立新朝，归结起来，大体演出了如下的三部曲：

第一部曲，晋位安汉公，宰衡，加九锡。

平帝元始元年（公元1），王莽示意益州塞外的夷族，自称越裳氏，重译到汉廷献白雉。那么，为何要搞这种明堂呢？原来《尚书大传》里讲，交趾的南面有一个越裳国，当周公摄政六年，制礼作乐，天下太平之后，他们骑着大象，带着几重的翻译，到中国来献白雉，以歌颂中国出了圣人。这就是所谓的周成白雉之瑞。而今，祥瑞重新出现，那王莽就是活脱脱的周公了。周公托号于"周"，王莽也当托号于"汉"，于是乎拥莽的群臣强烈要求太后给有定国安汉大功的王莽赐号"安汉公"，以顺天心。王莽假惺惺地克让了一番之后，便堂而皇之地戴上了安汉公的桂冠。

居位安汉公后，王莽的权力欲并未到此为止。元始四年，他又变着花样让自己的女儿做了皇后，以强化其权势。这时，太保王舜等向太后奏言，称赞王莽是至德大贤之人，生当有大赏，死当为宗臣（配享太庙），应该像殷的伊尹称阿衡、周的周公称太宰那样，有更高的尊号才对。民众中附和者八千多人，也纷纷上书强烈要求这么做。太后迫于舆论的压力，只好从"阿衡"和"太宰"中各摘取一字，赐王莽以"宰衡"的称号，以表示他更崇高的地位。同时，又加增了他在新野的封地。王莽接受了宰衡的称号，却推辞了增加的封地。不料这么一来，又让他扮演了周文王却虞、芮之讼的角色。原来传说周文王多行善事，诸侯之间有了不能解决的事情就请他评判。一次虞国和芮国的人发生了官司纠纷，便来找周文王决平。谁知他们一进周的国界，只见"耕者皆让畔，民俗皆让长"，尽管还没见着文王，自己就先惭愧起来，彼此说道："吾所争，周人所耻，何往为，只取辱耳！"如此这纠纷也就解决了。王莽辞封地之后，果真就有蜀郡男子路建等撤销诉讼自称惭作而退的事情发生。王舜等又赶紧上奏，着实把王莽大加吹捧一番。

那时候，为王莽不受新野田地之事先后给朝廷上书诉不平的"吏民"多达487572人（请注意：史书记载的就这么精确），诸侯、王公、列侯、宗室见者也都叩头进言，纷纷要求加大对安汉公赏赐的力度。而王莽呢，却是一个劲儿地苦苦辞谢。太后一看这架势，只好来了个两全其美的解决办法：一方面暂且听从王莽"不受赏"的意见，另一方面让群臣议"九锡"的礼典，即赏赐九种物品或待遇，以便在适当的时候把这种相传的古代最高赏赐授给他。很快，以张纯为首的902位大臣便根据《周官》《礼记》的有关记载议定了"九锡"之礼，王莽也就顺顺当当地接受了这项特殊的恩宠。

第二部曲，居摄，称假皇帝。

元始五年，汉平帝已经 14 岁。随着平帝年龄的增加，王莽心里越来越不是滋味。尽管一年多以前，他不惜以牺牲自己的亲儿子王宇为代价，铲除了平帝生母卫姬的家族势力，阻止了朝中一些大臣策划归政卫氏的企图，但是眼看着一天天长大的平帝，他似乎总有一种无可名状的恐惧，于是决定加快代汉的步伐。

是年冬天，平帝生了病，王莽认为除掉这颗眼中钉的机会到了。他一面故作姿态，以周公为榜样，依样画葫芦地请命于泰畤，声言愿代平帝而死，并将策文藏于殿前，有意命令大臣们不得向平帝走漏消息；另一方面竟利用腊月"上椒酒"祝寿的机会，"置药酒中"，毒死了平帝。事后，他又大卖关子，宣布全国实行大赦，命令凡六百石以上的官吏都要服丧三年。当时元帝的嫡嗣至平帝已断绝，而宣帝的曾孙封王并健在的有 5 人，封为列侯的尚有 48 人。王莽见他们均已成人，难以驾驭，于是打出"兄弟不得相为后"的旗号，将他们统统排斥在一边，却从玄孙辈中挑选了年仅 2 岁的广戚侯子婴为平帝的继承人，借口是这个孩子的"卜相最吉"。

就在这时，前辉光郡（当时京师辖地分为前辉光、后承列二郡）郡守谢嚣上书，说武功（今属陕西）县长孟通挖浚水井时，挖出了一块上圆下方的白石，上面有一行丹书，文曰："告安汉公莽为皇帝"。王莽让大臣们赶快把此事上报给太后。不料太后听罢立刻表态说："此诬罔天下，不可施行！"太保王舜见势不妙，连忙劝谏道："事已如此，无可奈何，沮之，力不能止；又莽非敢有它，但欲称摄以重其权，填服天下耳。"太后一听这话，也意识到自己侄儿的羽翼已丰，想阻止他是不可能的了，只好"听许"。在王舜等的催促下，太后降诏："其令安汉公居摄践祚，如周公故事。"为了自圆其说，又特别把武功"白石"上的"为皇帝"解释作"摄行皇帝之事也"。这样，王莽便名正言顺代表汉天子临朝听政，做了"假（代理）皇帝"——臣民则称之"摄皇帝"，并改年号为"居摄"，而把子婴立为皇太子，号曰孺子。

第三部曲，即真，建立"新"朝。

王莽做了假皇帝后，总感到这个"假"字别扭，一心想要尽快当"真"皇帝。西汉后期盛行图谶、符命，王莽在当假皇帝前搞的武功丹书白石，使他尝到了玩弄这类把戏的甜头，于是乎"符命之起，自此始矣"。居摄三年（公元8）又出现了几宗符瑞。一是广饶侯刘京所言齐郡新井。原来齐郡临淄县有个名叫辛当的昌兴亭长，一夜里几次做梦，梦见一个人向他说："吾，天公使也。天公使我告亭长曰：'摄皇帝当为真。'即不信我，此亭中当有新井。"第二天亭长起来，果然发现亭中有口新井，深且百尺。二是车骑将军千人扈云报告的巴郡发现的石牛。三是太保属臧洪奏报的扶风雍地的石文。而且石牛、石文都被送到了长安，王莽、王舜等去看时，忽然狂风大作，对面不见人，待风停，石前竟有一幅铜符帛画，上面写着："天告帝符，献者封侯。承天命，用神令。"王莽立即将此事奏上太后，大讲所谓汉的三七厄运，意谓汉王朝历经十二帝二百一十年，气运已尽，该遭厄难，天命不可不畏。从此，这位摄皇帝便去掉了一个"摄"字，并改"居摄"三年为"始初"元年。

当王莽进一步为如何再去掉头上的"假"字煞费苦心的时候，正在长安游学的广汉郡梓潼（今属四川）人哀章，见有机可乘，便精心伪造了一个铜柜，内放两份书简：其一写着"天帝行玺金匮图"，表示是上帝的命令；另一写着"赤帝行玺某传予黄帝金策书"，这里的"某"指汉高帝的名字，书谓高皇帝刘邦授意应该把帝位让给真命天子王莽，皇太后应该顺如天命转移国祚。图书上还写明八个在位大臣和哀章本人以及杜撰的王兴、王盛等11人的官爵，作为新的真命天子的辅佐。这位哀章尽管品性差劲好吹牛皮，但却极善于揣测王莽的心理。他听到"齐井、石牛事下"，遂于当天黄昏时候，身穿黄色衣服来至高庙，把所带来的铜柜交给了那里的负责人。王莽闻讯如获至宝，第二天便迫不及待地亲临高庙拜受这上天赐予的金匮策书。他以应天承命为名，逼使太后交出了传国玉玺，终于登上了真皇帝的宝座。其定有天下之号曰"新"，年号为始建国。然而，直到这时王莽仍不失其一贯作风，他亲切地拉着被废的孺子子婴的手，满面流泪地说道："昔周公摄位，终得复子明辟，今予独迫皇天威命，不得人意！"其表演情真意切，令在场的"百僚""莫不感动"。

至此，王莽总算借投机家哀章一手炮制的上天符命，结束了他代汉的三部曲。

托古改制

王莽登上新朝皇帝宝座后，面对长期以来积累而成的天下汹汹、民怨鼎沸的社会现状，为显示新朝政权是承天受命、顺应民心的合法政权，他本人是能解民于倒悬的真命天子，遂发起了一场规模空前的托古改制活动。

为了最大限度地获得民众的支持和拥护，王莽从当时社会最为关注但又最为棘手的土地和奴婢问题着手，宣布实行所谓的"王田"、"私属"制。这是新莽改制中最主要也最重要的一项改革措施，其大致包括以下内容：

一、全国田地均归国家所有，不得买卖，称作"王田"。

二、凡一家有8个男丁者，可有田一井，即900亩。

三、原有田地超过规定亩数，即一家男丁不够8人而田超过900亩者，将超过部分分给宗族或乡邻无田而应受田者。

"国宝金匮·直万"铜钱及陶范（中国历史博物馆藏品）

刀币（左："一刀平五十"，右："契刀五百"）

四、无田之家，应按有关规定从政府受田。

五、奴婢不得买卖，改称为"私属"。

六、凡攻击井田制度，煽动他人破坏法令者流放至边境。

大凡对汉代历史有所了解的人都知道，西汉后期土地兼并严重，大批农民沦为奴隶，民众的反抗斗争此起彼伏。哀帝朝以大司马师丹为代表的一批官僚，曾提出一个"限田限奴"的建议，以缓和社会矛盾，却未能实行。王莽的"王田"、"私属"制，从某种意义上来说，或可视为当年师丹建议的延伸和扩展。据著名秦汉史专家陈直教授考证，王莽的王田制曾部分实行过。然而，由于大地主和中小地主联合抵制，此制无法进一步推广，并引起"自诸卿大夫至于庶民"的广泛反对。这是因为：首先，以土地买卖为杠杆的土地私有制，自战国后期以来一直是社会经济运动的主旋律，至秦汉时期已经深入人心不可动摇，与当时的社会生产力发展基本适应，绝不是任何个人的一纸空文能够取消得了的。其次，农民既是土地私有制的受益者，也是土地兼并的受害者；他们受土地买卖天公地道时代观念的束缚，从来也没有正式向土地私有制发出挑战；农民对土地的渴望，集中反映在其自身对土地的拥有上，而不是要取消土地私有制。第三，王莽的土地改革关键在于保证政府的土地税征收，以维系帝国庞大的财政开支，从来也没有真正顾及农民的利益。所以新莽的王田措施不仅无法扭转历史，空自招来地主们的不满和反抗，而且希望落空的农民的怨怼很自然地把王莽逼入两面夹攻的绝境。始建国四年（公元12），当中郎区博进谏痛陈利害后，王莽不得不无可奈何地宣布："诸名食王田，

新莽"辟兵莫当"古语钱范（陕西韩城出土）

西安十三朝 XI'ANSHISANCHAO

皆得卖之，勿拘以法；犯私买卖庶人者，且一切勿治。"就这样，王莽改制的重头戏"王田"、"私属"制正式宣告破产。

除土地、奴婢方面的改革外，币制改革是王莽托古改制的另一重要领域。早在新朝建立之前，王莽为打击货币持有者，增加政府财政收入，便曾搞过币制改革。居摄二年（公元7），他以"周钱有子母相权"为理由，下令新增"一直（值）五千"的"错刀"、"一直（值）五百"的"契刀"和"一直（值）五十"的"大钱"等三种钱，让与西汉原有的五铢钱一块儿在市场上流通。由于新发行的货币质量低劣，远不值所定之值，而政府又用这种劣质钱兑取百姓手中的五铢钱，从中渔利，结果不但使流通秩序混乱，而且造成了民众对新币的不信任。人们拒绝使用新货币，王莽就用严刑酷法强制推行，以致出现令"民人涕泣于道"的情景。

新朝建立后，在以往货币改革所造成的严峻事实面前，王莽不但丝毫没有醒悟，反而突发奇想，硬要给经济现象赋予一种想当然的政治内涵，企图通过改变币制，抹去汉朝刘氏天下留在人们脑海中的印记。"刘"字，由卯、金、刀三部分构成，这与货币本是风马牛不相及的，然而在王莽的眼里，却具有了特殊的意义。他认为，金、刀就是当时流通的五铢钱、大钱、契刀、错刀等货币的代称，如果大家不再使用它们，不就等于抹去了人们头脑中汉朝刘家的印记吗？于是乎在始建国元年（公元9）、二年（公元10），王莽又两次改革币制，颁行"宝货五品"，把货币分为五物、六名、二十八品。五物是指金、银、铜、龟、贝五种不同的币材；六名是六类货币的名称，即黄金、银货、龟币、贝币、布、泉；二十八品为28种货币的交换比值。如此混乱的币制，同时在市场上运作，连王莽自己也搞不清楚该怎样折算。因此，时过不久，王莽就不得不宣布取消龟、贝、布之类的货币，只准流行"小钱直（值）一"和"大泉五十"两种。天凤元年（公元14），王莽又进行第四次货币改革，重申金、银、龟、贝币可用（价值有所增减），废除大小钱，以重五铢值一钱的货泉和重二十五铢值二十五钱的货币两种并行。王莽多次的币制改革，使社会经济陷入极度的混乱中，"农商失业，食货俱废"。这样的结果，显然是他始料不及的。

属于经济方面的改革措施还有五均赊贷和"六莞"。王莽为了控制国家的经济运行秩序，采纳国师公刘歆的建议，于始建国二年下诏，声称根据《周礼》有赊贷、《乐语》有五均的记载，以及《周易》所谓"理财正辞禁民为非"的原则，特推行这一改革措施。

五均为平抑物价，其内容主要是：

一、在长安及洛阳、邯郸、临淄、宛、成都等"五都"，设五均官。具体做法是：更名长安东西市令及五都市长"皆为五均司市师"。

二、长安"东市称京，西市称畿，洛阳称中，余四都各用东南西北为称，皆置交易丞五人，钱府丞一人"。

三、工商各业，按其经营向市中申报，钱府"顺时气而取之"，即按时向他们征税。

四、各地五均官在每季度的"中月"即第二个月，评定出各种货物的标准价格，称作"市平"。物价高于"市平"，政府就把所控制的物资平价出售，以平抑物价；物价低于"市平"，则听任自由交易。人们如有卖不出的五谷布帛等物，司市可按法定价收买之。

赊贷即向民众贷款。其规定贫民遇有丧葬、祭祀或欲经营工商业而无资金者，可向钱府丞借贷。祭祀贷款限十天归还，丧贷限三个月归还，均不收利息。工商贷款，收取1/10的年息或3%的月息。

六莞指由国家管理的六种经营事业，具体是：国家专卖盐、铁、酒，政府铸钱，官家管理山泽，再加五均赊贷。

前文已述，汉武帝时期曾经实行盐铁官营和均输平准政策，用以强化国家对经济运行秩序的控制。王莽搞的五均赊贷及六莞，和当年汉武帝的举措颇有某种相类似的地方。这种看起来确乎是造福于民众的措施，由于本身的空想性与实际操作过程中的失当——特别是用人不当，反而使其变为大商人、富豪掠夺财富的新手段，到头来吃亏的还是人民大众。所以，当王莽垮台的前一年，即地皇三年（公元22），便不得不下令废除了这些政策。

王莽在进行上述经济改革的同时，还进行了一系列政治改革。其中，最重要的是其官爵制度的变更。

　　从前文所述可知，王莽是学礼出身，所以他言必称三代，事必据《周礼》。他总企图给臣民以唐虞再世的新印象，于是煞费苦心地以《周礼》为蓝本，来改革典章制度。他在西汉典制的基础之上，根据"五德"、符命和杜撰出来的古史系统，采用"一改变二增减"的办法，即改变原西汉的大批官名和秩禄之号，同时增减许多官职，从而建立起新莽的官爵体系。

　　王莽初即位时，曾依照哀章所伪造的符命，封拜辅臣11人，即"四辅""三公""四将"，合称十一公，形成最初的政府班底，以后又发展为所谓的"新室十四公"。此外，王莽又封黄帝、少昊、颛顼、帝喾、尧、舜、夏、商、周及皋陶、伊尹、周公、孔子之后为公、侯。还根据《王制》及《周官》等典籍，改定秩禄之号：三公、卿、大夫和士。大夫又分上、中、下；士则有元士、命士、中士、下士、庶士。如此共计10种。始建国四年（公元12），王莽在长安南郊的明堂信誓旦旦地宣布，要依周制对诸侯授茅土裂地分封。可事实上，他连分封的图册都没有准备好，根本无法实授国邑。于是被封的2000多人，只得暂住京城，每月每人给几千钱花销。在物价飞涨的长安，几千钱根本不敷用度，害得这批受封者"皆困乏，至有庸作者"。

　　新莽变易汉官制分两种情况：其一是增加新官职，如在中央政府中增

新"五威司命领军"印

设大司马司允、大司徒司直、大司空司若、五威司命等官；地方则设州牧副、部监副等。其二是改易汉官名，如将中央官大司农先改为羲和再改为纳言，把大理（即廷尉）改为作士，改中尉为军正等；地方官太守改称大尹，又名卒正或连卒，县令、长则改叫宰等等。

王莽还对州郡县名称和区划，首都、宫殿以及城门名称，均作了较大的变动，如改长安为常安，长乐宫为常乐宫等等。不仅如此，他对匈奴及西南少数民族首领的名称和官号、玺印也进行更变，如把匈奴单于改称"降奴服于"之类。这一轻率的带有侮辱性的举动，招致双方兵戎相见。

上述王莽的托古改制，可以说没有一项是成功的。他煞费苦心设计的改革措施，换来的却是政治、经济、外交、军事等方面的纷乱如麻。这里，历史和王莽开了一个特大的玩笑，他"本来要到这个房间，结果却走进了另一个房间"。

对周边地区的战争

王莽在改制的同时，还对周边地区少数民族发动战争。

王莽执政后，为显示自己的威德，特派五威将王奇等向周边少数民族颁发新室印绶，收回汉印绶，把原来汉朝所封的"王"尽改为"侯"，结果引起反抗。在东方，高句丽人反对王莽，莽派严尤征服之，并把高句丽改为"下句丽"，但高句丽人一直没有停止斗争。在西方，西域各国纷纷反抗，断绝与王莽的来往。在西南，句町王径直起兵反抗。天凤元年（公元14），王莽派冯茂等发巴蜀兵击句町；前后三年，"士卒疾疫，死者什六七，赋敛民财，什取五，益州虚耗"，始终未能征服对方。

历时最久、规模最大的是对匈奴的战争。匈奴自宣帝时起和汉保持着友好的关系。王莽辅政后，命令匈奴囊知牙斯单于改名"知"，以表示景慕他辅政时的"太平圣制"。他称帝后，派专使收回单于的"玺"，重新颁发"新匈奴单于章"。接着王莽又下令分匈奴全国为十五单于，并派人到边境招降呼韩邪单于诸子，封为单于。始建国三年（公元 11），王莽一面下令把匈奴单于改称"降奴服于"，一面又大发北方各郡国及乌桓、鲜卑十二部兵，由十二将率领，分十路进攻匈奴，引起匈奴人强烈反抗。结果损失惨重，"数年之间，北边虚空，野有暴骨矣"。

天凤五年（公元 18），王莽又发兵击匈奴。"募天下丁男及死罪囚吏民奴"，称之为"猪突豨勇"，命全国吏民捐献资产三十分之一助军费。

这些战争大大加重了人们的负担，破坏了中原地区与周边少数民族的友好关系，也加速了新莽的垮台。

新朝败亡

王莽取代汉室，旧史家一直称作"篡汉"。对此篡逆行为，自然会引起刘氏皇族及拥刘吏民的不满与反抗。居摄元年（公元 6）四月，安众侯刘崇以"安汉公王莽专制朝廷必危刘氏"为由，率众进攻宛城（今河南南阳），虽以失败告终，但却打响了武装反莽斗争的第一枪。

次年九月，东郡太守翟义利用都试兵马的机会，拥立严乡侯刘信为太子，号召天下，起兵反莽。天下为之震动，王莽惊慌失措，寝食不安，急调大军予以镇压。

三辅地区听说翟义起事，槐里（今陕西兴平东南）男子赵明、霍鸿立即响应，东起茂陵（今兴平东北），西到汧县（今陇县），共有 23 个县的人与之相应，聚众达 10 万人之多，杀死右辅都尉和盩县（今武功西）县令，乘长安空虚,直逼京师,"火见未央前殿"。一时间,长安城风声鹤唳,一片混乱。王莽慌忙抱着孺子子婴,来到郊庙之中,一边祷告,一边信誓旦旦地表示将来一定归政幼帝。

到了冬末,翟义军失败。转年春天,赵明和霍鸿也战败身亡。参与起事的三辅吏民的尸体,分别被王莽下令堆放在濮阳(今河南濮阳西南)、无盐(今山东东平东)、圉(今河南杞县南)、槐里、盩厔(今陕西周至东)等五地的通衢大道旁,立木表,上书"反虏逆贼鲵鲩"六个大字,以威吓天下。

然而这种残暴的做法并没能杜绝反莽斗争的发生,始初元年(公元8)十一月,竟在朝堂之上又出现了反莽的事儿。原来朝中期门郎张充等六人不满王氏所为,于是密谋劫持王莽,拥立楚王刘行为帝。可惜由于行事不密而被扼杀于摇篮之内。

如果说上述刘氏宗族和拥刘吏民的反抗斗争,在一定程度上挫创了王莽政权的话,那么,把新莽王朝送上断头台的主力则是广大农民的反莽义军。实际上,这类民众的反莽斗争一直此起彼伏、连续不断,就连首都长安附近也是"盗贼麻起"。为此王莽专门"建鸣鼓攻贼幡","令执法谒者追击长安中"。至新莽末,由于王莽长期的一系列瞎折腾,加以连年的灾荒、饥馑、疾疫相继,老百姓实在难以存活下去,不断的对外战争又引起了各族的反抗,社会危机进一步加深。如此就使原本分散各地的农民反莽义军由小到大迅速发展,而绿林、赤眉两军从中脱颖而出,形成两大主力。

绿林军始于天凤四年(公元17),以王匡、王凤为首,组织鄂西饥民聚集于绿林山(今湖北钟祥、京山、随县三地间的大洪山),公开反莽。后因逃避瘟疫,分兵两路转移。一支是王匡、王凤率领的"新市兵",入南阳郡;一支由王常、成丹率领入南郡,号"下江兵"。不久,陈牧、廖湛率"平林兵"前来投奔,于是鄂北豫南成为绿林军的活动范围。赤眉军则兴于天凤五年(公元18),以泰山为根据地,推樊崇为首领。由于全军上下均将眉毛涂为红色以作标识,故被称作"赤眉"军。他们数度重创莽军,成为活跃在山东及其交界苏、皖、冀、豫诸省地区的重要反莽力量。

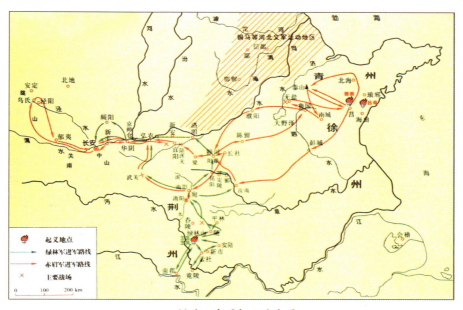

绿林、赤眉起义路线图

地皇三年（公元22），刘縯、刘秀等南阳宗室反莽武装力量加盟绿林军。转年二月，义军拥立属于刘氏宗室的刘玄为帝，建立更始政权，以复兴汉室江山为号召。一时之间，"海内豪杰翕然响应"，长安为之大震。该年六月爆发的昆阳（今河南叶县）之战，刘秀亲率数千义军以一当百，以少胜多，击败王莽数十万大军，从而敲响了新莽政权的丧钟。

昆阳大捷后，更始军兵分两路：一路由王匡率领向洛阳进发，攻下洛阳后与赤眉及河北诸路义军取得联系，联合反莽；一路由申屠建率领取道武关（今陕西丹凤东南），向关中挺进。

在此稍前，几十万饥民蜂拥进入关中。在东方田野里吃尽了庄稼的蝗虫，也铺天盖地由东向西一路飞往长安。未央宫的殿阁也爬满了蝗虫，以致大臣无法上朝。数十万饥民入关，吃饭成了大问题。王莽异想天开，派遣大批谒者、大夫前往抚恤，教饥民用草木煮成酪浆充饥，但事实上这种东西根本无法食用。同时，莽又设置养赡官，给长安等城市中的饥民发放少得可怜的粮食。监领粮食的大小官吏乘机中饱私囊，结果几十万饥民饿死了十之七八。京城里粮价飞涨，人心惶惶。王莽面对困境，一筹莫展。

他除了一面大肆搜刮、纵情享乐外，就只有祈求鬼神，崇尚迷信，妄图侥幸逃避厄运。

申屠建率西路军进抵武关，早有析县（今河南西峡）人邓晔、于匡率众起义响应，自称"辅汉"左右将军，迫使析县县令投降，打通了武关通往长安的道路。此时长安"大姓"纷纷拥众自保，各路反莽军云集长安城下。王莽宛如瓮中之鳖，不知所措。有人告诉他《易》中有"先号咷而后哭"的经义，建议用哭的办法向上天求救。于是王莽竟真的亲率满朝文武大臣，赶赴南郊，向上天祷告。他捶胸顿足，嚎啕大哭，匍匐于地，捣蒜般叩头哀告，并作策书历数自己的功绩，以求感动天地。为了增加效果，他下令向陪哭的小民布施粥饭，哭声悲甚并能诵读策文的人则可授予郎官。一时间长安城南郊哭声惊天动地，结果居然有 5000 多人升为郎官，演出了一幕亘古罕有的闹剧。

为了保命，王莽特拜九位将军，号称"九虎"，率军东击，以求一逞；同时又把"九虎"妻儿扣为人质，押在宫中，以防他们叛变。他平日聚敛无数，临战对士兵却每人仅赐 4000 钱。这支心怀不满、毫无斗志的军队一到华阴县回谿，即被邓晔击溃，"九虎"战死"六虎"，溃军逃至渭口京师仓中，不敢再战。走投无路的王莽只得把监狱中囚徒放出，发给武器，由新婚皇后之父史湛统领上阵。不料军队行至渭河桥，囚徒门便一哄而散。其中一些人恨极王莽，遂联手发掘了王莽老婆、儿子、父亲、祖父的坟墓，烧毁了棺椁，以及象征王莽德政的九庙、明堂和辟雍。十月初一，更始军攻入宣平门，莽死党王邑、王林负隅顽抗，先后被击破。长安城内市民朱弟、张鱼等乘机放火烧毁宫门。王莽先避火于宣室前殿，后又逃到未央宫沧池中的渐台之上。十月初三黄昏，穷途末路的王莽被商人杜吴刺杀于渐台，校尉公宾就势割下其首级，尸身则被愤怒的士兵砍为数段。在做了 14 年的短命新朝皇帝之后，王莽连同他的新帝国一并覆亡。

余 音

——制定"元始之制"与兴造大型礼制建筑以及飞行试验

西汉后期，随着儒家正统地位的完全确立与发展，一些儒生出身的官吏依据儒学典籍的说法，对西汉立国后所建立起来的具有很强随意性的祭祀礼典提出批评，并要求以儒经为准给予更正，如此就出现了长达数十年的天地祀典变革和毁庙罢园之议。直到平帝朝，由秉政的王莽亲自牵头，将儒家经典与方士学说、阴阳五行揉合在一起，建立了一套符合儒家规范的相当繁复的祭祀制度。由于平帝的年号为元始，所以这套祭祀制度被称作"元始之制"。

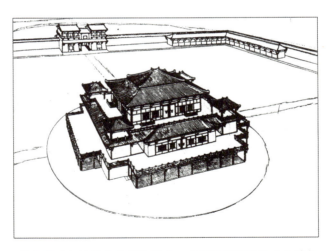

考古发现之汉长安南郊礼制中心建筑复原图（王世仁作）

在古人眼里，祭祀活动是"国之大事"，有所谓"邦都之赋，以待祭祀"之说。尽管王莽手定"元始之制"，主要目的是为其取代汉室的政治目标服务，但他严格按照儒典制礼却树立了祭祀制度的范式。后来，即便是反莽起家的刘秀及其继承者们，虽然在政治上完全打到了王莽，但在祭祀礼典方面却不能不全面继承王莽，即史书所称的"采元始中故事"。由此可见王莽所制定的"元始之制"，在古代祭祀制度发展史上还是具有重要意义的。

　　元始年间，辅政的王莽不仅在祭典方面制定了"元始之制"，而且还奏请在长安南郊兴建明堂、辟雍、灵台等礼制建筑。所谓"明堂"，为古时天子宣明政教的建筑物。东汉郑玄注称："明堂者，明政教之堂。"汉武帝时，曾依公玉带所上黄帝明堂图造于汶上，并祠泰一、五帝，其后或兼作处理政事之所。辟雍本为周天子所设太学。有一种说法认为，古太学有五部分，中曰辟雍，东为东序，南为成均，西为瞽宗，北为上庠，是为五学。《礼记·王制》则讲："大学在郊，天子曰辟雍，诸侯曰頖宫。"总之，把辟雍理解为当时的高等学府应不致大谬。王莽在建辟雍同时，还"为学者筑舍万区"。研究者普遍认为这上万间房舍是给辟雍建造的，与辟雍成龙配套。灵台为古代观测天象的高台，全国不少地方都有此类建筑。当年周文王曾建灵台，位于今西安市西沣河附近。汉成帝亦曾在长安西南建造，本名清台，后改称灵台。以上这一系列建筑，在一年左右的时间内便全部竣工了，速度还是很快的。这或许可以看作王莽的一项文化建设成就吧！

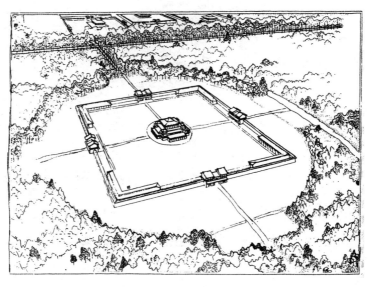

考古发现之汉长安南郊礼制建筑总体复原图（王世仁作）

王莽称帝之后于地皇元年（公元20）又搞了一次礼制建筑的大手笔，在长安城南用地百顷建造九庙。这里的"庙"，即宗庙，为古时帝王、诸侯或大夫、士祭祀祖宗的处所。"九庙"指祖庙五加亲庙四，具体为：一是黄帝太初祖庙，二是帝虞始祖昭庙，三是陈胡王统祖穆庙，四是齐敬王世祖昭庙，五是齐北愍王王祖穆庙，六是济南伯王尊祢昭庙，七是元城孺王尊祢穆庙，八是阳平顷王戚祢昭庙，九是新都显王戚祢穆庙。其中，一至五为祖庙，"凡五庙不堕"；六至九为亲庙，庙主按昭穆轮番，易一世一迁，以保证对血缘最近祖先的祭祀。史称九庙"殿皆重屋，太初祖庙东西南北各四十丈，高十七丈，余庙半之；为铜薄栌，饰以金银琱文，穷极百工之巧。"这样一来，九庙加上原始年间所建造的明堂、辟雍、灵台等，在长安城南郊就形成了一个空前庞大的文化新区。如此大规模建造大型礼制建筑于长安城南，遂使这所城市的布局发生了明显的变化，即由西汉初、中期的东向布局，变作了南向布局。这在长安城建设上应该说是一件大事。

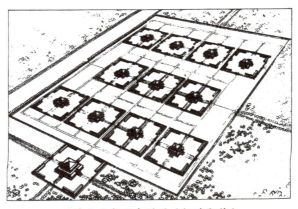

王莽九庙复原鸟瞰图（杨鸿勋作）

需要指出的是，上述长安城南郊王莽兴造的那些大型礼制建筑，在中华人民共和国建立后的考古发掘中多有发现。其中，最引人注目的是元始辟雍遗址和地皇九庙遗址。

"元始辟雍"指汉平帝元始四年王莽所建造的辟雍。其遗址位于今西安市西郊大土门村。遗址分三部分：中心建筑；围墙，四门，围墙四隅的曲尺形配房；遗址周围的圜水沟。中心建筑建造在一个直径达62米的圆形夯土台上，正中是夯土建筑的平面呈"亞"字形的台基。台基上应是"主室"及其四隅的"夹室"建筑。台基四边有"四堂"，四堂之内又各有抱厦、厅堂之类的设置。研究者推测，中心建筑可能是一座三重屋檐的高大建筑物。外围墙呈方形，夯土建造。每边围墙的正中各有一门道。门道中有木门槛痕迹，两旁有土台，台上应有门楼，如同城门楼。围墙四隅有曲尺形配房，似为廊屋，或为守卫人员的居室。在围墙外面有圜水沟，其与四门相对处又各有长方形的小水沟，北边的小水沟与一条西来的河渠相通。

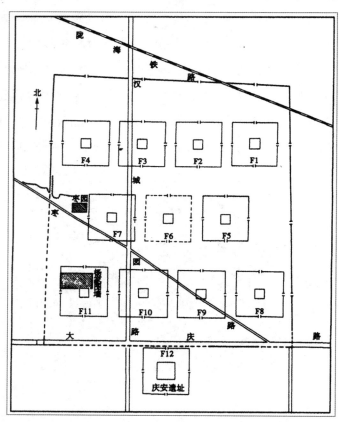

王莽九庙建筑群分布示意图

　　也有研究者认为，辟雍为明堂外围的圜水，是明堂的一部分。因此上述大土门的建筑遗存应叫做"元始明堂"遗址，或曰"元始明堂辟雍"遗址。
　　"地皇九庙"指新朝地皇元年王莽兴建的宗庙。位于长安城安门和西安门南出的平行线之内，具体讲就是长安城南城墙以南1公里外，适处安

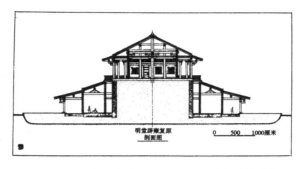

西安大土门遗址建筑南立面复原图（杨鸿勋作）

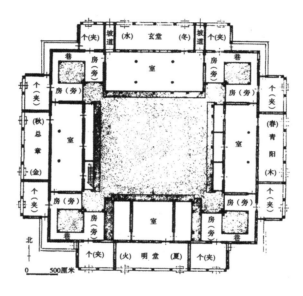

西安大土门遗址中心建筑底层平面复原图（杨鸿勋作）

门以南沿线西侧，西安门以南沿线东侧一带。遗址内有单体建筑十二座，
建筑形式全同，发掘报告将其编为1-12号建筑遗址。在1-11号建筑的外
边有周环方形大围墙，12号建筑在它的南边正中，其北围墙距大围墙仅
10米。每号建筑都由中心建筑、围墙、四门和围墙四隅的曲尺形配房组成。
中心建筑和围墙的平面均作方形，轮廓如"回"字，规矩方正，分毫不差。
1-11号建筑，大小相仿，间距相等。分三排，东西并列，由西而东顺序编号。
北排的1-4号遗址与南排的8-11号遗址，方位一致南北对应；中排的5-7
号遗址错落于南北排之间。12号建筑的围墙大小与1-11号的围墙无别，

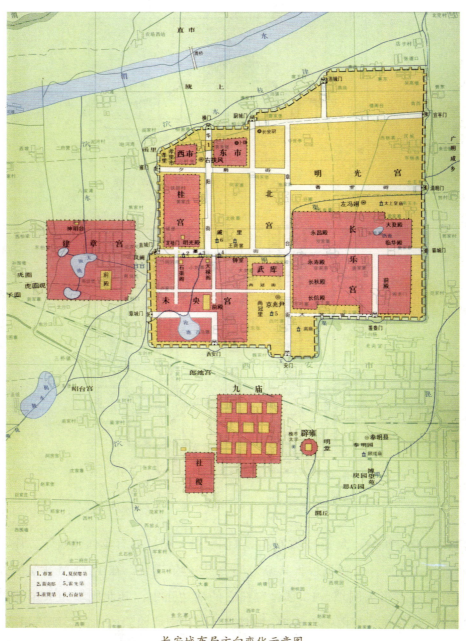

长安城布局方向变化示意图

但 12 号的中心建筑比 1-11 号的中心建筑约大一倍，细部结构也稍有区别。每号遗址的中心建筑在整个遗址的正中间，方形，每边长 55 米（12 号中心建筑每边长约 100 米），四面对称。中央"主室"，四隅有"夹室"，平面如"亞"字形，台基夯土筑造，高出四周地面。主室四面各有一个"厅堂"，内部构造完全相同。厅堂内的右边有一个"厢房"，左边有一堵"隔墙"。四堂之间有绕过夹室的走廊相通。厅堂前面各对着三个方形土台。方土台前面有砖路，正对四门。整个中心建筑还环绕着河卵石铺砌的散水。每号建筑四周都有围墙，夯土筑造，平面方形，大小差不多。

对于上述建筑的性质，虽然研究者有多种认识，但主流看法认为就是王莽建造的九庙。有研究者还提出，王莽九庙亦可称作"地皇新庙"，以示其为新朝宗庙的特别属性。

综上似可以这样说，考古发掘证实了王莽在长安城南郊建造一系列大型礼制建筑的真实性，同时也证实了王莽兴造活动改变长安城布局方向的真实性。

此外，新莽朝在长安曾有过一次飞行试验，这里亦顺便说一说。

《汉书·王莽传》载，天凤六年（公元 19）王莽在长安召募有奇术之士参与对匈奴作战。有一人言能日飞千里，可窥匈奴。王莽遂试之。其人用大鸟毛为两翼，头与身皆著毛，并在身上设以环纽，飞数百步而坠。尽管这次羽人试飞失败了，但却是中国人力求掌握飞行技术所迈出的勇敢的第一步，其大胆设想、勇于探索的精神是可贵的。后来在北齐文宣帝时期和南朝陈武帝时期，均有过类似的试验。而在西安出土的汉代铜羽人跪坐像，汉画像石中出现的腾空羽人画像等，亦从一个侧面反映了那时人们对于飞行的神往。

附录： 新朝帝王一览

王莽　　公元 9—23

曾经迁都长安的朝代

东 汉

（公元 25—220；迁都长安 公元 190—196）

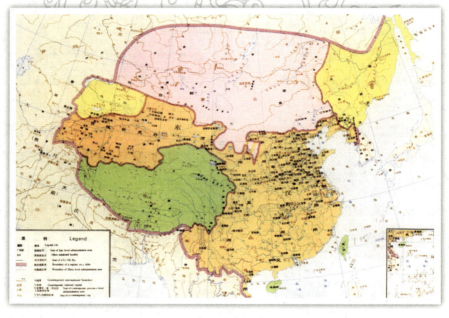

东汉时期疆域图

东汉历时 190 多年，在历史上也属于延祚较久的王朝。由于其开国皇帝刘秀起家河北，以河内为根据地进而发展，所以把首都建于离根据地较近并为支持自己的关东豪族集团所希望的洛阳。不过，关中毕竟是汉室自高祖至平帝十一代先祖的陵寝所在地，有所谓"陵园之守"，故东汉当局特别把这里与京师所在的河南尹同辖于司隶校尉部，属京畿地区，以示重视，并确立了皇帝"幸长安""谒诸陵"制度。建武十八年（公元 42）刘秀"西巡狩"长安，历时两个多月，曾引起朝野"狐疑"，以为皇帝要"西都"，差一点闹出一场政治风波。然而当时间过了 148 年之后，在权臣董卓的导演下，东汉终于迁都长安。尽管这次"西都"仅仅六年零五个月，但此举却使东汉王朝与长安城结下了都城之缘。

光武明章之治

刘秀是汉室宗族，字文叔，南阳蔡阳（今湖北枣阳境）人。他起兵后，立即打出了光复汉业的旗号，并同农民义军联合，推翻了新莽，不久便当了皇帝，即所谓的汉世祖、光武帝。他以十多年时间先后平定了地方割据势力，完全占有了西汉时期统治的区域。

刘秀自我标榜以"柔道"治天下，而所建立的则是一个比西汉更专制的政权。他给功臣们以爵位和封地，但不给他们政治权力。他把原来在内廷处理文书的尚书台提高为皇帝直接指挥下的决策和发号施令机构，如此朝廷的最高长官三公（司徒、司空、太尉）失去实权，史称"虽置三公，事归台阁"。他又提高刺史的地位，使其对郡国的参劾，可以随时派员入奏，不经由

光武帝刘秀画像

东汉执锸陶俑（四川新津出土）

东汉说唱俑（成都出土）

三公的案验而直接由皇帝作出决定。特别是他宣布图谶于天下，利用图谶迷信给自家的统治披上一层神秘的外衣。

经过连年战争，面对民力极大消耗的现实，刘秀十分重视跟国家收入有密切关系的土地占有和劳动力的情况。他下诏检验各地垦田和户口的统计数字，史称"度田"。这是对豪强势力的抑制与打击，尽管其程度相当有限，其过程也复杂曲折甚至激起民变，但还是具有一定意义的。他又多次解放部分奴婢和改善奴婢的法律地位，宽刑赦囚，简政减租。而其行事则礼贤任能，兴学讲经，恭行节俭。

其后的明、章二帝，延续光武的帝业，并有所作为。公元59年，明帝在太学讲经，使群儒执经问难，据说现场听讲和观看的有10万人之多，可谓文化盛举。公元79年，章帝诏诸儒大会白虎观，议论五经异同，并亲自作出决定，还命史臣把结论著为《白虎通义》一书，使之成为神化、巩固皇权的思想武器。

总之，光武和明帝、章帝在位的60多年，是东汉社会经济恢复发展、政治相对清明、国力相对较强的一个时期。史家称之为"光武明章之治"。

东汉铜摇钱树（四川出土）

东汉绿釉陶水榭（西安出土）

东汉纺织画像石（徐州出土）

东汉讲经画像石（四川成都出土）

自和帝朝开始的外戚、宦官轮番专政

和帝即位时，才是一个 10 岁的孩子。此后八个皇帝即位时的年龄，不是在 10 岁以下，就是在 15 岁以下。皇帝年纪小，不能理事，由母后临朝。母后相信娘家人，大权就落到外戚手里。皇帝长大了，不甘心受外戚的挟制，依靠跟自己亲近的宦官来收拾当权的外戚。第二个皇帝即位，又由他的母后任用外戚，后来再由他依靠另一批宦官收拾这一批外戚。如此就出现了自和帝朝开始的外戚、宦官轮番专政。

东汉石刻天禄（洛阳出土）

一般说来，从和帝到质帝（公元 88—146），外戚的权力相对较重；当公元 146 年桓帝即位以后，宦官的权力相对较重。在外戚、宦官这样反复的斗争中，朝臣们需要不断选边站；对于得势的一派，或投机攀附，或进行斗争。但不论是何种情况，大臣们的职权都无法正常执行。东汉创建者刘秀当年所追求的高度皇权，往往表现为皇帝的无权，而后者恰好又是由这种皇权专制主义本身的内在矛盾发展来的。这又是一个历史悖论。

东汉官吏图（河北望都出土）

黄巾起义被镇压后的混乱政局

　　随着东汉社会矛盾的激化，特别是外戚、宦官专权，政治极度黑暗，导致民众的反抗斗争此起彼伏。公元184年，由张角领导的黄巾起义爆发，给东汉统治者极其沉重的打击。然而在镇压黄巾起义之后，却形成了军阀割据的局面，整个政局混乱到了极点。

　　公元189年，灵帝死，少帝立。大将军何进为消灭宦官势力，召引盘踞河东（今山西西南部）的并州牧董卓带兵入京。由于事机泄露，何进反为宦官所害。袁绍、袁术及何的部将率兵反攻，

东汉石雕彩绘骑马俑（河北望都出土）

杀宦官两千多人。不久，暴虐而又有极大野心的董卓领兵入洛阳，废少帝，立献帝做傀儡，自任相国，完全控制了中央大权，东汉名存实亡。

迁都经过

初平元年（公元 190）伊始，各地的州郡牧守为争权夺地，以讨伐董卓为名纷纷起兵。因起兵州郡都在潼关以东，故史称"关东军"。他们共推勃海太守袁绍为盟主，从北、东、西三面包围洛阳。由于各军各有打算，所以谁都不愿与董卓进行决战。董卓出于关东军的威胁，决计挟持献帝迁都长安。他大会公卿议迁都之事，于二月即迫使献帝西迁。三月献帝入长安。次年四月，董卓亦至长安。

然而仅仅过了一年，董卓在长安即被部将吕布与司徒王允合谋诛杀。其后，董卓部将李傕、郭汜又杀王允，关中大乱。再后，李、郭长时间混战，长安城粮价飞涨，"人相食啖，白骨委积，臭秽满路"。长安全然变作了战场，根本无法发挥首都的功能。

建安元年（公元 196）七月，夹在军阀混战之间、备受艰辛的献帝东还洛阳。不过这时他已落入另一个割据者曹操的掌控之中。曹遂立即迎献帝都许昌，并出任丞相，"挟天子以令诸侯"。建安五年（公元 200），官渡（今河南中牟东北）一战，曹操击败了中原地区的最大对手袁绍，不久即统一了整个北方。

铜奔马（甘肃武威东汉墓出土）

建安十三年（公元208），赤壁（今湖北蒲圻西北）之战则奠定了魏、蜀、吴三国鼎立的局面。此后12年，曹操之子曹丕受汉禅，东汉名义亦亡。

与外部世界的交往

东汉一代与外部世界的交往，有不少新的内容。

公元57年，倭国（日本）派友好使者来，刘秀给了他一颗刻有称号的印。后来。不断有铁器、铜器、丝织品等由汉输入倭国。

公元67年，天竺僧人迦叶摩腾（Kāsyapa-mātanga）和竺法兰应汉使者的邀请，来到洛阳。明帝为他们建造了白马寺，请他们翻译佛经，开始了佛教在中国的传播。后来，安息僧人安世高来洛阳，在公元148年以后的二十余年间翻译了佛经95部、115卷，成为著名的翻译家。

丝织品向西方的输出，在东汉时期显然趋向繁盛。安息为了垄断丝织品的贸易，总是设法阻止汉与大秦（东罗马帝国）的往来。公元97年甘英出使大秦，到了西亚的不少地方，带回来许多这些地方的知识，他是张骞以后的又一个了不起的探险家和旅行家。当他到达波斯湾的时候，由于被告知渡过海湾有不可克服的困难，所以没有能到大秦去。但汉的丝绸一直在罗马社会受到欢迎。当公元二世纪时，甚至远在伦敦，中国丝绸也颇为风行。

东汉符箓木片（江苏高邮出土）

公元 166 年，"大秦王安敦"的使者终于到了汉帝国。他们向汉皇帝献上了象牙、犀角、蝳瑁等礼物。"安敦"，被认为就是罗马皇帝马可·奥勒留·安敦尼（Marcus Aurelius Antoninus）。

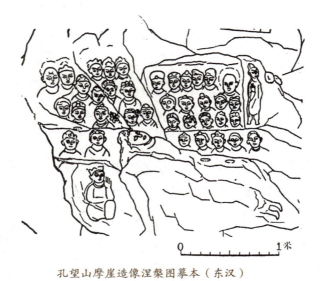

0 ————————— 1米

孔望山摩崖造像涅槃图摹本（东汉）

三位代表性文化名人

班固画像

东汉一代涌现的文化名人不少，其中最具代表性者，莫过于史学家班固、思想家王充和科学家张衡三人。

班固（公元 32—92），扶风安陵（今陕西咸阳东北）人，字孟坚。其父班彪，以学显名于世。他少承家学，后入太学，继父遗志，续撰《史记后传》，被人告发私改国史，下狱。因弟班超上书为之申辩，得释。明帝赏识其才学，召为兰台令史，典校秘书，遂以著述为业，积二十余年，据父所撰六十五篇《后传》增补而成《汉书》。这是继司马迁《史记》之后的又一部史学名著。它变《史记》"本纪""世家""列传""书""表"的组成为"纪""传""表""志"四部分，从而整齐、规范了纪传体史书的体例。它断代而为史，为以后的正史撰写树立了范式。它设立的"地理""刑法""艺文"等"志"，开辟了新的专史领域。同时，它和《史记》一样，也是一部优秀的传记文学作品。可惜班固因外戚窦宪被诛事受

班昭画像

牵连死狱中，《汉书》之八表及《天文志》未竟，后由其妹班昭与马续完成。班氏又曾奉诏集撰白虎观讲论五经之事，作《白虎通德论》。另著诗文 40 余篇，以《两都赋》最为有名。

《汉书》书影

班固故乡（陕西扶风班家村）

王充（公元27—约97），会稽上虞（今属浙江）人，字仲任，出身细族孤门。早年受业太学，师事班彪。家贫无书，常至洛阳市肆阅所售书，过目辄能

记诵。贯通百家言，不守章句。后归乡里教授，曾任郡功曹、从事等。生活穷困而勤于著述，以为世俗儒生拘于经文，多失真义，乃闭门潜思，户牖墙壁各置刀笔，著《论衡》八十五篇，二十余万言。以"元气"为天地万物之物质基础，认为人本身亦禀受天地元气而成；抨击当时流行的天人感应论、遣告说和谶纬神鬼迷信；主张"学知"，强调以"效验"作为检验知识可靠性的标准；反对"是古"风气，提出"汉高于周"的历史进化思想。同时他又认为，国家治乱安危和个人贵贱寿夭均受"期""时""数"支配，有明显命定论的局限性。不过总观其思想，应该说是一个反潮流的异类，非常难能可贵。

张衡（公元78—139），南阳西鄂（今河南南召南）人，字平子。早年游学长安，观太学于洛阳，通五经，贯六艺，才高于世，与当时著名学者马融、崔瑗等友善。曾两度任太史令，执掌天文、历法，晚年任河间相、尚书。一生潜心发明著述，创造了世界上最早利用水力转动测定天体星象的浑天仪、测定风候的"候风仪"和测定地震的"地动仪"（或说"候风地动仪"为一器），还发明和复制出指南车与记里鼓车等多种机械，并第一次正确解释了月食的成因，说明月光是日光的反照，月食乃因月球进入地影而成。他的天文著作《灵宪》，总结了当时的天文知识，明确提出"宇之表无极，宙之端无穷"的宇宙无限性看法，又认识到行星运动

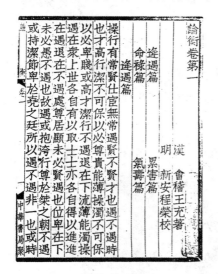

《论衡》书影

快慢与距离地球的远近有关。他反对当时盛行的谶纬之学，阳嘉二年（公元133）曾上书请求禁绝图谶。张氏又擅长文学，作品主要为诗、赋。赋如宏浑巨大的《二京赋》，形式短小的《归田赋》等等，皆堪称佳作。而其五、七言诗格调清新，特色颇具，对后世诗作产生有较大影响。

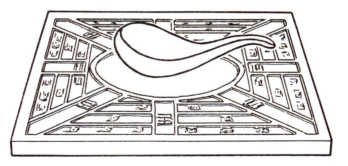

据古文献复原之司南

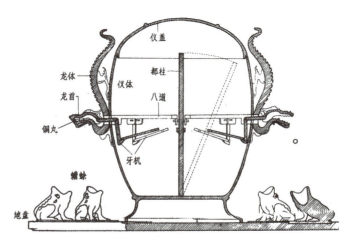

候风地动仪剖面图

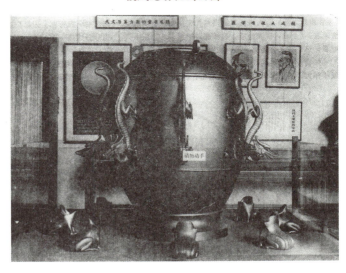

候风地动仪模型

附录：东汉帝王一览

光武帝刘秀　　公元 25—57

明帝刘庄　　　公元 58—75

章帝刘炟　　　公元 76—88

和帝刘肇　　　公元 89—105

殇帝刘隆　　　公元 106

安帝刘祜　　　公元 107—125

顺帝刘保　　　公元 126—144

冲帝刘炳　　　公元 145

质帝刘缵　　　公元 146

桓帝刘志　　　公元 147—167

灵帝刘宏　　　公元 168—188

少帝刘辩　　　公元 189

献帝刘协　　　公元 190—220

暂都长安旋告灭亡之国
西晋

（公元 265—316；暂都长安 公元 313—316）

西晋时期疆域图

在中国古代统一性朝代中，西晋历时 51 年，算是一个短命的王朝。其延续曹魏，以洛阳为都。西晋末，匈奴人刘渊反晋，建国称帝。其子刘聪时，终于攻克洛阳，俘获晋怀帝。晋武帝之孙司马邺在长安被拥立，遂暂都长安，继续西晋的香火。然而仅仅过了三年零七个月，刘聪族弟刘曜便兵围长安，愍帝投降，西晋告亡。虽然愍帝暂都长安时间很短，但却使西晋王朝与长安城具有了"曾为都城"这层无法抹去的关系。

司马氏代魏与实现统一

司马懿是河内温县（今属河南）著名士族，始被曹操起用，至曹丕时地位逐渐显要。魏明帝朝，司马懿成为重臣。及年幼的齐王曹芳即位，曹爽辅政，司马懿伺机发动宫廷政变消灭了曹爽集团，夺取了朝中大权，是为"高平陵政变"。公元251年，懿病死，子司马师继续掌权。不久，司马师死，弟司马昭当政。公元263年，司马昭灭蜀。其后，他没来得及做皇帝就病死了。公元265年，其子司马炎废魏帝曹奂而自立，是为晋武帝。

公元279年，晋大举伐吴。次年春，吴主孙皓向晋将王濬投降，吴亡。自东汉初平元年（公元190）关东军讨董卓，经历了近百年分裂混战的天下，至此又重新统一了。

晋前期社会

晋武帝在位的二十五年（公元266—290）为晋前期，这是西晋王朝相对安定的时期。武帝采取一系列措施，如政治方面重整中央官制、推行都督制，经济方面罢民屯以均政役、督农垦荒、颁布占田令等，使社会不断向前发展。其标志就是国家户籍上的户口明显增长，如在立国后的十五年间，北方的户数和人口数增长了一倍以上即很好的例证。另一方面，边地的少数民族匈奴、鲜卑、羯、氐、羌等，大量内迁，也体现了当时社会安定的一个方面。

牛耕图（嘉峪关魏晋6号墓出土）

晋地主生活图（新疆吐鲁番出土）

　　然而社会前进中也隐伏有不少祸患。如萌生于东汉的门阀士族，这时便进一步有所发展。特别是武帝搞的分封宗室之举，更为社会动乱埋下了祸根。从前述可知，魏晋间帝位的更替是通过宫廷政变实现的。晋武帝认为要防止这种事变的重演，就必须培植皇族在地方的势力，使其成为维护朝廷的可靠力量。因此，他大封宗室同姓，其中封王者多达二十七人。所封诸王都有自己的封国、自己的军队，有任免文武官员的权力。武帝的这一做法，的确改变了曹魏各王徒有虚名的情况，但他没有料到，这又为新的权力争夺提供了条件。

西晋玻璃碗（北京八宝山出土）

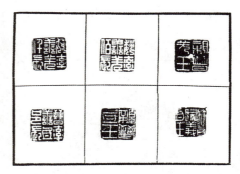

"亲晋羌王""魏率善羌佰长""亲晋氏王"等印（魏晋时期）

八王之乱

晋武帝时，外戚贾氏和杨氏都有重要的政治地位。武帝死后，惠帝嗣立。外戚杨骏和杨太后，父女合谋，掌握了国家大权，乱局从此开始。

公元291年，晋惠帝的贾皇后联络楚王司马玮，杀了杨骏及其家属、党羽数千人，使汝南王司马亮辅政。不久，贾后又使司马玮杀司马亮，然后她又杀司马玮，乱局逐渐扩大。

公元300年，赵王司马伦起兵，杀了贾皇后。次年，齐王司马冏、成都王司马颖、河间王司马颙又起兵杀了司马伦。再次年，司马颙和长沙王司马乂攻杀了司马冏。公元303至306年，司马颙、司马颖、司马乂和东海王司马越之间混战，最后司马越获胜而其他三王先后被杀。司马越又毒死了晋惠帝，立了晋怀帝。

以上十六年间诸王的互相残杀，史称"八王之乱"。它使社会经济遭受严重破坏，造成人民的大量死伤和流亡。西晋的统治机能也从此瘫痪。

"八王"地区分布示意图

暂都长安与西晋灭亡

　　"八王之乱"的最后几年，各地的流民和内迁的少数民族纷纷起来反晋。流民起事以李特、李雄为典型。公元301年，益州官吏迫使外来流民返乡，激起民愤。流民推举氐人李特为领袖，攻占广汉。304年，李特的儿子李雄打下成都，称成都王，两年后称帝，国号大成。少数民族反晋以刘渊最具代表性。渊为匈奴左部帅刘豹之子，幼年曾学习经史、兵法，后以"任子"身份留居洛阳，汉化程度很高。其父死后，他代为左部帅，惠帝时任五部大都督。当李特等举兵反晋、宗室诸王混战之际，匈奴贵族认为恢复故业的时机已到，遂推刘渊为大单于起兵。308年，刘渊称帝，都城设在平阳（今山西临汾西南），国号汉。

　　刘渊立国后，先后两次进攻洛阳，皆未成功。310年，刘渊死，子刘

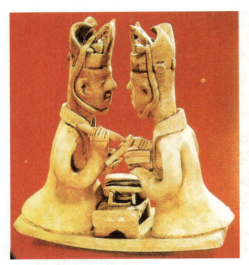
西晋对书俑（湖南长沙出土）

聪杀兄自立为帝。次年四月，石勒消灭晋军十余万人，晋元气大伤。六月，王弥、刘曜终于攻下洛阳，杀王公以下三万余人，俘获晋怀帝。八月，刘粲攻下长安，杀晋太尉司马模。后晋将贾疋等在关中汉人支持下夺回长安，拥立武帝孙司马邺为帝，是为晋愍帝，时为公元303年。其改元建兴，暂以即位地长安为都。"是时长安城中，户不盈百，墙宇颓毁，蒿棘成林；公私有车四乘，百官无章服、印绶，唯桑版署号而已"。

建兴四年（公元316）十一月，刘曜兵围长安，愍帝出降，西晋亡。

附录：西晋帝王一览

武帝司马炎　　　公元 265—290

惠帝司马衷　　　公元 290—306

怀帝司马炽　　　公元 307—312

愍帝司马邺　　　公元 313—316

胡、汉分治的历史时代

前 赵

（公元 318—329）

前赵

247

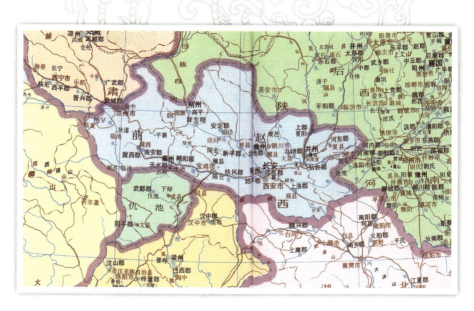

前赵时期疆域图

　　前赵是匈奴人刘曜创建的政权，他在汉国时长期镇守长安，所以建国时就以长安为都城。前赵都城所在的长安，就是西汉所建的长安城，位于今西安市西北。由于长期战乱的破坏，前赵建立时长安城已比较衰败，人口大量减少，刘曜除了整修长安城及其宫室外，还迁徙了巴、氐、羌人20 余万口于长安，初步改变了长安的衰败面貌。

前赵的建立

五胡入中原

自东汉末年以来，游牧于西北及北方的少数民族不断地迁徙到中原地区，主要分布于黄河流域各州郡。自魏、晋以来，这种民族迁徙的步伐进一步加快，使得我国北方地区人口的结构发生了很大的变化，有些地区的少数民族人口比例超过半数，如关中地区就是如此。这些内迁的少数民族生活境况十分悲惨，大部分人充当了汉族地主的佃客，有的被掠卖为奴隶。西晋末年的"八王之乱"更进一步加深了他们的痛苦，甚至出现了地方长官动用武力大批地捕捉少数民族人口，掠卖到外地，以换购军粮的现象。残酷的压迫激起了这些内迁民族的强烈反抗，他们不断地举行起义反对统治阶级的黑暗统治，十六国时期先后出现了20多个政权，其中大部分为这些少数民族所创建。由于崔鸿撰写过一部名为《十六国春秋》的史书，因此后世将这一历史时期称为十六国时期，其实十六国只是其中最重要的政权而已。又由于内迁的少数民族以匈奴、鲜卑、羯、氐、羌为主，统称之为"五胡"，于是在历史上遂有了"五胡十六国"的提法。

魏晋南北朝时期的重装骑兵复原图

刘曜建立前赵

刘曜（？—公元328），匈奴人，字永明。他是匈奴贵族刘渊之侄，幼年父母双亡，是被刘渊养大的。刘曜少时喜读书，却不求甚解，尤其喜读兵书，自视甚高，常以乐毅、萧何、曹操自比。史书说他身长9尺3寸，垂手过膝，力大善射，曾射透过1寸厚的铁板，号称"神射"。刘渊对他十分喜爱，称其为"吾家千里驹"。刘渊建立汉国后，他历任要职。刘渊死后，太子刘和即位，刘渊的第四子刘聪杀刘和自立为帝。刘聪在位时，刘曜奉命镇守长安。公元318年，刘聪病死，太子刘粲登基不到两个月，就被自己的岳丈顾命大臣靳准杀死，靳准自称汉天王。刘曜见朝中大乱，遂率军进攻平阳，杀死了靳准，即帝位。次年以长安为都城，改汉国号为赵，史称前赵。

前赵刘曜父母合葬墓：永垣陵

稳定关陇，充实关中

前赵统治初期，关中、陇右一带分布着很多氐、羌、羯等少数民族，与西晋残余势力联合起来进攻刘曜，对前赵政权构成了严重威胁。大兴三年（公元320），前赵长水校尉尹车，联合巴氐酋长徐库彭反叛，刘曜先杀尹车，又杀死徐库彭等5000人。这一举动，引起了巴、氐人民的强烈义愤，奋起反抗，共推巴、氐归善王句渠知为首领，举行起义。羌、氐、巴、

十六国时期鎏金铜佛像

北朝方格兽纹锦

羯等 3 万余人，尽皆响应，关中大乱。刘曜一面采用安抚政策，一面又派军队镇压，基本平定了这次起兵。

刘曜在基本镇压了关陇氐、羌、巴、羯等族反抗之后，乘胜率军亲征秦州。当时仇池一带为氐人首领杨难敌控制，势力很大，刘曜击败杨难敌军，杨难敌据城固守不出。刘曜接着又进攻南安杨韬，杨韬不敌，投降了刘曜，被封为列侯。杨难敌势孤，只好也归顺了刘曜，刘曜封其为都督益宁南秦凉梁巴六州陇上西域诸军事、上大将军、武都王。西晋末年，天下大乱，有一位名叫陈安的人，拥兵自重，自称秦州刺史，后归附于刘曜。刘曜在征讨二杨时患病，陈安请求朝见刘曜，刘曜不许，陈安大怒，以为刘曜已死，纵军大掠，并断绝了刘曜的归路。刘曜只好又亲征陈安，陈安战败被杀。

刘曜即位后数年，关中连年大疫，民户死者十之三四，为了充实关中人口，刘曜下令迁徙上郡巴、氐、羌人 20 余万口于长安。刘曜大举迁徙人口除了达到充实关中的目的外，还有一个原因，就是为巩固新征服的地区，将其人迁离故乡，以便于就近控制。正因为如此，他曾迁陇右之民万余户于长安，又把秦州大姓杨氏、姜氏诸族 2000 余户迁到长安。刘曜全盛时，有军队 28.5 万人，当时关陇地区的氐、羌，莫不臣服。

前赵的统治政策

前赵统治的关陇地区，氐、羌、巴、羯等族人口众多，分布甚广，他们大都聚族而居，许多民族保持着部落制。刘曜为了巩固统治，同时避免汉人与他们联合，遂继续沿用了胡、汉分治的统治政策。给各少数民族首领授予官爵，允许他们继续统治各自的民族，并且继续保留了部落制。即使在前赵政权内部也保留了其本民族的一些制度，如以其子南阳王刘胤为大司马、大单于，并置单于台于渭城（今陕西咸阳），又置左、右贤王以下，皆选羯、鲜卑、氐、羌等族首领充任。

与此同时，为了适应胡、汉民族融合的大趋势，加之前赵统治的关陇地区胡、汉交错杂居，汉人的拥戴与否，对前赵政权也十分重要。更何况刘曜等虽为匈奴人，但早已汉化，受汉文化及儒家思想影响较大，因此也选用了一批汉族士人到其政权中任官。这种做法在一定程度上获得汉族士人的拥戴，对于巩固前赵统治，缓和日益紧张的民族矛盾起到了一定的作用。

十六国时期菩萨造像

前赵

251

北朝陶骑马武士俑

除此之外，受汉文化影响颇深的刘曜还不忘兴办学校。他在长安长乐宫东设立了太学，又在未央宫西设立小学，选朝臣中精通儒家经书者或者关中名儒充任教官，下令从百姓中选年龄在 13 岁以上、25 岁以下，有志向可教者 1500 人入学学习。为了表示对兴办学校的重视，他命中书监刘均兼领国子祭酒，又创设了崇文祭酒一职，作为国子祭酒的副职，命散骑侍郎董景道充任之。此外，他还亲临太学主持考试。刘曜的这些措施在一定程度上推动了关中地区学校教育的恢复和发展，促进了少数民族学习汉文化风气的形成。

前赵的灭亡

洛西大败

在这一时期的中原地区还有一个强大的政权，这就是石勒建立的后赵。刘曜与石勒原来均为刘渊的部下大将，汉国灭亡后，他们分别各自建立政权。后赵建都于襄国（今河北邢台），双方势同水火，攻伐不已。公元 325 年，刘曜命中山王刘岳率兵 1.5 万进攻后赵的金墉城，石勒命其侄石虎率军 4 万援救。双方战于洛水西岸，刘岳大败，退守石梁戍。刘曜亲率大军来救，屯于金谷，夜里军中自相惊扰，士卒溃散，刘曜只好退回长安。石梁戍遂被石虎攻破，生擒刘岳以下将校 80 多人。

公元 328 年，石勒又命石虎率军 4 万进攻蒲坂（今山西永济西），刘曜亲率大军援救，石虎见对方兵力强盛，引兵撤退，刘曜率军急追，大败石虎军。接着，刘曜乘胜进军洛阳。同年十二月，石勒率诸军来战，集结于成皋，不见刘曜设防，军队迅速开至洛河。刘曜急忙陈兵 10 万于洛西，石勒命石虎引兵自洛阳城北而西攻刘曜中军，命石堪率兵自城西而北，攻刘曜前锋，石勒自出洛阳阊阖门，夹击刘曜，前赵军队大溃。刘曜酗酒成性，此次大战前夕，他"复饮酒斗余"，昏醉不能作战。在退兵时马陷石渠坠于冰上，身上被创十余处，为石堪生俘。石勒让刘曜写信令其子刘熙投降，刘曜却在信中鼓励刘熙坚守关中，石勒大怒，处死了刘曜。

前赵覆亡

刘曜被杀后，太子刘熙等无法据守长安，遂弃城率领文武百官从长安退保上邽（今甘肃天水），这时关中人心动摇，国内大乱。留守长安的前赵将军蒋英率10万军队投降后赵，前赵的势力进一步削弱。公元329年，后赵大军从洛阳挥师入关，占据长安，接着又向西进兵，包围了上邽。刘熙等内无粮草，外无救兵，人心涣散，城池不久失守。后赵遂将前赵太子刘熙、南阳王大单于刘胤等王侯将相、文武百官3000多人全部捕杀，又在洛阳坑杀了其剩余的王公及五郡屠各5000余人，并徙秦雍大族及流民9000人于襄国。前赵至此灭亡，立国前后仅12年。

北朝两裆铠复原图

十六国铁马胄

北朝马具中的障泥板

附录：前赵帝王一览

刘曜　公元318—328

刘熙　公元328—329

短暂的北方统一时期

前 秦

（公元 351—394）

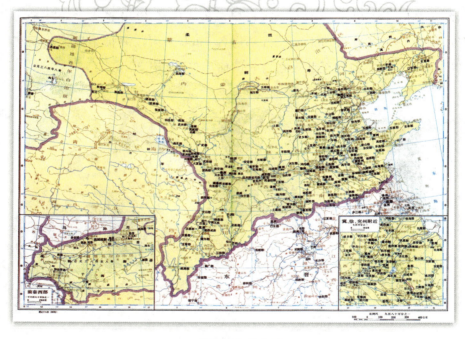

前秦时期疆域图

前秦是氐族首领苻健建立的政权，其都城长安仍然是西汉时期创建的长安城。在前秦统治时期，长安城的规模并没有扩大，但是前秦在苻健、苻坚统治时期都对宫室、街道、城墙等进行过整修，并且在街道两旁种植了大量的树木，使得城中整洁，绿荫如画。此外，为了恢复和发展儒学，前秦还兴建过太学、馆舍等。迁徙人口，充实长安，也是前秦繁荣长安的举措之一。

前秦定都长安

苻健建立前秦

苻健（公元317—355），字建业，略阳临渭（今甘肃秦安东南）氐族人。其父苻洪，在西晋末年天下大乱之时，被部族首领推举为盟主，逐渐形成了一个大的军事集团。由于其所拥有的强大的军事实力，所以这一时期的南北统治者都拉拢他为官，曾先后在前赵、后赵、东晋任职。后来自称大将军、大单于、三秦王，成为一股很大的势力。苻洪被人毒死后，其子苻健嗣位，去秦王号，向东晋称臣。后赵灭亡后，在关中割据的豪杰纷纷归附他，苻健乘机自立，占据了关中，于公元351年建都长安，称天王、大单于，国号秦。次年称帝，史称前秦。

前秦建立后，局势并不稳定，关陇地区的各族人民纷纷举兵起义，东晋大将桓温遂利用这种局势，企图出兵收复关陇失地。公元345年，桓温统率大军4万余众，亲自攻秦。苻健采取了坚壁清野的政策，致使东晋大军的给养无法得到补充，无可奈何之下，只好撤退。由于关中经过长期的战乱破坏，百姓生活极其困苦，苻健为了巩固统治，遂采取了一系列措施，以恢复和发展社会经济。首先，减轻了百姓承担的赋税，以恢复民力。其次，招徕商贾，发展商业，尤其注重与东晋的贸易，获得了丰厚的收入，国用遂足。再次，与关中百姓约法三章，鼓励农事，优待老者，提倡儒学。并在长安平朔门内建立来宾馆，招贤纳士。久经战乱的关中逐渐复兴。自从"八王之乱"爆发以来，关中一直处于战乱之中，至前秦统治时期才算得到了

十六国壁画中的骑兵出行图

一定程度的恢复，人民群众也有了一个喘息的机会，这对前秦统治的巩固也是有一定的益处的。

王猛辅佐苻坚

公元355年苻健死，其子苻生继位。苻生淫杀过度，致使人心不稳。公元357年，苻健弟苻雄之子苻坚发动政变，杀死了苻生，自立为天王。苻坚之所以能够成功，主要是有王猛的出谋划策。苻坚率数百壮士闯入宫中，乘苻生大醉未醒，将其杀死。苻坚即位后，改元永兴，颁布大赦，调整中枢班底，迅速稳定了局势。

王猛画像

王猛（公元325—375），北海郡剧县（今山东昌乐西）人。他出身贫寒，但博学多识，尤好读兵书。东晋桓温率军进入关中时，屡败秦军，屯军灞上。王猛与桓温相见，一边扪虱，一边谈论天下事，旁若无人。桓温非常赏识他的才干，邀其南下到东晋做官，被王猛拒绝。苻坚早在即位之前，就听说过王猛的名声，遂与其约见，相谈甚欢，成为其最重要的谋士，历任司徒、录尚书事。苻坚在他的辅佐下，整顿吏治，打击不法贵族，加强中央集权，并且注意发展生产，增加财政收入，以巩固统治。王猛还亲自统兵，灭了前燕，后入朝任丞相。建元十一年（公元375），王猛病危，告诫苻坚说东晋无隙可乘，不宜轻率攻晋，没有被采纳。

王猛精煤组印

前秦

苻坚的统治政策

苻坚（公元338—385），氐族人，字永固。自即位以来，任用王猛，除了在政治上采取一系列措施，以强化统治地位外，还采取措施，奖励农

前秦苻坚墓

桑，兴修水利，发展生产。由于百姓长期贫困，无力承担更多的徭役，即使有利于社会生产发展的劳役，也感到难以承受。于是前秦政府下令调发王侯富室的僮隶3万人，兴修关中水利，这样既保证了工程的及时完工，又不至于给普通百姓造成负担。

符坚本人生活节俭，史书记载说："太官、后宫减常度二等，百僚之秩以次降之。"他还颁布法令，严禁奢侈浪费，违者严惩，曾经规定：非朝廷命官，在长安百里以内不得乘车马，"金银锦绣，工商、皂隶、妇女不得服之，犯者弃市"。对于扭转长期存在的奢侈风气发挥了一定的积极作用。

他还注意发展屯田，减轻赋税，推广先进的耕作技术，使得前秦生产不但有所恢复，而且还得到一定程度的发展。符坚非常重视用人，多次颁布命令，要求各级官员举荐贤才，注意搜罗各地知名人士。恢复九品中正制，优待士族；鼓励进谏，虚心纳谏；他还重视发展儒学，礼聘儒学名士任教，恢复了长安的太学及郡县学校，广修校舍，并诏令公卿以下官员子弟必须入学。甚至在军队中兴办学校，鼓励将士读经学习。对境内的各族上层分子，采取优待笼络政策，授予高官厚禄，与其他政权的统治者随意杀戮异族人士形成了鲜明的对照。由于这一历史时期民族矛盾十分激化，为了缓和民族矛盾，他废除了胡、汉分治的政策，重用各族的有识之士。

符坚在王猛的辅佐下，经过这一系列努力，使得境内社会稳定，生产发展，出现了"关陇清晏，百姓丰乐"的景象。他还十分重视道路的兴修，据载：从长安到北方各州，大路的两旁皆种有槐树和柳树，每20里设一亭，40里设一驿站，

十六国时期鎏金铜菩萨立像

北朝重装铠甲武士俑

旅行者和商贾行路不用再带干粮，皆可取之于这些亭驿，十分方便。长安
一带的百姓纷纷作歌颂扬说："长安大街，夹树杨槐。下走朱轮，上有鸾
栖。英彦云集，诲我萌黎。"这首歌谣不仅表现了当时长安城的繁荣景象，
而且也表现了百姓对前秦统治的满意态度。

前秦统一北方

　　在苻坚统治时期，北方各地同时还有数个割据政权存在，苻坚早就具
有统一全国的雄心大志，在前秦势力日益强大的情况下，他决意首先统一
北方，然后再进取南方。首先，他命王猛率军，于公元 370 年灭了实力强

十六国执盾武士俑

大的前燕。次年，苻坚命王统率军灭了杨氏统治的仇池国，并迫使吐谷浑与鲜卑乞伏部投降。公元 373 年，前秦大军又攻取了东晋的梁、益等州，进一步扩大了统治区域。公元 376 年，苻坚派大军一举灭了割据于河西的前凉，巩固了自己的后方。同年十二月，苻坚命大将苻洛率军灭了河东的代国。至此，前秦完全统一北方地区。在南面对东晋亦采取攻势，连下襄阳、彭城、兖州、下邳诸城。前秦可谓所向无敌，名震天下，四方来朝贡献的国家多达 62 个。苻坚的下一个进攻矛头便指向了偏居于江南的东晋了。

淝水之战与前秦瓦解

淝水之战

北方统一后，苻坚随即开始了对东晋的战争。他首先派苻丕率军攻下了东晋的军事重镇襄阳。建元十九年（公元 383），他亲率大军 90 万，号称百万，大举向东晋进兵。东晋派谢玄等率北府兵 8 万迎战。双方在洛涧相遇，晋军击败前秦军前哨，苻坚登寿阳城，见晋军严整，遥望八公山（安徽凤台东南）上草木，以为都是晋兵，始有惧色。晋军进至淝水，要求秦军略向后移，以便渡河决战。苻坚欲待晋军半渡而击之，乃挥军稍退。军队后移时,东晋降将朱序大呼秦军前锋战败,秦军不明真相,一退而不可止。晋军乘机渡水猛攻,秦军大溃而逃,一路上闻风声鹤唳,都以为是追兵。

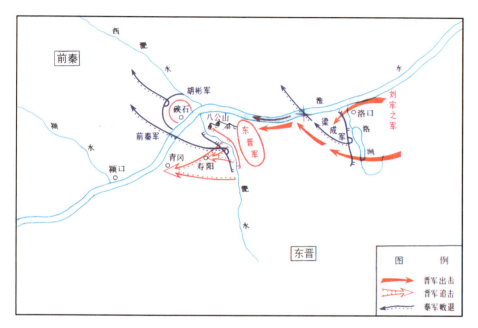

秦晋淝水之战示意图

前秦瓦解

淝水之战的失败,使前秦的实力遭到极大削弱,原来归降前秦的各族首领乘机纷纷自立,脱离前秦控制。慕容垂联络前燕旧臣,举兵反对前秦,并占据了关东地区。接着关陇羌族首领姚苌联合羌族诸部,宣布独立,称万年秦王,进据北地郡。氐人首领吕光也乘苻坚大败,割据凉州,不再听命于前秦。前燕贵族慕容泓得知慕容垂反秦,于是也屯兵于华阴,自称济北王。慕容泓死后,其弟慕容冲继续统领这股势力,对长安形成了很大的威胁。在这几股势力中,对苻坚威胁最大的是姚苌,经过双方大战,姚苌击败了苻坚。此时慕容冲也出兵猛攻长安,苻坚无法防守,弃长安而去,被姚苌抓获处死,时在公元385年。此后苻丕、苻登、苻崇等相继即位,皆先后败亡,公元394年随着苻崇的被杀,前秦灭亡。原本统一的北方,又分裂成数个独立的割据政权。

前秦平莫邑长印

附录：前秦帝王一览

符健　　公元 351—355

符生　　公元 355—357

符坚　　公元 357—385

符丕　　公元 385—386

符登　　公元 386—394

符崇　　公元 394—394

复兴关陇，振兴佛教

后 秦

（公元 386—417）

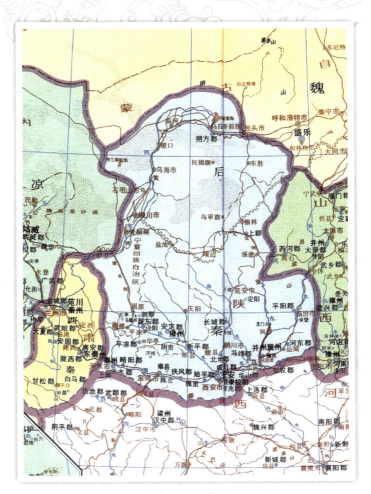

后秦时期疆域图

后秦是羌族首领姚苌创建的一个政权，都城仍然在汉长安城。由于后秦在姚苌统治时期一直与前秦残余势力展开激烈的争夺，战争连年不断，故没有对长安城进行过修整，直到姚兴时才有暇对长安城进行治理与整修。姚兴除了维修长安城池、宫室、馆舍外，其最大的贡献就是在长安城内外兴建了一批佛寺，所谓"起浮图于永贵里，立波若台于中宫"，仅从远方来到长安的僧人就高达 5000 余人，从而极大地推动了佛教的发展。此外，后秦还迁徙河西豪右万余户以补充长安的人口。

姚苌建立后秦

姚苌（公元 330—393），羌族人，字景茂。其父姚弋仲，与苻洪同为后赵石虎所用，石虎迁秦雍豪族至关东时，姚弋仲及部族被迁徙到今河北清河地区。后赵灭亡后，姚弋仲改投东晋。姚弋仲死后，其子姚襄反叛东晋，统领部族北归关中，与前秦苻生争夺关中，招抚北地诸戎，拥众数万。后在三原被苻坚斩杀，其弟姚苌遂率部投降了前秦。姚苌在前秦屡立战功，淝水之战时，姚苌被封为龙骧将军，督益、梁诸州军事。苻坚战败后，姚苌亦归长安，后被命令与苻坚之子苻睿共同镇压在华阴的慕容泓。苻睿战死，姚苌获罪出逃渭北。到渭北后，自称万年秦王，并获得当地豪族的支持，拥众数万。姚苌对于慕容冲与苻坚的战争持隔岸观火的态度，伺机而动，因而保存了实力。后来在与苻坚的战争中，他俘获并处死了苻坚，并在鲜卑部离开长安后趁机进入，从而建立了后秦。

虽然姚苌建立了后秦政权，但在关陇地区以苻登为首的前秦势力仍然存在，并且实力比较强大，对新生的后秦政权仍具有很大的威胁。在姚苌建立后秦的同年（公元 386）十一月，苻登称帝，拥众 10 万，与姚苌在关中进行长达 7 年的战争。建初八年（公元 393），姚苌死于征途，太子姚兴即位，改元皇初。苻登以为机会来了，倾全部军力东攻关中，不料被姚兴打败，单骑出逃。姚兴穷追不舍，苻登借来陇西鲜卑军数万，又被姚兴击败，苻登败亡，其太子苻崇逃走，不久被杀，前秦残余势力至此被彻底消灭。

在此之后，姚兴又先后消灭了陇西的窦冲势力，降服鲜卑乞伏干归部，平定武都氐人的叛乱。接着转而向东进攻，西燕河东太守柳恭、东晋弘农太守陶仲山、华山太守董迈先后投降。至此，后秦独霸关陇地区，社会稳定，境内安宁，从而保证了这一地区的复兴。

麦积山后秦彩塑佛像

后秦

265

敦煌壁画中的北朝甲士作战图

姚兴复兴关陇

姚兴复兴关陇

姚兴与前秦苻坚一样，是一个有作为的皇帝。他力图复兴关陇，治国宽简，知人纳谏，治理刑狱，废除苛法，经常亲自听吏断狱。此外，他还设置律学，调集郡县散吏学习法律，郡县有疑狱可送廷尉定谳。姚兴还规定地方郡县必须每年选拔优秀人才，进贡给朝廷。他非常重视教育，在长安兴建官学，延请名儒前来讲经，如冯翊郭高、天水姜龛等大儒都被请来讲经，使得关中儒风大盛，仅长安的儒生就达1万数千人。他还大量释放奴婢，发展生产，如百姓因灾荒自卖为奴婢者，一律放免为良人。为恢复关中人口，除不断迁徙边民至关中外，他还极力吸引流民来归，特别是原关中的流民。当京兆人韦华、始平人庞眺等率领流亡襄阳的关中民众万人来归时，他亲自接见韦华等，并任命韦华为中书令。

关中在姚兴的治理下很快复兴起来，后秦的国力也富强了，于是姚兴开始向外扩张。首先轻取了后凉，降服了仇池杨氏，尽占河西陇右之地。在东方，后秦攻占河东、洛阳，继而迫使淮、汉以北诸城纷纷请降。东晋桓玄及刘裕专权时期，都遣使与后秦通和。

麦积山后秦时期佛像

随后又逼迫蜀王谯纵纳币称臣。鲜卑拓跋部建立的北魏兴起时，姚兴积极准备伐魏。后秦弘始四年（402年），姚兴派遣军队进攻北魏。北魏道武帝拓跋珪亲率大军抵御，后秦战败，然北魏军队亦不敢进攻。4年后，拓跋珪与姚兴和好。

鸠摩罗什与草堂寺

此外，姚兴还提倡佛教，曾派叔父姚硕德西征后凉，迎请著名高僧鸠摩罗什来长安宣扬佛法。鸠摩罗什（公元344—413），音译为鸠摩罗耆婆，又作鸠摩罗什婆，简称罗什。他祖籍天竺，属于印度四大种姓中最高贵的婆罗门种姓，他本人出生在西域的龟兹国，幼年出家为僧，曾游学天竺诸国，遍访名师大德，深究妙义，并四处讲法，名声很大。20岁时被龟兹国王迎请回国，奉若神明，每次讲经时，西域君长都长跪坛下，名声已远播于中原地区。公元401年，他被姚兴迎至长安，安置在逍遥园，奉为国师。每次说法时，姚兴常常亲自前往听经，并给他选派了800名高僧拜其为师。鸠摩罗什通晓梵文、汉文及西域各国文字，从而为其从事佛经翻译提供了十分有利的条件。他主要在逍遥园内的草堂寺从事译经，成为我国一大译经家。鸠摩罗什与弟子译出了《摩诃般若经》《妙法莲华经》《维摩诘经》《阿弥陀经》《金刚经》等和《中论》《百论》《十二门论》和《大智度论》等重要的佛教经典，共74部384卷，对于佛教的发展，做出了很大贡献。他主持翻译的不少经书成为三论宗的祖本，如《中论》《百论》《十二门论》等，均是如此。《妙法莲华经》是天台宗据以开宗的主要经典，《金刚经》不仅在中国禅宗的形成中发挥了重要作用，而且在我国民间具有很大的影响。鸠摩罗什门下的弟子多达5000余人，他们中最出名者被后世称之为"四圣"、"八俊"、"十哲"，其中僧肇后来成为东晋佛教般若学大师，竺道生提出了"顿悟成佛"的学说，是我国佛教史上的著名思想家。鸠摩罗什圆寂于公元413年，姚兴按照佛教习俗举行了隆重的火化仪式，将其舍利安置于草堂寺内的八宝玉石塔内，传说其五色玉石是鸠摩罗什故乡之人跋涉山水远道送来的，以纪念他们心中的这位著名高僧。

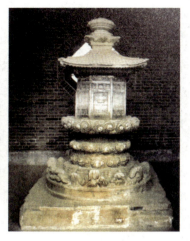

西安草堂寺　　　　　　　　　　鸠摩罗什舍利石塔

法显印度取经

　　法显俗姓龚，平阳郡武阳县（今山西临汾西）人。他自幼出家，20 岁受比丘戒，壮年时从家乡来到长安。当时的长安是全国的佛教中心，有不少著名的寺院和众多的名僧大德。法显在这里潜心研读佛教经典，发现流传中土的佛典错误甚多，甚至前后矛盾，许多重要的经籍都残缺不全，于是决心西行求法。后秦弘始元年（公元 399），法显与慧景、道整、慧应、慧嵬等僧人，一同离开长安踏上了西去的征程。由于路途遥远，环境恶劣，

法显画像

他的同伴中有的中途畏难而返，有的不幸病死，有的分道而行，当到达中天竺时，只剩下了法显孤身一人了。此后法显遍游北、西、中、东天竺，到达过释迦牟尼的诞生地迦毗罗卫城（位于今尼泊尔境内）。法显在天竺刻苦学习梵文，研读佛教经典，抄录经律，与当地僧人讨论佛教精义，获得了大量的梵文佛经。公元 409 年，法显来到了狮子国（今斯里兰卡），在此游历了数年，获得了《弥沙塞律》《长阿含》《杂阿含》《杂藏》等经典。公元 411 年，

法显经海路动身返国，历经艰险，于东晋义熙九年（公元413）到达建康（今江苏南京）。在这里开始翻译他带回的经书，直到其去世，共翻译了佛经6部63卷，100多万字，对后世产生了深远的影响。此外，法显还将他游历天竺15年的经历撰写成书，这就是著名的《佛国记》，又名《法显传》，是研究西域及印度历史、文化、宗教的重要参考资料。元熙元年（公元420），法显去世，终年87岁。

刘裕北伐与后秦灭亡

刘裕北伐

刘裕（公元363—422），字德舆，小名寄奴，京口（今江苏镇江）人。东晋安帝时任侍中、车骑将军，都督中外诸军事，掌控了朝政。公元416年1月，后秦姚兴病死，太子姚泓继位，内部叛乱迭起，政权不稳。刘裕认为这是灭亡后秦的良机，决定出兵进攻北方。晋军势如破竹，节节获胜，很快就攻下了中原重镇洛阳。这时姚泓的弟弟姚济镇守蒲坂，他不去抵御晋

刘裕画像

军，却自称皇帝，反而率兵欲夺取长安。姚泓的堂兄姚恢镇守安定，也率领镇户3.8万人，南下进攻长安。为了镇压这些叛乱力量，姚泓调动了许多军队，甚至将防守潼关的军队也撤了回来，这才平定了这些叛乱。后秦宗室的内乱，严重削弱了自身的防御力量。次年，晋军乘机攻破潼关防线，直趋长安。由于外无救兵，人心涣散，长安很快被攻破，姚泓出降，后秦

灭亡。

北魏夺取长安

刘裕攻取长安后不久，其留守朝中的亲信刘穆之病死，刘裕担心朝中生变，急于回去抢夺帝位。于是遣使与割据陕北的夏国赫连勃勃通和，约为兄弟，赫连勃勃虚与应付。刘裕返回江南时，留其子刘义真镇守长安，赫连勃勃认为攻占关中的时机成熟，率大军南下，击败刘义真，攻占长安。公元418年即帝位于灞上，改元昌武，又改为真兴，仍定都统万城，以长

270

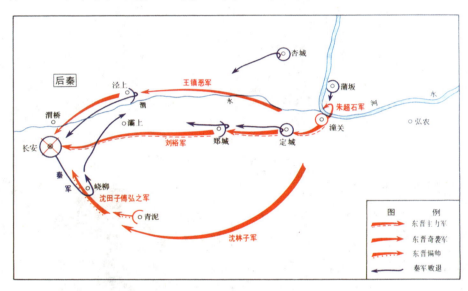

刘裕灭后秦之战示意图

安为南都，命其子赫连璝镇守。公元425年赫连勃勃病死，其子赫连昌继位。公元427年，北魏出兵攻取统万城，赫连昌出逃后，不久又被俘获，其弟赫连定所率的残余部众于公元431年被吐谷浑消灭，夏国灭亡。就在北魏军队攻取统万城的前一年，长安城就被北魏军队攻取了，此后虽然夏军多次争夺，皆以失败而告终，故从公元426年开始，长安城便为北魏所据有了。

后秦吕他墓表

附录：后秦帝王一览

姚苌　公元 386—394

姚兴　公元 394—416

姚泓　公元 416—417

短命过渡的小王朝

西魏

（公元 534—556）

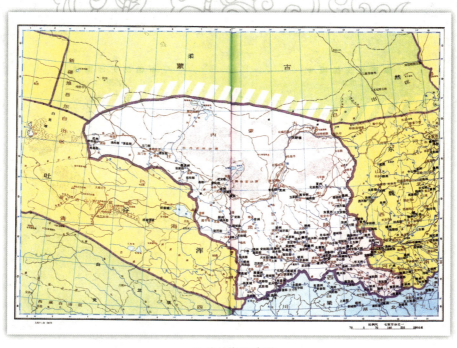

西魏时期疆域图

西魏的首位皇帝是孝武帝元修，但实际创建者是鲜卑人宇文泰，都城仍在汉长安城。由于西魏政权自建立之始，就处于与东魏的尖锐对峙中，双方战争，连年不断，加之西魏地域狭小，财力、物力有限，因此无暇也无力对长安城进行大规模的整修，充其量也就是小修小补而已。不过，经过前赵、前秦、后秦以及西魏等时期的维修后，西晋末年长安城那种"户不盈百，墙宇颓毁，蒿棘成林"的景象，早已大大改观，但西汉时期的那种宏伟壮观的繁荣景象却也没有再出现过。

北朝奏乐彩绘俑

西魏

西魏的建立

宇文泰其人其事

西魏的实际创建者应是鲜卑人宇文泰。宇文泰（公元507—556），代郡武川（今属内蒙古）人。北魏末年他参加过六镇起义，失败后降于北魏权臣尔朱荣。北魏末年，关陇地区爆发了各族人民大起义，北魏调动大

宇文泰成陵

军入关镇压，宇文泰所在的军队也奉命参加了镇压起义的战争。关陇大起义被镇压后，这支军队便留在了关中，攻城夺地，势力发展很快。这支军队的统帅贺拔岳被任命为关西大行台，其部将宇文泰也升为关西行台左丞。后来，贺拔岳被侯莫陈悦所杀，部众便推举宇文泰为新统帅。宇文泰继任统帅之后便率军讨伐侯莫陈悦，不久侯莫陈悦兵败被杀，宇文泰占据了关陇大部分地区。

西魏的建立

这一时期北魏朝政为权臣高欢所控制，魏孝武帝元修只不过是一位傀儡而已。孝武帝不堪忍受高欢的欺凌，遂升任宇文泰为关西大行台，密命其率军消灭高欢。宇文泰派部将骆超、李贤率精兵出关赴洛阳，派赵贵攻蒲坂并渡河趋并州，自率大军从高平进发。在这种情况下，高欢加紧了对

北朝奏乐彩俑

孝武帝的威胁和刁难，孝武帝忍无可忍，遂率领一部分朝臣与禁军逃离洛阳，于永熙三年（公元534）投奔关中的宇文泰。孝武帝逃离洛阳后，高欢又另立了一个新的傀儡皇帝孝静帝，并迁都邺城，史称东魏。孝武帝至关中后，宇文泰并不愿受制于他人，次年，他便害死了孝武帝，另立孝武帝之孙元宝炬为文帝，改元大统，定都长安，史称西魏。自此，北魏分裂为东、西魏，关东大权为高欢掌控，关陇大权为宇文泰掌控，双方征战十几年。

东、西魏之争

自从北魏分裂为东、西魏后，双方便爆发了连年的战争。战争的初期，由于东魏在人力、物力以及军力等方面都比西魏更为强大，所以在战略上采取了攻势。从大统元年（公元535）到大统三年（公元537），东魏军队对西魏发动了多次大规模的进攻，战斗十分激烈，西魏军队拼命抵御，挫败了东魏的进攻。大统三年十月，双方在沙苑展开了一场决战，宇文泰所率的军队以少胜多，扭转了被动的战略态势。此后，双方虽互有攻伐，但西魏攻多守少，处于战略主动的地位。大统十二年（公元546）正月，高欢病死。双方由于长期攻伐，都需要休养生息，遂以弘农玉壁为界，相互对峙，战争告一段落。

北朝具装骑兵俑

西魏佛教造像

西魏制度

计账与户籍制度

　　大约在西魏大统三年（公元 537）前，宇文泰的谋士苏绰提出建立计账与户籍制度。其基本做法是：按户统计，在每户户主之后，逐一登记户内成员以及依附人口（奴婢等）之名，每人名下记载性别、年龄、丁中等情况，并登记受田数字、应纳租调数。然后一户作一总计，分类统计各色课口、不课口、各色应交纳租调数。大约以若干户或按行政区划为单位，再作一总的统计，内容包括上述各项。这种统计显然是为了核实田亩授受情况，特别是核实每年应交纳租调及服役的丁壮人口，以便政府计划来年的赋役征发和财政收支。

六条诏书

　　西魏大统年间，宇文泰命苏绰起草了"六条诏书"，其内容是：治心身，即要求各级官吏"心如清水，形如白玉"，以公心临民；敦教化，即提倡儒家孝悌、仁爱、和睦思想，移风易俗，促进民族融合；尽地利，即鼓励百姓开垦土地，发展生产；擢贤良，即完善官

西魏彩绘男侍童

吏选拔制度，确立以才选人的新机制；恤狱讼，即治民以教化为先，辅之以严格的法制；均赋役，即均平赋税和徭役负担，使百姓有发展生产的积极性。要求各级官吏熟记六条诏书的内容，并作为治国之纲领。

均田制度

西魏均田制源于北魏孝文帝颁行的均田令，其基本要点是：男子15岁以上，授露田40亩，妇女20亩，由于当时实行休耕制，实际授田数量加倍，甚至三倍；此外，男子另给桑田20亩，种植桑、枣、榆树；民年老或死亡，露田要归还朝廷，桑田不再归还，可以继承。另据记载，宇文泰还规定民10口以上，给宅地5亩；9口以上，给宅地4亩；5口以下，给宅地3亩。已结婚的男子，给田140亩；未婚的男子，给田100亩。西魏的均田制虽然源于北魏，但在具体内容规定上却并不相同。

府兵制度

府兵泛指军府之兵。宇文泰的基本军队约有3万，其核心力量是六镇鲜卑军人，为了扩大兵源，遂推行了府兵制。其统兵体制是：八柱国（大将军）——十二大将军府——二十四开府（又称二十四军）——四十八仪同。其中宇文泰实为全军统帅，魏宗室元欣虽为八柱国之一，但仅挂虚名，实际分统府兵的只有六柱国，所统兵士也改从各自主将之姓。府兵具有中央禁卫军性质。一人充当府兵，全家即编入军籍，不隶属于州县。府兵的兵器装备

麦积山北朝供养人母子像

自备，可以免除赋税徭役，平时从事农业生产，农闲时进行军事训练，战时则服役作战。这一制度的实施，是建立在均田制的基础上的，在很大程度上缓解了西魏兵源不足的问题。

麦积山北朝供养人塑像

西魏具装骑士图

北周取代西魏

　　宇文泰不仅成功地抵御住了东魏的进攻，而且进一步扩张自己的实力，他先后出兵夺取了汉东、益州、襄阳等地，并一度攻破江陵（今湖北江陵），控制了长江上游和汉水，使西魏的疆土扩大了很多。西魏废帝三年（公元554）正月，宇文泰诛杀了废帝元钦，另立元廓为帝，是为西魏恭帝，牢牢控制了西魏大权。恭帝三年（公元556）九月，宇文泰病死，临终前命其侄宇文护辅佐其子宇文觉，从而执掌了大权。十月，恭帝封宇文觉为太师、柱国、大冢宰，出镇同州（今陕西大荔），以防御北齐。十二月，宇文护又指使恭帝将岐阳（今陕西岐山周原）封给宇文觉，封号为"周公"。这就是北周国号的来源。

宇文泰是西魏以及后来的北周的实际创建者，死后谥号文公，北周建立后，又追尊为文王，庙号太祖。武成元年（公元559），追尊为文皇帝，唐人所撰的《周书》为其专门列了《文帝纪》，并置于全书之首篇。

宇文泰死后，宇文护被任命为太师、大冢宰，继承了宇文泰生前的职位。两个月后，宇文护便胁迫西魏恭帝禅位于宇文觉，国号为周，西魏亡。次年正月，宇文觉正式建立周朝，称天王，即孝闵帝，史称北周，仍定都长安。

西魏释迦多宝千佛造像

西魏佛教造像石碑

麦积山西魏时期坐佛像   北朝执盾武士俑

附录：西魏帝王一览

孝武帝元修　　公元 534—535

文帝元宝炬　　公元 535—551

废帝元钦　　　公元 552—554

恭帝元廓　　　公元 554—556

关陇集团称雄的时期

北 周

（公元 557—581）

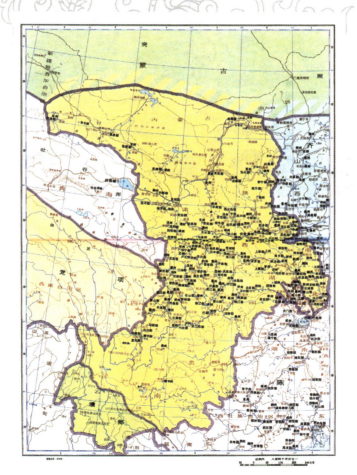

北周时期疆域图

北周取代了西魏的统治地位，其实际创建者应是宇文泰，都城仍在汉长安城。西汉时期长安城周长65里，有三组规模宏大的宫殿群，即未央宫、长乐宫和建章宫。经过漫长的历史洗礼，至北周时期，建章宫早已不复存在，未央宫与长乐宫虽然存在，但后者已残破不堪，唯未央宫保存得比较完整。至于城中其他宫馆、居舍、街市等，虽不如汉时旧貌，却仍历历在目，长安城垣由于多次整修，故保存得比较完整。

北周彩绘佛像

北周统一北方

诛杀宇文护

　　北周初期大权完全控制在宇文护手中，他利用手中所掌的大权，诛杀了元老功臣赵贵，逼迫另一功臣独孤信自杀。这一事件引起了孝闵帝宇文觉的强烈不满，同时也不甘心当傀儡皇帝，密谋铲除宇文护，结果谋泄反而被宇文护杀死。宇文护废除并杀害孝闵帝后，另立宇文泰的长子宇文毓为帝，是为周明帝。宇文毓即位之后，采取了一些措施以加强皇权，引起了宇文护的不满，于是他指使人下毒害死了周明帝。周明帝临终前遗命其弟宇文邕继位，是为周武帝。宇文邕也不甘心成为傀儡，于是设计杀死了宇文护，从而结束了北周内部的政治纷争，整军备战，积极开始了统一北方的战争。

周武帝画像

灭亡北齐

北齐是高欢之子高洋废东魏孝静帝而建立的，时在天保元年（公元550）。北周建立后，遂与北齐继续了东、西魏之争的趋势，双方战争连年不断。北齐拥有今河北、山东、安徽及山西、河南大部分地区，军事、经济实力较强，但其各级官吏贪赃枉法、鱼肉百姓，阶级矛盾与民族矛盾都十分尖锐，至后主高纬时，更是腐败透顶，弊端甚多。北周占有今陕西、宁夏、甘肃、四川及河南、湖北等部分地区，虽军事、经济实力不如北齐，政治却比北齐清明，因此在军事斗争方面处于主动的地位。经过数年的战争，北周消耗了北齐大量的有生军

北周彩绘武士俑

事力量，建德五年（公元 576）十月，周武帝亲率大军击败北齐军队，攻下了晋阳，北齐后主弃军逃亡。次年正月，周军攻克北齐都城邺城，四处逃亡的北齐后主被周军抓获，北齐灭亡。

北周彩绘甲骑具装陶俑

雄才大略的周武帝

周武帝宇文邕（公元543—578）是宇文泰的第四子，是一位雄才大略的皇帝。其即位后，设计铲除了宇文护，亲掌朝政，随后便开始了一系列的改革行动，主要包括如下方面：

放免奴婢

保定五年（公元565），下诏规定江陵人年60岁以上为官奴婢者，放免为良人。其余官私奴婢年70岁以上者，由官府出资赎为良人。建德元年（公元572）下诏规定，凡俘获的江陵人为官奴婢者，不分年龄大小，全部放免为良人。建德六年（公元577）二月灭北齐后，又规定北齐境内官私奴婢，全部放免。八月，又规定杂户全部放免为民，杂配之科，全部废除。十一月，又颁诏规定北齐、江陵境内之民被掠为奴婢者，全部放免为民。这些措施的推行，增加了劳动

北周安伽墓石雕居家宴饮图

力和国家征收赋役的对象，对恢复和发展农业生产，削弱豪强势力都有一定的积极意义。

北周安伽墓石雕宴乐图

北周安伽墓石雕野宴商旅图

抑制佛教发展

北周时期，境内的寺院多至万余所，僧侣达百万人以上，占总人口的十分之一，严重影响了政府的兵源、财源，对人民的生产、生活也造成了极大影响。长安的大兴善寺、户县的草堂寺、扶风的阿育王寺（今法门寺）、耀县的万佛寺、香山寺等，不仅寺院广大，僧侣众多，而且还占有大量的土地。自北魏后期出现的建寺造像之奢侈风气，至北周时期更为盛行，消耗了大量的社会财富。建德三年（公元574），周武帝下令废除佛教和道教，捣毁佛像，焚烧佛经，强迫不少沙门、道士还俗，使得近百万僧尼、道士以及依附于寺院、道观的人口由此成为承担赋役的国家编户。灭北齐后，周武帝又在关东地区推行这一政策，共摧毁和废弃佛寺4万所，300万僧尼还俗为农户。这一政策推行的结果，使"租调年增，兵师日盛"。

改革兵制

周武帝还对府兵制进行了改革，其目的在于改变府兵的部属观念，强化皇帝对军权的控制。府兵制建立之初，军士们

北周一佛二菩萨白石造像龛

西安出土的北周佛头像

北周彩绘菩萨像

与领兵将领形成了牢固的统属关系，军士只识其将，不知其余，这种情况对皇权的巩固极为不利。建德三年十二月，周武帝下诏，"改诸军军士并为侍官"。即将军士改称为皇帝的侍官（卫士），并且规定百姓均可应募从军，并不局限于鲜卑人。从而使诸军军士与皇帝之间建立了比较紧密的关系，对改变军士观念有着十分积极的意义。此外，周武帝还扩大了府兵的征召范围，从广大汉族百姓中招募府兵，另立军籍，不隶州县。周武帝还将关陇豪强大量提拔为军队的各级将领，使得军权集中于鲜卑贵族的情况有所改变。在兵制改革的基础上，周武帝加强了对军队的训练，极大地提高北周军队的战斗力。

宣政元年（公元578）五月，周武帝在北征突厥途中患病，六月，返回长安后不久病死。太子宇文赟即位，即周宣帝。

北周火头明王画像

权臣专权与北周灭亡

荒淫的周宣帝

宇文赟（公元559—580），字干伯，周武帝宇文邕的长子。周宣帝自即位以来，沉湎酒色，荒淫无耻，生活奢侈，漫游无度，又滥施刑罚，派亲信监视大臣言行，稍有违反，轻者捶楚，重者诛杀，搞得人心离散，朝野上下惶恐不安。为了满足自己的淫欲，他还下令广招天下美女，以充后宫。即使臣僚的妻女亦不能免遭其毒手，甚至包括宗室妻女，如西阳公宇文温之妻尉迟氏貌美，被他逼而淫之。最奇特的是，他一人竟然先后立了五位皇后，在中国历史上绝无仅有。次年，周宣帝突然心血来潮，下诏传位于7岁的太子宇文衍，但国家大权仍然由太上皇宇文赟掌控。由于纵欲过度，宇文赟突然患病，不久便死去了，在位不到两年时间。

北周贴金彩绘观世音汉白玉立像

北周天元皇太后金印

外戚专权

周宣帝死后，太子宇文衍即位，是为周静帝。由于其年幼，不能理政，于是便命外戚杨坚入朝辅政。杨坚是周宣帝的皇后杨丽华的父亲，宣帝生前对其多有猜忌，曾当着杨丽华的面扬言要族灭杨坚家族，故其与宇文家族存在着较大的矛盾。杨坚掌握朝廷大权后，极力培植自己的政治势力，他把与宇文家族有矛盾的人物大都笼络到自己的旗下，同时又竭力排挤忠于周室的朝臣。对于周室诸王在外任职者，杨坚担心他们会对自己篡位造成威胁，于是便把赵、陈、越、代、滕等王召回朝中，以便就近控制。为了把军政大权牢牢地控制在自己手中，他还自任大丞相、假黄钺，都督中外诸军事。为了笼络人心，杨坚还下令恢复被周武帝沉重打击的佛教，因而得到广大佛教徒的拥戴。由于杨坚篡位的步伐太过紧迫，意图暴露十分明显，引起了一些忠于周室大臣的反弹。大象二年（公元 580）六月，相州总管尉迟迥、郧州总管司马消难和益州总管王谦相继起兵反抗杨坚，杨坚派大将统率大军坚决讨伐，很顺利地平定了这些叛乱，进一步巩固了自己的权位，为其篡周建隋扫清了障碍。

麦积山北周飞天壁画

北周时期彩绘佛与菩萨像

北周灭亡

在平定三总管叛乱战争的前后，为了肃清朝中的反对势力，杨坚先后诛杀了赵、陈、越、代、滕等五王，并连同其诸子全部处死，斩草除根。大象二年十二月，杨坚晋爵为王，在取代北周统治的道路上又前进了一步。大定元年（公元581）二月，杨坚迫使周静帝退位，自立为皇帝，因为其爵号为随，遂去掉随字的走之旁"辶"，建国号为隋，史称隋文帝，并改大定元年为开皇元年。隋文帝杨坚之所以能顺利取代北周统治，其原因是：一、周宣帝荒淫残暴，诛戮大臣，丧尽人心，把许多人都推到了对立面。二、周静帝年幼，无法亲理朝政，国无长君，客观上为杨坚专擅朝政创造了有利的条件。三、杨坚能够针对周宣帝的弊政，采取许多措施加以纠正，争取人心的拥戴。四、杨坚能够任用贤能，组织以自己为首的政治、军事集团，同时采取了正确的方针，打击忠于周室朝臣，分化瓦解，各个击破，使得局势向有利于自己的方向发展。总之，隋朝取代北周统治，标志着我国分裂动荡的历史时期即将终结，一个新的大一统时期就要到来了。

北周释迦牟尼鎏金铜立像

附录：北周帝王一览

孝闵帝宇文觉　　公元 557

明帝宇文毓　　　公元 557—560

武帝宇文邕　　　公元 561—578

宣帝宇文赟　　　公元 579

静帝宇文阐　　　公元 579—581

结束分裂，统一全国

隋 朝

（公元 581—618）

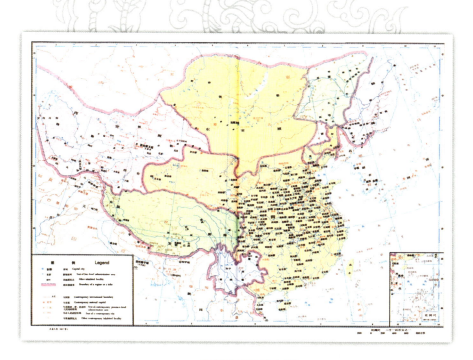

隋朝时期疆域全图

　　隋文帝取代北周建立隋朝不久，由于汉长安城中地下水受到污染，加之渭河水对城垣的威胁不断加大，遂于开皇二年（公元 582）六月下令，在龙首原之南另建新都，并取名大兴城，唐朝仍称长安。在隋文帝统治时期已建成了宫城、皇城、两市、里坊及部分外郭城，炀帝时继续修筑外郭城，然并没有完成全部工程，最后完成是在唐朝统治时期，不过长安城的基本规模已经形成了。

隋代彩绘伎乐陶俑

隋朝统一全国

统一前的形势

建立隋朝之初，共有三个政权同时存在，除了隋朝外，在以江陵为中

隋文帝画像

心的沿江 300 余里区域内，有一个国号为梁的政权，史称后梁。长期以来后梁依附于西魏、北周，以对抗陈朝。开皇七年（公元 578），后梁主萧琮入大兴城朝见隋文帝，文帝留而不遣，后梁灭亡，前后共存在了 33 年时间。于是隋朝便把打击的矛头对准了割据于江南的陈朝。这时的陈朝由陈后主统治，此人生活奢侈，政治上昏庸无能，且赋税繁重，百姓生活困苦，军事力量也十分衰弱。隋朝统

一全国的时机已经成熟了。

灭陈方略

在正式兴兵之前，隋文帝先颁布了一道诏书，历数了陈后主的种种罪行，其中写道："据手掌之地，恣溪壑之险，劫夺闾阎，资产俱竭，驱蹙内外，劳役弗已。征责女子，擅造宫室，日增月益，止足无期，帷薄嫔嫱，有逾万数。宝衣玉食，穷奢极侈，淫声乐饮，俾昼作夜。斩直言之客，灭无罪之家，剖人之肝，分人之血。欺天造恶，祭鬼求恩，歌舞衢路，酣醉宫阃……抄掠人畜，断截樵苏，市井不立，农事废寝。"在指出陈后主的这些倒行逆施的行为后，并公开宣称自己出兵南朝，目的就在于救民于水火之中。隋文帝此举就是要在政治上占尽先机。至于灭陈的军事方略，则是由崔仲方提出来的，并得到了文帝的赞同，其基本要点是：在蕲、和、滁、方、吴、海等州部署大军，准备渡江，从正面进攻；在益、信、襄、荆、基、郢等州，部署水军，建造船舰，顺流而下。由于蜀、汉二江是陈朝的上游冲要之地，必来争夺，其援军到后，则在汉口或峡口与其决战。然后下游隋军乘虚渡江，直捣建康；如陈军不来增援，则上游隋军顺流而下，与下游隋军夹击陈军。其后隋朝灭陈的军事部署基本上是按照这一方

敦煌壁画——隋文帝祈雨图

略进行的。

灭陈经过

开皇八年（公元 588）十月，隋文帝下令攻陈。他任命晋王杨广、秦王杨俊、信州总管杨素等三人为行军元帅，杨广率军出六合，杨俊出襄阳，杨素出信州，荆州刺史刘仁恩出江陵，蕲州总管王世积出蕲春，庐州总管韩擒虎出庐江，吴州总管贺若弼出广陵，青州总管燕荣率水军出东海，总兵力达 51 万 8 千人，诸路大军皆受晋王杨广节制，浩浩荡荡，旌旗千里，杀向陈朝。杨广虽为统帅，但由于军事经验不足，文帝又命高颎为元帅府长史，王韶为元帅府司马，以辅佐杨广，实际上军中大事皆由此二人决定。由于秦王杨俊的军队切断了长江中游，牵制了陈朝上游的军队不敢增援下游，贺若弼乘长江下游陈朝防守空虚之机，自广陵渡江，攻下京口；韩擒虎自横江浦渡江到达采石，攻下姑苏。贺、韩两军遂对建康形成夹击之势。钟山一战，贺若弼击溃了陈军主力，韩擒虎则直攻台城，俘获了陈后主。其余诸路隋军大都势如破竹，陈军纷纷解甲请降，只有陈湘州刺史陈叔慎，是陈后主的弟弟，拒不投降，举兵抗击，结果兵败被擒，斩于汉口。随着陈朝全境的陆续平定，标志着陈朝彻底灭亡，中国历经 273 年的长期分裂局面后，至此又重新归于统一。

隋代五牙战舰模型

巩固统治的措施

政治措施

南北统一后，隋文帝在政治上采取了一系列措施，以巩固多民族的国家。开皇九年（公元589）二月，决定推行乡、里之制，以500户为一乡，设乡正一人；每100户为一里，设里长一人。以加强对基层和百姓的控制。

这年四月，下诏销毁民间兵器，禁止习武，鼓励学文。这样规定不仅是为了防止北齐和陈朝残余力量的反抗，也是为了削弱功臣武将，同时也是对提倡尚武精神的关陇贵族势力的抑制。

改革官制。隋文帝早在建国之初就对当时的职官制度进行了改革，建立了三省六部制度，对地方实行州县两级制，裁并州县，废除地方长官辟置佐官的制度，废除九品中正制，从根本上取消了做官的限制，使一般地主士大夫有机会进入各级政权，扩大了政权的基础。

完善了法律，制定了《开皇律》。要求官吏必须明习法律，不论是判案还是施政，皆要依据法律办事。隋炀帝即位后，又进一步改革法律制度，制定并颁布了《大业律》，这部法律在量刑方面比《开皇律》还要轻一些。

在隋炀帝统治时期，又进一步采取了措施，以强化皇权，巩固政权，进一步缩小了门荫的范围，比较彻底地扫除了门阀制度的残余。

经济措施

隋朝统一南方后，将均田制与隋朝的赋税制度也同样推行到江淮地区。从税额上看，隋王朝实施的这一制度要比陈朝轻得多，这样就有利于

隋李静训墓出土的椭圆形琉璃瓶

恢复南方的社会经济，对巩固隋朝在当地的统治也十分有利。比如隋文帝早在开皇三年（公元 583）就把成丁的年龄从 18 岁提高到 21 岁，把服役期从每年 30 天减少到 20 天，又把调绢由一匹 4 丈减为 2 丈。此外，他还把征发徭役的期限放在冬季，即使发动战争也尽量放到冬天进行，以保证不误农时。这些改革措施在统一全国后，也同样推行到南方去。为了改变门阀士族对荫户的控制，隋文帝曾经两次大规模地推行"大索貌阅"和输籍之法，使政府控制的户口数增长很快。统一南方后，是否也进行过搜括户口的行动，史无记载，就一般情况分析，隋朝统一江南后，除了尽快建立政权外，整顿户籍是必须要做的事。只是由于规模不大，所以史书没有记载。根据记载，隋炀帝大业元年（公元 605），全国的户口达到 900 万。这个数据当然也包括原陈朝的户口在内，如果没有在当地进行过较彻底的清理整顿户籍制度，就不可能有准确的户口统计数据。隋王朝控制了大量的自耕农，扩大了税收来源，是其财政收入丰足的一个主要原因。

军事措施

隋朝在统一前，已对军事制度进行了改革。在府兵制的基础上设立了左右卫、左右武卫、左右武候、左右领、左右监门、左右领军等十二军府。

隋代金扣玉杯

炀帝时改称十二卫。十二军府是中央统领府兵的机关。南北统一后，隋文帝又于开皇十年（公元590）下诏规定："凡是军人，可悉属州县，垦田籍帐，一与民同。军府统领，宜依旧式。"即将府兵及其家属归入州县户籍，而府兵本人则保留府兵身份，由军府统领。这样就在制度上肯定了府兵制兵农合一的事实，把府兵制进一步地变成为兵民合一的制度。

隋文帝在隋初就已实行了在要害之地设立总管府和由亲王出镇控制地方的制度。隋朝在统一南方后，一度发生过江南豪族叛乱的事件，平定后，隋王朝对原有的大总管府进行了调整。以次子晋王杨广为扬州大总管，坐镇江都，负责江南地区的安全；以三子秦王杨俊为并州大总管，四子越王杨秀为益州大总管，后又以汉王杨谅为并州大总管，以代替杨俊。授予他们便宜行事之权，可不拘于律令行事。隋文帝这样做的目的，就是要加强对地方的控制，防止反抗中央的事发生，以巩固杨氏家族的统治地位。

宗教政策

隋文帝是通过篡夺的手段而取得政权的，为了巩固政权，除了采取种种政治、军事措施外，安抚和稳定人心也是必不可少的，利用宗教便是其中的手段之一。周武帝灭佛，引起广大僧侣和信徒的不满，在朝廷中也引起了争议。隋文帝杨坚执政以后，为了收买人心，早在周静帝大象二年（公元580），就已下令恢复了佛、道二教。开皇元年（公元581），即位之始，便诏告天下，"听任出家，仍令计口出钱，营造

隋代按盾武士俑

经像。"宋代学者宋敏求在《长安志》卷7中说："隋文承周武之后，大崇释氏，以收人望。"说的就是这个道理。隋文帝此举果然获得了很大的成功，得到了广大僧徒的拥戴，他们称此举是："上应帝命，下顺民心"；"修第一之果，建取胜之幢；拯既灭之文，匡已坠之典。"隋朝恢复佛教还有一个目的，这就是利用佛教为国家政治服务。据《续高僧传》卷27《灵藏传》载，隋文帝曾对僧人灵藏说："律师度人为善，弟子禁人为恶，言虽有异，意则不殊。"可见隋文帝把宗教灌输与政权力量均看成是巩固统治的相辅相成的两种手段。此外，隋文帝还要求佛教必须服从于皇权，他曾下诏说："朕位在人王，绍隆三宝，永言至理，弘阐大乘。"就是说他是以人王的身份来复兴佛教的，所以佛教必须具有皇权至上的观念。这就明确地告诉僧众要对他感恩戴德，为隋王朝的统治尽心竭力。隋炀帝作为

文帝的继承者，自然要继续这种政策，更何况其父崇佛也是为了巩固杨氏的统治，自己又何乐而不为呢？

隋文帝崇佛还有一个原因。据载，隋文帝出生于冯翊般若寺，被一个名叫智仙的尼姑抚养长大，并给他取名"那罗延"，意思是金刚不坏之躯。杨坚在寺院内一直长到13岁，才回到自己家中。由于文帝有这样的特殊经历，受佛教的影响自然很深。据王劭的《舍利感应记》载，文帝复兴佛教是受神尼的指示，"神尼智仙言曰：'佛法将灭，一切神明

麦积山隋代菩萨造像

今已西去，儿当为普天慈父，重兴佛法，一切神明还来。'其后周氏果灭佛法，隋室受命，乃兴复之。皇帝每以神尼为言，云我兴由佛，故于天下舍利塔内，各作神尼之像焉。"说神尼能预知周武帝灭佛和杨坚称帝，自然不可信，但也可以看出隋文帝借佛教神化自己的企图。"我兴由佛"云云，便是明证。隋朝对佛教的这种政策一直得到执行。隋炀帝也对佛教采取了同样的政策。他还接受过菩萨戒，法名"总持"，戒名"孝"。作为皇帝这在历史上还是不多见的。

隋文帝一生度僧20余万，修造佛寺无数，并下诏要天下各州均要建造一座舍利塔。他还广写佛经，并组织人翻译佛教经典。长安的大兴善寺译馆就是由他一手创建的。隋炀帝继承了这种政策，他一生共度僧尼16200人，仅在任扬州大总管时就装补旧经，并写新本，共612藏、29173部、903580卷，修治旧像101000躯，造新像3850躯，并建造了大量的佛寺、伽蓝，在洛阳上林园创立译馆一处，招集高僧翻译佛经。

隋开皇四年造鎏金铜佛像

营建大兴城

　　由于北周的都城仍然因袭了汉代所筑的旧长安城，在魏晋南北朝时期多次经过战乱的破坏，加之其地处龙首原北麓、渭河南岸，受这种地形的限制，难以进一步扩展，且地下水受到污染，所谓"水皆咸卤"。于是在开皇二年（公元582）六月，下令在龙首原及其南麓兴建新的都城。这里原面开阔，面积广大，便于从东西两面引水入城，解决城市用水的问题，

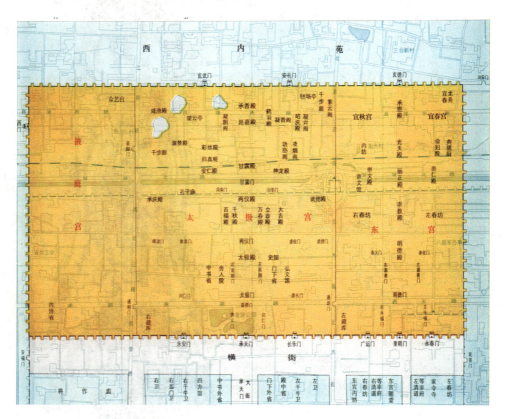

大兴宫（太极宫）图

且远离渭河，可以避免渭河洪水对都城的威胁。这项工程由太子左庶子宇文恺设计规划，高颍负责施工。新建的都城取名大兴城，唐朝建立后仍称长安城，即今西安市所在地。

由于工程浩大，杨坚统治时期仅完成了宫城、皇城、两市、里坊以及部分引水工程。隋炀帝大业九年（公元613）下令修筑外郭城，也没有全部完成。直到唐高宗永徽五年（公元654）才算基本完工，并在东、西、南三面外郭城的9个城门上修建了高大的城楼。唐玄宗开元十八年（公元730）继续修筑，至此彻底完成了这项伟大工程，遂使长安城成为世界上规模最大、人口最多的著名国际大都市。

这座城市分为宫城、皇城和外郭城三部分，其中宫城叫大兴宫，唐朝改名为太极宫，是供皇帝、皇室居住和处理朝政的地方，包括太极宫、东宫和掖庭宫，南北长1492.1米，东西宽2820.3米，周长8.6千米，位于大兴城北部中央。宫城正南门为广阳门（唐代称承天门），遗址在今莲湖公园内，东西残长41.7米，南北进深19米，有三个门道，门基铺砖或石板。皇城又叫"子城"，位于宫城之南，北与宫城以横街相隔。东西宽2820.3米，南北长1843.6米，周长9.2千米。皇城是中央官署和太庙、社稷的所在地。朱雀门是皇城的正门，北与广阳门遥相对应，南接朱雀大街，直达外郭城的正门明德门，是全城的中轴线。含光门是朱雀门西侧的一个门，其遗址保存比较完整，平面呈长方形，东西长37.4米，南北宽19.6米，门墩是以纯净的黄土板筑而成，包砌砖壁，包砖厚0.35米。门道两侧，各有排列整齐的青石柱础，东西对称，呈正方形，72～78厘米见方，柱础中间有一直径约10厘米、深10厘米的圆形榫眼，以立排柱，证明当年门楼是木结构的。如今西安市在含光门遗址上修建了博物馆，不仅可以供游客参观，而且还有效地保护了遗址。

大兴城的外郭城虽然在隋代没有完成，直到唐代才最后完成，但其基本规模却已于此时奠定了，因此其历史功绩还是应该肯定的。

隋代虞弘墓石雕宴乐图

隋文帝之死

争夺太子之位

隋文帝在取代北周，建立隋朝之始，就已册立其长子杨勇为皇太子。从开皇二十年（公元 600）起，命太子参决政事，杨勇有所决断，文帝也多能采纳。杨勇性格宽厚，率真无掩饰，文帝生活节俭，而杨勇却奢侈无度，引起了文帝的不满，对他多有训诫。文帝的皇后独孤氏生性妒嫉，连文帝都不能多纳嫔妃，而杨勇却喜好女色，这一点也引起了独孤皇后对他的不满。文帝生性猜忌，有一年冬至，百官皆赴东宫进贺，杨勇举乐受贺，这件事被文帝知道后，大为不满，下诏禁止。晋王杨广见太子失宠，遂产生了夺取太子之位的想法。他伪装节俭，投其所好，以讨文帝与皇后的欢心。皇帝与皇后每次派人到晋王府，杨广都与其妃萧氏亲自迎接，设宴款待，并赠以厚礼，于是皇帝与皇后身边的上下左右，无不交口称赞晋王仁贤。每当皇帝与皇后驾幸其府时，杨广遂将美姬藏匿起来，又将帷帐换成素缣，乐器的灰尘不令拂去，文帝见后还以为其不好声色，心中甚喜。杨广又诬陷太子曾向他下毒，欲害其性命，独孤皇后竟然深信不疑，

隋代虞弘墓椁壁浮雕献食图

于是下决心废黜杨勇，另立杨广为太子。此外，文帝对杨素十分宠信，于是杨广派人送去厚礼，劝其助己夺取太子之位。在这两人的内外夹攻下，终于使文帝下决心废去杨勇的太子之位，另立杨广为太子。开皇二十年十月，以太子杨勇贮藏兵器，多养良马，谋图不轨为由，废去其太子之位。次月，正式册立晋王杨广为太子。

文帝之死

隋文帝废黜先太子杨勇后不久，独孤皇后病死，太子杨广表面上哀痛

阎立本绘隋炀帝画像

异常，背地里却饮酒谈笑。蜀王杨秀英武有胆气，杨广担心将来会对自己不利，遂指使杨素诬陷杨秀，致使其被废为庶人。仁寿四年（公元604）四月，文帝患病，卧床不起。独孤皇后在世时，文帝受其制约，不敢多置嫔妃，其死后文帝遂宠幸宣华夫人陈氏、容华夫人蔡氏。当时文帝在仁寿宫（位于今陕西麟游县）养病，命尚书左仆射杨素、兵部尚书柳述、黄门侍郎元岩等入宫侍候。杨广与杨素暗通书信，被宫人误送到文帝手中，文帝大怒。七月，宣华夫人陈氏在更衣时，被太子杨广所逼，

陈氏不从，勉强脱身。回到寝宫，文帝见其神色慌张，问其何故，答曰"太子无礼"！文帝愤怒地说："畜生，何足付大事！独孤误我。"于是把柳述、元岩召来，命其起草诏书，废去杨广的太子之位，并召见杨勇。杨素急忙把这个消息通报给杨广，杨广矫诏将柳述、元岩抓起来，又派东宫军队包围了仁寿宫，禁绝内外交通。然后再命右庶子张衡进入寝宫，把文帝身边之人全部赶走，杀害了文帝。杨广就是用这种残酷的手段夺取了帝位，史称隋炀帝。接着他又指使人缢杀了废太子杨勇。炀帝弟汉王杨谅镇守河东，掌握重兵，负责防御突厥。炀帝即位后，杨谅举兵造反，失败后被幽禁而死。

隋炀帝其人其事

营建东都

隋炀帝即位不久，就于大业元年（公元 605）三月，下诏对东都洛阳进行大规模的宫建，命令尚书令杨素、纳言杨达、将作大匠宇文恺等共同负责，每月动用人夫 200 余万。这项工程实际上共分为三部分，一是新建了洛阳城，其规模是：外郭城周长 73 里零 150 步，所谓"西距王城，东越瀍涧，南跨洛川，北逾谷水"。宫城东西宽 5 里 200 步，南北长 7 里。宫门正南门曰端门，有一条大街，叫天津街，宽 100 步，直通罗城正南门，即建国门，这条街道全长 9 里，两旁种植有成行的樱桃、石榴，十分壮观。城中的里坊分布情况是：洛水南有 96 坊，洛水北有 30 坊，每坊周长 4 里，四面开门，临大街，皆为重楼。营建宫城时，由于所建宫殿过于高大，洛阳附近无法解决所需木材，必须从江西长途运来，一根大柱就需要 2000人拖拽，花费的人力、财力不计其数。

淮阴古运河

二是营建了显仁宫，位于洛阳西面的皂涧，规模十分宏大，所谓"苑囿连接，北至新安，南及飞山，西至渑池，周围数百里"。这座宫殿不仅规模宏大，而且奢华无比，史载：炀帝"发大江之南、五岭以北，奇材异石，输之洛阳。又求海内嘉木异草、珍禽奇兽，以实园苑。"

三是营建了西苑，又名芳华苑，苑墙周长126里，"北拒北邙，西至孝水，南带洛水支渠，谷、洛二水会于其间。"西苑内有一海，周长10余里，海中建有蓬莱、方丈、瀛洲三仙山，高出水面百余尺，山上建有楼台亭阁，穷极华丽。苑中还修有一条龙麟渠，将水注于海内，沿渠修建了十六院，院门皆临渠，每院以四品夫人主持，内有美女无数。炀帝喜欢在夜晚游苑，率宫女数千，并创作了《清夜游曲》，在马上奏之。

由于工程期限紧急，官吏督促甚急，役夫死者十分之四五，官府用来运载死丁的车辆，东至成皋，北至河阳，相望于道。可见死亡的人数之多。至于花费的财力更是不可计量。隋炀帝营建东都固然有关中粮食供给不足，且运输困难的原因，而洛阳居天下之中，便于对东部地区的控制，将其建成长安之外的又一个政治、文化中心是完全必要的。但是其营建显仁宫及西苑则完全是为了个人享乐，且不顾民众的承受能力，浪费了巨额的财力和物力，从而对农业生产的正常进行及社会稳定造成了极不利的影响。

扬州的古运河（一）

开掘运河

　　隋朝建立以来开掘了数条大规模的运河，具体地讲共分为五段。早在隋文帝开皇四年（公元584），文帝就命宇文恺率水工开掘了广通渠，从大兴城东到潼关引渭水入黄河，长300余里，以解决从关东运输粮食的问题。隋炀帝即位后，避炀帝讳，改名为富民渠，这是第一段。第二段是，大业元年（公元605），动员了役夫百余万，开掘了通济渠，从洛阳西苑引谷、洛水达于黄河，再从板渚引黄河水至荥泽入汴水，又从大梁东引汴水连通泗水，南下与淮河沟通。这样就大大缩短了南北的水路交通，有利于南方粮食及各种物资的运输，对南北经济与文化的交流发挥积极的作用。通济渠沟通了黄河与淮河两大水系，宽40步，渠边筑有御道，两旁种有榆、柳等树，从洛阳到江都全长2000余里，树荫不绝。第三段是，在大业元

隋运河图

年同时还开掘了山阳渎，自山阳至江都，凿通了古邗沟，直达长江，全长300余里，宽40步，这样就使淮水与长江连通起来了。第四段叫江南河，大业六年（公元610）开掘，自京口至余杭，全长800余里，宽10余丈，使长江与钱塘江连通起来了。第五段叫永济渠，大业四年（公元608）动员了役夫百余万开始挖掘，引沁水南达于黄河，即在沁水下游向东南开凿渠道，拦截沁水、淇水、清水，不使它们流入黄河而是流入白沟河（即今卫河），增加白沟的水流量，到达今天津市附近，再由白沟转入潞河，就可到达涿郡附近。因为这条运河的工程浩大，男夫不足，遂动员妇女服役，死亡人数颇多。这一段运河即北运河。

　　隋代所开掘的这几条运河，北至涿郡，南达余杭，沟通了黄河、淮河、长江、钱塘江等水系，贯通了中国的南北方，不仅便利了当时的交通，有利经济、文化的交流，而且在运河沿线兴起了许多商业城市，对社会经济的发展起到了积极的作用，使运河成为沟通中国南北的大动脉。这些运河的开掘主导者是隋炀帝，工程完工后客观上具有以上这些积极意义，但是由于工程浩大，督促甚急，役夫死亡甚多，加之隋炀帝主观上有修通运河，

扬州古运河（二）

满足个人巡游享乐的动机，因此对这些工程的评价必须要全面客观。

疏通丝路

　　丝绸之路自汉代开通以来，在沟通中西经济、文化交流方面发挥了重要的作用，但是自十六国、南北朝以来，由于中国的分裂动荡，丝路时断时续，并不畅通。隋朝重新统一中国后，尤其是隋炀帝时期，更加重视对西域的交流，从而在疏通丝路方面做出了一定的贡献。隋炀帝曾派吏部侍郎裴矩专门在张掖负责招徕西域商贾到内地交易。为了对西域诸国加深了解，裴矩曾根据对西域商人的访问，撰成了《西域图记》3卷，共记录了44国的山川、风俗、民族、服饰等情况。此外，还绘制了详细的西域地图，对关隘、道路的描绘尤为清晰，反映了从敦煌至西海（今地中海）的道路情况，所谓"凡为三道，北道从伊吾，中道从高昌，南道从鄯善，总凑敦煌"。裴矩还向炀帝建议遣使出使西域诸国。炀帝对裴矩的建议十分欣赏，因为种种原因虽然没有派出使者，但却升任其为黄门侍郎，继续在张掖负责通西域，招商贾之事。经过努力，西域商贾往来中国者颇多，所

交河古城——丝路上的重镇之一

谓"自是西域诸胡往来相继"。可见招商的效果还是不错的。大业五年（公元609），炀帝车驾到达张掖，下令召见高昌王及伊吾吐屯设前来朝见。当炀帝到达燕支山时，高昌王、吐屯设及西域27国使者迎接于道，吐屯设献西域数千里之地，炀帝大悦，置西海、河源、鄯善、且末等郡，发天下罪人为戍卒以守之。同时又命刘权镇守河源郡，大开屯田，防御吐谷浑，以保证西域道路的畅通。隋炀帝通西域虽有好大喜功，夸耀富强的心理，但客观上却起到了沟通中西交流的作用，为唐朝经营西域开了先河，奠定了基础。

修驰道与筑长城

隋炀帝为了北巡的方便，动员民夫10余万开凿太行山，修通了从河北至并州（今山西太原）的驰道。又修筑了从今内蒙古准格尔北至和林格尔北再到今北京的道路，全长3000里，宽100步。又沿运河修筑了御道，

古长城上的烽火台

两旁种上了柳树。隋朝前后共 7 次修过长城，其中隋文帝时修了 5 次，炀帝时修了 2 次，前后动员的人力达一百几十万，死者十之五六。以隋炀帝所修的两次规模最大，所动员的人力最多，仅大业三年（公元 607）这一次就动用了民夫百余万人，修筑了西距榆林（今内蒙古准格尔北），东至紫河（今内蒙古境内的浑河）段的长城。隋朝所修的长城均在北部边境一带，主要是为了防御突厥的侵扰。然这一时期突厥对隋朝的威胁并不大，双方还建立了和亲关系，在施工中由于工期紧急，加上疾病饥饿的折磨，死亡人数过多，得不偿失。

征伐高丽

在隋文帝时期曾经也征讨过高丽，原因是高丽在开皇十八年（公元 598）出动万余骑进攻过辽西，被隋朝的营州总管击退。文帝闻讯大怒，随即出动 30 余万军队反击，由于粮运不继，只好罢兵而归。隋炀帝曾对高丽先后发动过三次大规模的讨伐，其原因主要是：一、高丽利用南北朝分裂动荡、辽东空虚、中原王朝无暇北顾之机，出兵强占了辽西这一中国固有的领土，隋朝出兵征伐高丽有收复失地的目的。二、高丽对中原王朝采取敌视的态度，隋朝刚刚灭陈，高丽得知这一消息，马上整修城防、兵械，整顿军队，积极做好防御隋朝的准备。又不顾隋朝警告，出兵进攻与隋朝友好的百济国。此外，高丽还主动联络突厥，希望建立联盟，共同抗隋，炀帝北巡时曾在突厥启民可汗处见到过高丽使者。三、隋炀帝好大喜功，遂借口高丽王不愿入朝朝见，继续采取敌视隋朝的政策，发动了进攻高丽的大规模战争。

隋炀帝第一次进攻高丽是在大业七年（公元 611），出动 1133800 人的军队，号称 200 万，动员民夫是军队的两倍以上，结果失败而还。第二次是在大业九年（公元 613），由于杨玄感在黎阳举兵反隋，围攻东都，迫使炀帝从前线退军以平定叛乱，致使这次征伐又一次流产了。第三次是在大业十年（公元 614），炀帝亲至涿郡、辽西督战，因为这时全国已经爆发了反隋的农民起义，所征之军也多未到达前线。再加上常年作战，高丽

高丽壁画——《攻城甲骑图》

戴胄穿明光甲的隋代武士图

国小力疲，遂上书炀帝请降，炀帝罢兵而还。隋军退后，召高丽王入朝，高丽又反悔不来，炀帝大怒，还想出兵再攻，由于这时农民起义军的势力已愈来愈强，国内形势发生了很大的变化，隋炀帝已经无力再度出兵了。

隋王朝的灭亡

隋末农民起义

　　隋炀帝的倒行逆施，极大地激化了社会矛盾，人民群众走投无路，纷纷揭竿而起，反抗隋朝的残暴统治。早在炀帝征伐高丽之前，在大业六年（公元610）就爆发过数次小规模的农民起义，由于此时隋朝统治尚比较稳固，所以这些起义很快就被镇压下去了。征伐高丽的战争迅速激化了社会矛盾，大业七年（公元611），齐郡邹平人王薄在长白山（今山东邹平南）率众发动了起义，从而揭开了隋末农民大起义的序幕。王薄作了一首《无向辽东浪死歌》，鼓动农民起来反抗隋朝的残暴统治。在这次起义的影响下，河北、山东一带的农民纷纷举行起义，接着全国各地也爆发了规模不等的起义，四处打击隋朝的官吏。从大业九年（公元613）起，起义的规模越来越大，也越来越频繁，到大业十年时，逐渐发展成为几支规模较大的力

隋唐时期甲胄图

量。一支是翟让领导的活动于河南地区的瓦岗寨农民起义军，一支是窦建德领导的河北农民起义军，另一支便是杜伏威领导的江淮农民起义军。这几支起义军实力都非常强大，各自拥众数十万人，战斗力较强，对隋朝统治的打击也最为沉重，歼灭了大量的隋军有生力量，基本动摇了隋王朝的统治基础。除此之外，还有一些规模大小不等的起义军，如在今江苏泰州一带的李子通，今江西一带活动的林士弘，今陕甘北部一带活动的梁师都，今山西北部活动的刘武周，在今甘肃中东部活动的薛举，今河西一带活动的李轨，两湖地区的萧铣、割据于江浙一带的沈法兴等。这些义军的首领有不少为隋朝原军官或者官吏，他们利用隋末天下大乱之机，举兵起义后

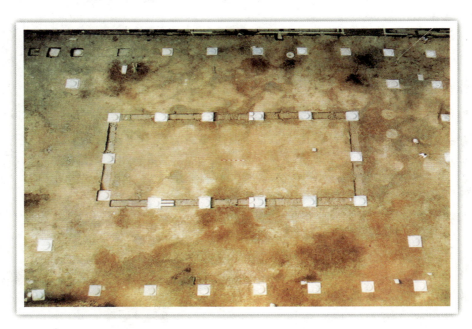

隋仁寿宫 37 号殿发掘遗址

形成了新的割据势力，称王称帝，但在客观上也起到了打击和削弱隋朝军事力量的作用。至大业十三年（公元617）时，隋朝的统治范围仅限于长安、洛阳、江都、建康等一些城市，其统治全面崩溃的时期日益临近。

隋朝的覆亡

面对全国各地纷纷而起的义军，隋炀帝在东都洛阳惊慌失措，大业

十二年（公元616）七月，他率领数万精锐军队浩浩荡荡开向江都（今江苏扬州）。在此之前，曾有一些官员向他进言，劝他尽快返回西京大兴城，反对其躲往江都，但隋炀帝一意孤行，听不进去正确的意见，进言者或杀或关。隋炀帝之所以要到江都去，目的在于避开北方强大的农民起义军，躲到江都苟延残喘。如果局势继续恶化，则迁都到建康去，妄图割据江南，偏安一隅。实际上这只是隋炀帝一厢情愿的想法，因为江南一带也不安宁，各种反隋势力无所不在。炀帝临离开东都时，命令其孙越王杨侗留守东都，代王杨侑留守西京大兴城，当时越王杨侗年仅十四五岁，代王杨侑年龄更小，仅仅十三岁，因此又留下一些大臣辅佐二王。一切安排妥当后，炀帝率皇后、嫔妃和部分大臣乘龙舟顺运河逃往江都。到达江都后，隋炀帝自知形势不妙，遂更加放荡自任，每日与皇后、嫔妃饮酒作乐，不问政事。

隋仁寿宫37号殿柱石

形势发展到大业十三年时，江都周围受到农民军的包围，连粮食供应都成了问题。在这种情况下，随同炀帝前往江都的禁军由于大都是关中人，长期停留在江淮地区，思乡情绪进一步滋长，人心更加不稳。于是一些禁军将领联合许国公宇文化及，在大业十四年（公元618）三月，发动兵变，攻入宫中，缢死了隋炀帝。

早在隋炀帝生前，留守在西京大兴城的代王杨侑，在唐国公李渊攻破城池后，被立为皇帝，史称隋恭帝，而遥尊炀帝为太上皇。炀帝被杀后，李渊遂废去恭帝，自立为皇帝。留在东都的越王杨侗被王世充等人拥立为皇帝，建元皇泰，史称皇泰主，实际上是王世充的傀儡。不久，王世充废去了皇泰主，自立为皇帝，国号郑。至此，隋王朝彻底灭亡，从公元581年始，至公元618年止，历时38年时间。

隋仁寿宫的水井

附录：隋朝帝王一览

文帝杨坚　　公元581—604

炀帝杨广　　公元605—618

繁荣昌盛的大帝国
唐 朝
（公元 618—907）

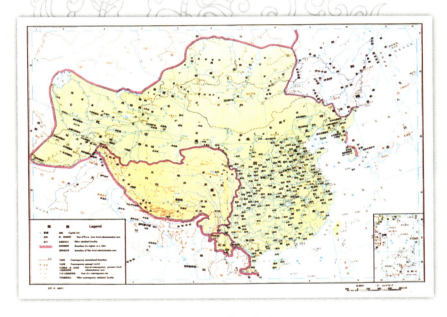

唐朝时期疆域图

　　唐朝建立后，遂把隋大兴城改名长安，并继续作为都城。唐对长安的建设主要表现在如下方面：首先，彻底完成了外郭城修筑工程，并给各城门修建了高大宏伟的城楼；其次，兴修了两座宫殿群，即大明宫与兴庆宫；再次，把曲江开发为风景名胜区，这里自秦汉以来就建有离宫别馆，唐在前代的基础上增建了宫馆，扩大了水域，完善了游乐设施，使其发展成为著名的旅游风景区；最后，兴建了许多佛寺、道观及其他外来宗教的寺庙，从而使长安成为全国的文化与宗教中心。

唐朝前期的历史

李渊太原起兵

李渊与隋炀帝是姨表兄弟关系，均属于关陇集团的重要成员，自称郡望为陇西李氏，是西凉武昭王李暠的后裔。后世学者多认为其是陇西李氏的假冒牌。其祖父李虎在西魏时为统率府兵的八柱国之一，北周建立后追封李虎为唐国公，由李渊的父亲李昞承袭，这就是唐朝国号的来源。李昞的妻子独孤氏是八柱国之一的独孤信的第四女，独孤信的第七女即为隋文帝杨坚的皇后，其长女为北周明帝宇文毓的皇后。李渊在隋朝袭封唐国公，隋末任太原留守。因此，李氏一族在西魏、北周、隋朝时期，久盛不衰。

唐高祖画像

李渊在担任太原留守期间，曾出兵镇压过山西地区的农民起义。当隋炀帝逃往江都后，形势急转直下，李渊看到隋朝的统治马上面临土崩瓦解，遂决定起兵夺取关中，建立政权。大业十三年（公元617）五月，他杀死了太原副留守王威、高君雅，招兵买马，聚集了数万人马。为了保证向关中进军时后方的安全，李渊派人向突厥称臣，突厥出兵500人、马2000匹，表示对李渊的支持。七月，李渊率军3万向关中进发，一路上势如破竹。他分兵两路，分别命长子李建成、次子李世民统率，沿途招徕人才，收集部众，势力发展很快。李渊在关中的亲属，如叔伯兄弟李神通、女儿平阳公主、另一女婿段纶等纷纷起兵响应，当李渊的军队包围大兴城时，已经拥众20余万了。十一月，李渊大军攻克大兴城，立隋炀帝的孙子代王杨侑为皇帝，自称大丞相、唐王。炀帝在江都被杀后，次年五月，李渊废隋帝，自己做了皇帝，国号唐，改大兴城为长安，建元武德。我国历史上著名的大唐帝国自此建立起来了。

西安——昔日的唐都长安

扫平割据，统一全国

唐朝刚建立时，其势力仅限于今陕西关中及山西中南部一带，周围割据势力林立，不仅对新生的唐王朝构成了很大的威胁，而且也阻碍了国家的统一。从武德元年（公元618）起，唐朝就开始了削平割据势力的斗争，陆续扫平了割据陇右的薛举、河西的李轨、内蒙古的梁师都、河南的王世

敦煌唐代壁画中的战争场面

充、河北的窦建德、河东刘武周、宋金刚以及割据荆湖的萧铣等，迫使割据江淮的杜伏威归降。随后又平定了窦建德余部刘黑闼和杜伏威旧部辅公祐的反叛，迫使割据岭南的冯盎归顺。至武德六年（公元623）时，唐朝已经基本统一了全国，稳固了统治地位。在平定割据、统一全国的过程中，秦王李世民的功劳最大，除少数几个外，绝大多数的割据者都是其率军亲自平定的，从而建立了很高的威信，壮大了其个人势力，为其后来夺取帝位奠定了坚实的基础。

玄武门之变

唐朝建立后，唐高祖李渊即立长子李建成为太子，其余诸子皆封为王，其中李世民为秦王，李元吉为齐王。由于李世民功大，除了封王外，在武德时期他还担任了天策上将、太尉、尚书令、陕东道大行台尚书令、益州行台尚书令、雍州牧、蒲州都督、领十二卫大将军、中书令等职。李世民正是凭借这些职务和在长期战争中扩充的军事实力，逐步创造条件，夺取了皇帝宝座。由于李世民势力很大，对太子李建成的地位形成了很大的威胁，为了对付李世民，李建成遂与齐王李元吉联合起来，从而在朝中形成了阵线分明的两大阵营。由于在两方的斗争中，唐高祖明显偏袒李建成一

唐太宗昭陵六骏之一白蹄乌

方，于是李世民便决定发动政变夺取帝位。武德九年（公元626）六月四日，李世民伏兵于太极宫玄武门外，在李建成与李元吉入宫之时，出其不意，突然对其发动袭击，一举杀死了二人，然后派兵入宫，威逼唐高祖册立自己为太子。两个月后，唐高祖退位当了太上皇，李世民登基当了皇帝。

唐太宗画像

李世民之所以能够成功地发动政变，一是双方实力不对等，李世民拥有较强的潜在军事实力、人才和政治优势，为军民所拥戴，就连当时尚为对立派的魏徵也说："秦王功盖天下，中外归心，殿下（指李建成）但以年长位居东宫，无大功以镇服海内。"所以李世民发动政变，夺取政权，当时人并没有认为有何不妥。二是李世民成功地收买了原本属于李建成的亲信玄武门守将常何，使李建成等不加提防地前往玄武门，结果死于非命。三是唐高祖、李建成等都没有料到政变会如此迅速地爆发，事先无任何防备，事件的突然性也是李世民得以成功的一个条件。

李世民即位后，改元贞观，李世民即历史上著名的唐太宗。

唐太宗与天可汗

征服东突厥

突厥民族在隋唐时期分为东西两部分，其中西突厥远在西域，对唐朝威胁最大的是东突厥汗国。武德九年（公元626）八月，唐太宗刚刚即位，突厥大军就攻到了渭水便桥之北。唐太宗亲自率军抵御，最终双方达成和解，但唐朝却付出了沉重的代价，赠送给了突厥大量的金帛。由于突厥连年入侵，对唐朝造成了很大的威胁，如何解除突厥的威胁成了唐太宗必须要解决的重要问题。自从突厥渭桥退兵后，唐太宗励精图治，发展生产，训练军队，积极备战，决心早日消除边患。贞观四年（公元630），太宗命李靖为统帅，率军直攻突厥颉利可汗牙帐，颉利没有料到唐军突然到达，惊慌失措，仓皇向碛口逃去。这时另一路唐军在李勣率领下，在白道（今内蒙古呼和浩特西北）截击突厥，这里是通往阴山以北的要道，突厥军突遭截击，军队溃散，除颉利率残部逃往铁山外，余众5万人投降了李勣。颉利无奈只好向唐朝请降，但却又心怀两端，李靖利用其疏于防范之机，率军突然袭击，斩首万余，俘获男女10余万人，牛羊杂畜数十万头。颉利只身逃往灵州，想从这里再逃往吐谷浑，被当地小可汗苏尼失抓获献给了唐朝。至此对唐朝威胁最大的东突厥汗国便灭亡了，解除了北部边疆的外来威胁，有利于社会的稳定，保证了经济的顺利发展。

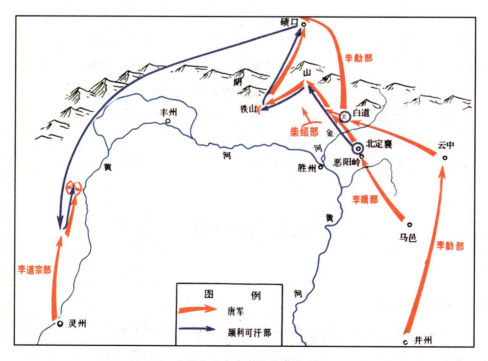

唐军击灭东突厥作战示意图

平定吐谷浑

吐谷浑是我国一个古老的民族，当时主要活动于今青海一带。太宗时期吐谷浑一边派使者到长安向唐朝示好，一边却出兵侵扰唐朝的边境。最为严重的是，吐谷浑还扣留唐朝使者，威胁丝绸之路的安全。为了保证边境及丝路的安宁，唐太宗决定用军事手段解决吐谷浑的问题。贞观八年（公元634）六月，太宗命段志玄、樊兴等率军进攻，大败吐谷浑军队，深入其境追击800里而返。十二月，又命李靖为统帅，率侯君集、李道宗、李大亮、李道彦等将，分道出击，向吐谷浑发动了大规模的进攻。吐谷浑难以抵御，烧掉野草，退入戈壁深处，妄图使唐军知难而退。唐军兵分两路，穷追不舍，在曼头山、牛心堆等地大败吐谷浑军，又在乌海（今青海兴海西南苦海）追上吐谷浑主力并歼灭之，其王伏允逃向突伦川（今塔里木盆地南部）。唐军并没有就此撤军，越过茫茫沙漠，终于将伏允妻子俘获，缴获杂畜20余万头，只有伏允本人脱逃，不久被其部下所杀，其子慕容顺率残部投降唐朝。太宗册立慕容顺为王，其死后又册立其子诺曷钵为王，派军队帮助其平定内乱，并把宗室女弘化公主嫁与

李靖画像

李勣画像

唐朝

325

白磁胡人头像

其为妻。从此吐谷浑归顺唐朝，年年朝贡，从而保证了丝绸之路河西走廊段的顺畅，同时又对吐蕃的扩张起到了一定的遏制作用。

薛延陀的灭亡

薛延陀为铁勒的别部，隋唐时期长期受突厥的压迫，势力发展受到极大的约束，东突厥灭亡后，其原居地空虚，薛延陀乘机东移，从今蒙古鄂尔浑河上游的杭爱山迁到了今蒙古土拉河之南。这时的薛延陀拥有精锐骑兵 20 余万，成为唐朝北方继东突厥之后的又一个大国。自贞观五年（公元 631）起，薛延陀年年向唐朝朝贡，表面上双方的关系比较平静。贞观十五年（公元 641），唐太宗欲到泰山封禅，车驾及百官已经到了洛阳。

唐代胡人俑头像

薛延陀认为唐太宗封禅，边防空虚，于是便出动大军 20 万越过阴山，进入漠南，已经归顺唐朝的突厥李思摩部无力抵抗，遂退入长城，向唐朝求救。唐太宗派出五路大军出击，双方在诺真水（今内蒙古艾不盖河）决战，结果薛延陀大败，元气大伤，只好向唐朝谢罪求和。此后双方虽然冲突，但规模都不大。贞观二十年（公元 646），太宗再次出动数路军队进攻薛延陀，俘获了其可汗，灭亡了薛延陀。这年八月，李道宗所率的唐军歼灭了薛延陀最后一支残余力量，铁勒诸部纷纷归降了唐朝，从而使唐朝的北方边患彻底解除了。

设置安西四镇

唐朝在征服了吐谷浑后，丝绸之路仍然时断时通，根本原因就在于高昌国。当双方关系和好时，丝路就畅通，交恶时则阻塞，而决定高昌态度取向的却是西突厥。高昌国（今新疆吐鲁番）地处丝路要冲，长期以来享受了丝路贸易带来的经济利益，但其在政治上却投靠了西突厥，与唐朝的

高昌故城内景

关系并不和睦，并且出兵攻击归顺唐朝的焉耆、伊吾等国，还掠夺途经该国的西域朝贡使者，这一切都使唐朝不可忍受。唐太宗曾派人严厉谴责高昌，但高昌王自以为有西突厥为靠山，并认为唐朝距高昌道路遥远，地无水草，不可能长途跋涉进行攻击，故对唐朝采取不加理睬的态度。此事更加激怒了唐太宗，于是在贞观十四年（公元640）派大将侯君集率大军进攻高昌，西突厥却畏惧不敢救援，高昌无力抵御，只好投降了唐朝。唐太宗在高昌设置了西州，并派官员和军队驻守。

唐庭州南城墙遗址

灭亡高昌后，唐朝在可汗浮图城设立庭州，然后又在交河城（今新疆吐鲁番西北）设置了安西都护府，任命郭孝恪为都护。此举使唐朝在西域扩大了版图，建立了桥头堡，并使丝路交通更加畅通。此后，唐朝陆续平定了焉耆、龟兹诸国，争取了疏勒、于阗等国归顺，打击了西突厥在西域的势力。为了加强对西域的控制，太宗又把安西都护府迁到了龟兹，下辖龟兹、疏勒、于阗、碎叶等四镇，有效地控制了天山以南广大地区，有利于丝路的畅通，为唐朝在西域的进一步发展奠定了坚实的基础。

文成公主入藏

唐朝初年，在松赞干布的英明领导下，吐蕃统一了青藏高原上的许多部落，其民族逐渐强大起来了。松赞干布非常羡慕唐朝的先进文明，曾派人入唐求婚，太宗没有答应，于是他便派军队进攻唐朝的松州，被唐军击败，只好退军并谢罪。贞观十四年（公元 640），他再次派其大相禄东赞到长安求婚，并带去了许多礼物，这一次唐太宗答应了婚事，把宗室女文成公主嫁给了松赞干布。次年正月，太宗命江夏王李道宗为使，送文成公主入藏。松赞干布听到消息后，亲自到柏海（今青海鄂陵湖与扎陵湖）迎接公主。文成公主入藏带去了大量的书籍，包括生产技术、卜筮、医学、历史、文学等方面的书籍，同时还带去了各种生产工具和医疗器械、种子等，还有大批的各类工匠也随之入藏，从而对吐蕃的经济、文化发展发挥了重要的

阎立本《步辇图》中的禄东赞形象

西藏大昭寺内的文成公主入藏壁画

作用。文成公主入藏时还带去了一支乐队，其遗留至今的乐器就有50多件，保存在拉萨大昭寺中，对丰富吐蕃的音乐起到很大的作用。文成公主在吐蕃生活了40年，于唐高宗永隆元年（公元680）病逝。

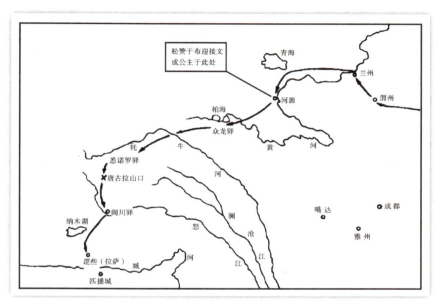

文成公主入藏路线图

文成公主入藏经过的日月山

伟大的天可汗

　　唐太宗在灭亡薛延陀之后，声威大振，北方诸族纷纷要求归顺唐朝。于是，太宗在贞观二十年（公元 646）北上到达泾州（今陕西泾阳），接受诸族的朝拜。当时回纥、拔野古、同罗、仆骨、阿跌、契苾、多滥葛等 11 个部族各遣使者入贡，表示愿意归命于天子，并要求唐朝在其地设置官署，任命官员。太宗大喜，设宴奏乐款待各族使者，赐予官爵，并给其酋长分别赐予玺书。这年九月，太宗到达灵州（今宁夏吴忠西南），诸部酋长遣使到达者达数千人之多，都表示愿意尊唐太宗为天可汗，子子孙孙为天可汗奴，死无所恨。太宗接受了这一称号，并咏诗曰："雪耻酬百王，除凶报千古"。下令刻石立于灵州。从此，天可汗便成为边疆各族称呼唐朝皇帝的一种尊称。

唐墓壁画——《客使图》

贞观君臣与贞观之治

房谋杜断

房玄龄（公元578—648）与杜如晦（公元585—630）都是李世民当秦王时收罗的人才,在李世民扫平割据、发动玄武门之变中,他们出谋划策,建立了很大的功勋。李世民当了皇帝后,他们两人担任宰相之职,辅佐太宗治理国家,在制定法律,建立典章制度,监修国史,收罗人才,发展经济等各个方面,都做出突出的贡献。史载:"天下新定,台阁制度,宪物容典,率二人讨裁。……二人相须以断大事,迄今言良相者,称房杜焉。"由于房玄龄善于谋划,杜如晦善于决断,所以后人以"房谋杜断"四字形容两人相互配合,精心治理国家的情况。

房玄龄画像

杜如晦画像

谏臣魏徵

魏徵（公元580—643）,字玄成,曾参加过瓦岗起义军,入唐后任太子洗马,原本是唐太宗的政敌太子李建成的旧部。玄武门之变,李建成被杀,李世民知道魏徵是一个人才,遂把他纳入自己的集团中。李世民即位后,魏徵先后充任谏议大夫、秘书监、侍中、太子太师等职,为辅佐唐

魏徵画像

太宗治理国家，促成贞观之治的形成，做出了很大的贡献。魏徵在历史上以性格刚直、才识超卓、敢于犯颜直谏而著称。作为太宗重要的辅佐之臣，他曾恳切要求太宗使他成为对治理国家有用的"良臣"，而不要使他成为对皇帝一人尽职的"忠臣"。每次进谏，虽因语言激切，激怒太宗，但他却神色自若，毫不动摇，使太宗也为之折服。他曾先后进谏200多次，劝诫唐太宗以历史的教训为鉴，励精图治，任贤纳谏，无一不被采纳。其重要的言论被收入唐人王方庆所编《魏郑公谏录》和吴兢所编《贞观政要》两书中。此外，魏徵还主持修撰了《隋书》，并为《北齐书》《梁书》《陈书》等书撰写了总论。

贞观之治

所谓"贞观之治"，是指贞观时期（公元627—649）在唐太宗君臣的共同努力下，在政治、经济、文化等方面所取得的显著成就。具体地说主要表现在如下方面：其一，在政治上唐太宗任用了一大批贤臣能臣，鼓励进谏，虚心纳谏，使得贞观时期政治清明，社会稳定。其二，在经济上实行轻徭薄赋，发展生产的政策。经过努力，不仅使社会生产恢复并且还有所发展，物价稳定，斗米数钱，人民安居乐业，从而为唐朝盛世的到来，奠定了良好的基础。其三，在文化典制方面，制定了《贞观律》，完善了法律体系；尊崇儒学，编撰了《五经定本》和《五经正义》，有利于学生学习和在科举考试中统一录取标准；在二十四史中，贞观时期编撰完成的就有六部，即《晋书》《周书》《北齐书》《梁书》《陈书》和《隋书》，并且建立了史馆制度；健全了礼乐制度，编制了《贞观礼》，健全了雅乐和燕乐体系；书法、绘画等方面发展很快，在国子监中设置了书学，专门培养书法人才。其四，实行了社会开放政策。魏晋南北朝时期由于中国战乱不息，丝路阻塞，对外交流处于停滞状态，武德时期由于忙于扫平割据，还谈不上发展对外关系。唐太宗疏通丝路后，使得唐朝对外交流明显加快，开了盛唐时期中外经济、文化交流繁荣的先河。

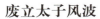

魏徵墓

废立太子风波

唐太宗即位不久，遂立长子李承乾为皇太子，然李承乾却是一个纨绔子弟，亲近小人，胡作非为，游乐不息。太宗的第四子魏王李泰见有机可乘，便拉拢了一些朝臣，积极进行活动，希望能被立为太子。为了保住自己的太子地位，李承乾组织了一个政治小集团，不仅企图加害于李泰，甚至妄图害死其父唐太宗。阴谋败露后，唐太宗于贞观十七年（公元643）废去了李承乾的太子地位，准备立魏王李泰为太子。但是以宰相长孙无忌为首的一批朝臣反对立李泰，主张立第九子晋王李治为太子。唐太宗经过慎重考虑后，提出凡争当太子者，皆弃而不立，不能开这样一个不好的惯例，于是决定放弃李泰，改立李治为皇太子，从而平息了废立太子的风波。

唐太宗之死

贞观二十三年（649年）五月，雄才大略的唐太宗死了。唐太宗死时年仅53岁，正是年富力强的时期，为什么会突然死亡呢？唐太宗本来患有"气疾"，但是对健康影响并不大，从其晚年经常外出狩猎，就可说明这一点。废立太子的事件对他精神上打击颇大，尤其是征伐高丽的战争失败，使他郁郁寡欢，生了一场大病，几乎丧命。经过治疗病情虽然稳定，但身体状态已大不如以前了。在这种情况下，唐太宗转而迷信于金石丹药之类，希望能够借助这些药物，使自己长生不老。这时有一个被王玄策俘获的天竺国人，自称已经活了200岁，精通长生之术，于是太宗对他深加礼遇，命其制造延年之药。太宗服了其药之后，非但没有减轻病情，反而导致病情突然加剧，腹泻不止，御医束手无策，死在了长安郊外的翠微宫中。太宗死时，遗命太子李治即皇帝位，史称唐高宗。

唐阎立本绘——《步辇图》局部

唐高宗与女皇武则天

唐高宗画像

唐高宗改立皇后

唐高宗李治（公元628—683），唐太宗第九子，其母长孙皇后。唐高宗在位共34年时间。在其统治期间，唐朝的社会继续了贞观以来的发展趋势，人口增加，社会稳定，疆土有所扩大。但是在家庭生活中却频频出现问题，其妻王氏本是太宗在其为晋王时所娶，即皇帝位后被册立为皇后，可是不久却闹出了废黜皇后的事件。原来太宗身边有一位才人武媚娘，早在太宗生前就与太子李治关系密切，太宗死后

被送到感业寺为尼。这一时期王皇后正与萧淑妃争宠，为了分去高宗对萧淑妃的宠爱，便同意将武媚娘从感业寺接回宫中。武媚娘回宫后，被册封为昭仪，深受高宗的宠爱，虽然夺去了萧淑妃的宠爱，但王皇后却更加失宠了。在这种情况下，王萧二人便联合起来，共同对付武媚娘。武媚娘并非等闲之辈，她并不仅仅满足于一个昭仪的地位，还想进一步夺取皇后之位。唐高宗虽然也想立武媚娘为皇后，但朝中元老重臣尤其是其舅父宰相长孙无忌坚决反对废黜皇后，使其想法不能实现。为了促使高宗下决心废黜皇后，武媚娘甚至不惜害死自己的亲生女儿，然后再嫁祸于王皇后，终于使高宗下决心废黜皇后。事有凑巧，王皇后欲以厌胜之术除去武媚娘，事泄后正好授人以把柄，高宗以此作为废黜其皇后之位的主要理由。高宗还借故将一些元老重臣相继贬出朝廷，如柳奭、褚遂良等，然后在另一元老重臣李勣以及李义府、许敬宗、崔义玄等的支持下，终于把王皇后与萧淑妃废黜，另立武媚娘为皇后，史称武则天。

武则天临朝听政

武则天画像

唐高宗与武则天共生了 4 个儿子，长子李弘、次子李贤、三子李显、四子李旦。不过高宗还有 4 个儿子，为其他嫔妃所生，其中长子李忠早在武则天入宫前已被立为太子。为了使自己的儿子当上太子，必须先废去李忠的太子之位。她指使许敬宗上表请求改立太子，李忠也知道自己的太子地位早晚不保，不如主动让位，可以保全性命。于是在显庆元年（公元 656）李忠被废，另立武则天的儿子李弘为太子。不过李弘 24 岁时因病死亡，一说被武则天毒死。次子李贤被立为太子后，又遭到其母陷害，罢黜后武则天派人将其害死。这样在唐高宗死后便只能由第三子李显继位了。嗣圣元年（公元 684），李显刚刚即位一个多月，便被武则天废去皇帝之位，贬为庐陵王，于房州安置。另立第四子李旦为皇帝，居于别殿，不许过问政事，实际上只是一个傀儡，于是武则天便可以临朝听政了。李旦虽然只是一个傀儡，但武则天对他并不放心，对拥戴他的朝臣或杀或贬，连李旦的嫔妃也不放过。李旦的皇后刘氏与德妃窦氏被武则天召入宫中，从此杳无音信，活不见人，死不见尸。窦氏是唐玄宗的生母，唐玄宗即位后，追尊其为皇太后。

武则天改唐为周

武则天是一位颇有野心的人物，她并不满足于皇太后的地位，还想取代唐朝统治，登上皇帝的宝座。武则天的野心引起了不少人的反对，除了朝中一些大臣明确要其还政于皇帝外，举兵反对的主要有两支力量，一支是李唐宗室诸王，另一支便是李勣的孙子徐敬业了，但最后均以失败而告终。为了扫除反对派的力量，除了军事手段外，武则天还推行酷吏政治，随意杀戮宗室和朝臣，致使许多人死于非命。为了表明自己争当女皇符合天意，她指使人在一块白石上刻了"圣母临人，永昌帝业"八个字，称之为宝图，让人献给了武则天，谎称来之于洛水。武则天为此举行了隆重的拜洛受图仪式，为称帝大造舆论。此外，武则天还利用佛教为自己称帝服务，因为在中国历史上还没有女子称帝的先例，而儒家与道教思想中均没有可以利用的内容，但是佛典中却有女子可以称王的说法，这是武则天重视佛教的一个重要原因。佛教的《大云经》中就有女子称王的记载，于是武则天指使男宠薛怀义散布太后乃弥勒下生，当为阎浮提（人世间）主。此外还有一些和尚也纷纷散布类似的言论，并向武则天进献《大云经》，于是武则天下令天下诸州各建一所大云寺，收藏《大云经》。她还指使人为《大云经》撰疏，进一步发挥女子称王这一思想，使其得以广泛地传播。在进行了一系列的准备后，武则天终于要粉墨登场了，她先命人组织了大规模的臣民请愿活动，力请武则天顺应天意、民情，登上皇帝宝座。然后她才于天授元年（公元690）九月九日，宣布改唐为周，登上了向往已久的皇帝宝座。

乾陵六十一蕃臣石像

神龙政变始末

神龙元年（公元705）正月，年事已高的武则天卧病在床。武则天当上皇帝时，就把李旦从皇帝降为皇嗣，圣历元年（公元698）在宰相狄仁杰等人的极力主张下，从房州接回了庐陵王李显，并被立为太子，李旦又被降为相王。李显重新被立为太子，表示武则天最终要把帝位还给李氏家族，但是漫长的7年时间过去了，仍然不见任何让位的迹象，从而使得忠于唐室的一些文武官员难于忍受。此外，这一时期武则天宠信张易之、张昌宗兄弟，二张的势力发展很快，一批朝臣依附于他们。他们卖官鬻爵，欺压百姓，强占民田，草菅人命，飞扬跋扈，树立了很多对立面，朝中气氛十分紧张。于是以宰相张柬之为首的一批朝臣与太子李显、相王李旦、太平公主等李唐宗室联合起来，同时还动员了一批禁军将领参与其中。这时由于武则天久病卧床，宫中与外界不通音讯，只有二张在她的身边，政变者抓住这个时机，以诛杀二张为名，发动禁军攻入宫中，杀死了二张，迫使武则天交出了权力，李显重新即位，恢复唐国号，李显即唐中宗。

武则天退位后，居于洛阳上阳宫，被严密监管起来。武则天自失去政权以来，心情郁郁寡欢，病情进一步加重，同年十一月二十六日，终于走完了她的人生历程，终年82岁。次年五月，合葬于唐高宗乾陵。

武则天与唐高宗合葬墓——乾陵

混乱的中宗、睿宗时期

昏庸的中宗

唐中宗李显是一个昏庸无能的皇帝。他重新即位后，放纵皇后韦氏与女儿安乐公主胡作非为。韦氏与武三思勾结，卖官鬻爵，专断朝政，诛杀功臣，迫害太子李重俊。李重俊终于忍无可忍，于景龙元年（公元707）七月联合左羽林大将军李多祚等，假称奉诏，率左羽林军300余人冲入武三思的府邸，杀了武三思，随即又包围了皇宫，索要韦后和安乐公主。韦后闻变，挟持中宗登上玄武门门楼，调兵镇压。李重俊率军攻到玄武门前，中宗对军士宣布李重俊谋反，于是军士倒戈，杀了李多祚等，挫败了这次政变。李重俊逃到终南山，被部下斩杀。中宗的纵容致使韦氏与安乐公主野心膨胀，欲效仿武则天临朝称制。景龙四年（公元710）六月，韦后与安乐公主合谋，毒死中宗，终年55岁。韦后立温王李重茂为皇帝，她本

桥陵前的石华表

桥陵前的獬豸石雕

人临朝摄政，改元唐隆，以其堂兄韦温总知内外守捉兵马事，掌握了全部兵权。韦氏家族掌权后，作威作福，引起了人们的不满，尤其是禁军将领多心存不满。临淄王李隆基与其姑母太平公主联合，利用人们的这种不满情绪，策动禁军攻入玄武门，诛杀了韦后、安乐公主、上官昭容及其党羽。

睿宗即位

唐睿宗画像

景龙四年（公元710）六月二十日黄昏，李隆基率禁军左右万骑营从玄武门、玄德门、白兽门分别攻入太极宫，斩杀了韦后、安乐公主、上官昭容等。然后在长安城中搜捕韦氏党羽，全部斩杀。又命人率军赴城南将韦氏家族中人全部斩杀，甚至连襁褓中的孩子也不能幸免，在混乱中把不少居住在城南的杜姓之人也杀了。二十二日，太平公主传来李重茂之命，表示愿意让位于相王，但相王却坚决不同意，在太平公主、李隆基以及大臣刘幽求、宋王李成器等人的力劝下，李旦才同意了。二十四日，废去了李重茂的帝位，拥立相王李旦为皇帝，史称唐睿宗。唐睿宗即位后，首先是大封功臣，宋王李成器是嫡长子，又参与了此次政变，按理应立为太子，但李成器却不愿意，他认为李隆基功大应该立为太子，于是立李隆基为太子。太平公主功劳也甚大，加封镇国太平公主，并增加了封户。刘幽求被任命为吏部尚书、侍中，封徐国公。同时又把姚崇从外地召回，任命为宰相。与此同时，将武则天的称号由则天大圣皇后恢复为旧称天后，追削了武氏诸王的谥号，并平其坟墓。又追尊李贤为章怀太子，恢复了李重俊的太子称号，为许多冤屈而死的大臣平反昭雪，恢复名位。全部免除了韦后和安乐公主时所授的数千人的官职，因为这些人多是花钱买来的官职。这一切都振奋了人心，朝廷也出现了一片新气象。

唐睿宗桥陵

诛杀太平公主

唐睿宗是一个淡泊名利之人，加之此时的朝廷并非风平浪静，遂使其厌烦了复杂的政治生活。其妹太平公主是一个颇有政治才干的女人，也是一个野心勃勃的女人，在这一历史时期她的权势颇大，并且拉拢了一大批朝臣，甚至宰相也多为其党羽，组成了一个势力颇强的政治集团。由于太子李隆基英武，也具有很强的政治势力，所以被太平公主视为眼中钉，打算废去李隆基的太子之位，另择闇弱者立之。面对这种情况，唐睿宗心生退意，于是便把帝位让与太子，自己当了太上皇，安享晚年去了。李隆基即位，后世称之为唐明皇，庙号玄宗。李隆基的即位引起了太平公主更大的不满，因为唐玄宗与其父不同，精明强干，决不会再对太平公主言听计从。为了继续维护自己已取得的权势和地位，太平公主准备发动政变，罢黜李隆基。李隆基先发制人，于开元元年（公元713）七月一举铲除了太平公主集团，结束了自神龙元年以来动荡的政治局面。

桥陵前唐文官俑　　　　　　　　　　　唐睿宗桥陵前的石狮

励精图治的唐玄宗

开元之治

唐玄宗在位 44 年（公元 712—756），其统治可分开元（公元 713—741）和天宝（公元 742—756）两个时期。唐玄宗在开元年间，是一位励精图治的皇帝，在天宝时期生活奢侈，政治逐渐腐败。开元年间，他先后在宰相姚崇、宋璟、张说、张九龄等人的协助下，针对中宗、睿宗时的弊政，进行各方面的改革：裁汰冗官，擢拔贤才，打击豪强，裁减封户，兴修水利，发展农业等。到开元中后期，使唐朝社会经济发展到最高峰，被史家誉之为“开元盛世”。这种鼎盛的局面不仅指开元时期（公元 713—741），而且也包括安史之乱爆发前的天宝时期（公元 742—755）。在经济方面物价十分便宜，斗米 13 文，青州、齐州之间，斗米甚至 3 文，一匹绢仅售 200 文。每年的税收总量是：租钱 200 余万缗、粟 1980 余万斛、庸调绢 740 万匹、绵 80 余万屯、布 1035 万端。天宝八载（公元 749），全国各地存粮共有 96062220 石，各地出现了"州县殷富，仓库积粟帛，动以万计"，"帑藏充牣，古今罕俦……国用丰衍"的状况。人口数量是：开元二十八年（公元 740），全国户数 8412871 户，人口数 48143609 口。这些数据是指官府户籍统计的数字，实际人口数还要大大超过此数。社会情况是：路不拾遗，行者不囊粮，百姓殷富，四方平安。由于经济的繁荣，国力强盛，社会矛盾与阶级矛盾都有所缓和，社会稳定，一派歌舞升平的景象。

唐玄宗画像

姚崇画像

李林甫与杨国忠

李林甫（公元 683—752），李唐宗室，小字哥奴。他是李渊叔伯兄弟李叔良的曾孙，初为千牛直长，开元初任太子中允，后逐渐升任御史中丞、吏部侍郎等官。开元时武惠妃得宠，李林甫为讨好她，投其所好，表示愿意拥戴武惠妃之子寿王李瑁为太子。在武惠妃的帮助下，他被擢为黄门侍郎。开元二十二年（公元 734）五月，拜相，为礼部尚书、同中书门下三品。他任宰相 19 年，由于善于揣测皇帝心理，悉心逢迎，深得玄宗的宠信。为了专擅朝政，他杜塞贤路，陷害良臣，任用小人，屡兴大狱，被牵连诛杀者达数百家。他表面上对人甜言蜜语，背后却阴谋暗害，时人称他"口有蜜，腹有剑"。唐玄宗统治后期政治腐败，与李林甫有很大的

西安
十三朝
XI ANSHISANCHAO

徐燕孙绘《明皇并马图》

关系。天宝十一载（公元752），李林甫病死，杨国忠告他谋反，玄宗追削其官爵，籍没家产，子婿流配。

杨国忠（？—公元756），本名杨钊，蒲州永乐（今山西芮城）人，是杨贵妃的堂兄。杨国忠早年穷愁潦倒，只好到蜀中投军。后经剑南节度使章仇兼琼推荐，入京贡献锦绫，因而得以投靠杨贵妃姐妹，又经杨氏姐妹推荐任金吾卫兵曹参军，官职虽然不大，但总算可以在京城任职了。由于有杨氏姐妹的暗助，杨国忠很快就升任度支员外郎、侍御史、太府卿等职，并被玄宗赐名国忠。杨国忠还和李林甫勾结起来，屡兴大狱，甚至陷害过太子李亨。李林甫死后，杨国忠担任右相，兼文部尚书，身兼40余职，成为朝中权势最大的人。杨国忠还两次发动对南诏的战争，损兵折将 20 余万，搞得天怒人怨。他不仅隐瞒了这两次战败，还对玄宗隐瞒了灾情，致使千百万百姓受灾后得不到救济和减税。他还和玄宗的另一宠臣安禄山关系紧张，多次向玄宗进言欲想除去安禄山，后来安禄山发动叛乱就是以讨伐杨国忠、清君侧为借口的。

元人所绘的唐明皇像

杨贵妃其人其事

杨贵妃（公元 719—756），名玉环，蒲州永乐（今山西芮城）人。父杨玄琰，任蜀州司户参军，叔父杨玄璬曾任河南府士曹参军。杨玉环的童年是在四川度过的，10 岁左右，父亲去世，她寄养在洛阳的三叔杨玄珪家。成年后嫁给武惠妃的儿子寿王李瑁为妃。开元二十五年（公元 737）武惠妃病死，玄宗郁郁寡欢，经高力士推荐，玄宗把目光投向了自己儿媳杨玉环。他先让杨玉环在宫中出家为道士，赐号太真，天宝四载（公元 745），玄宗把韦昭训的女儿册为寿王妃后，遂册立杨玉环为贵妃。由于此时宫中无皇后，杨贵妃在宫中的地位相当于皇后，备受宠爱。杨贵妃的得宠，使其家族获益匪浅，其堂兄得以充任宰相，掌握朝廷大权，其三个姐姐分别被封为韩国夫人、虢国夫人和秦国夫人，仅每月的脂粉费就各赐十万钱。杨贵妃喜食荔枝，从岭南快马传送，累死人马不计其数。她还与范阳节度使安禄山关系密切，认其为干儿。杨贵妃虽然备受皇帝恩宠，但她对政治并不感兴趣，直接干预政事的记载极少，所以天宝时期朝政腐败，与杨贵妃并无直接的关系，唐玄宗应该负更多的责任。天宝十五载（公元756），安史之乱爆发，玄宗携贵妃仓皇向川蜀逃去，在马嵬驿发生兵变，玄宗被迫将杨贵妃缢死，终年38岁。

元钱选绘《杨贵妃上马图》

华清池唐代贵妃汤遗址

茂名贡园的唐代古荔枝树

安禄山其人其事

安禄山，营州（今辽宁朝阳）胡人，其母为突厥女巫，其父为康姓粟特人，其父死后，其母改嫁突厥将军安延偃，从此冒姓安氏。安禄山早年在边境做互市牙郎，由于他通晓多种民族语言，受到范阳节度使张守珪的赏识，被任命为捉生将。安禄山骁勇过人，又熟谙山川形势，故每次出击，都能以少胜多，擒获了不少契丹、奚人。因为这些缘故他升迁很快，先后充任过衙前讨击使、营州都督、平卢军使等职。天宝元年（公元742），以安禄山为平卢节度使，兼柳城太守、押两蕃、渤海、黑水四府经略使。次年，安禄山入朝，深得玄宗的宠爱。此后，陆续兼任范阳节度使和河东节度使，成为为数不多的能够担任三镇节度使的大将。玄宗还命杨铦、杨锜、杨氏姐妹与禄山以兄弟相称，而禄山见贵妃宠冠六宫，与她搞好关系对自己十分有利，尽管他比杨贵妃大18岁，却甘心做她的养儿。安禄山每次入宫，总是先拜杨贵妃，后拜唐玄宗，玄宗怪而问之，安禄山答曰："胡人先母而后父。"安禄山身体肥胖，腹大过膝，重三百斤，玄宗指着其腹问道，这里面都装了些什么东西？安禄山答道："更无余物，正有赤

唐代西域商人骑驼陶俑

心耳！"安禄山虽然肥胖，但跳起胡旋舞来，却能旋转如飞。因为这些原因，玄宗认为他老实可靠，因而更加宠爱，对他的野心毫无觉察，别人提醒他，他也不相信。安禄山正是利用玄宗的这种麻痹心理，招兵买马，扩充军力，于天宝十四载（公元755）发动了叛乱，次年建立了国号为燕的政权。唐朝承平日久，军备荒废，叛军势如破竹，很快攻下洛阳、长安，迫使唐玄宗逃往成都避难。安禄山晚年眼盲，脾气暴躁，左右侍从稍不如意，非打即骂，稍有过失，便行杀戮。他还打算废去其子安庆绪的太子之位，另立幼子安庆恩为太子，引起了安庆绪的怨恨。至德二载（公元757）正月，安庆绪指使人杀死了安禄山，夺取了帝位。从此，叛军势力日益衰落，最终被平定。

宋人绘《明皇夜宴图》　　　　唐代牵驼胡俑

安史之乱与盛世的衰落

内轻外重的军事态势

唐朝前期实行府兵制，其军事态势是内重外轻，具体而言：唐前期共有折冲府 634 个，这是其中一种说法，在关中地区就分布了 261 个折冲府，占全国总数的 40%，明显是一种强干弱枝的政策，在军事上呈现出内重外轻的态势。随着土地兼并的日益严重，均田制遭到破坏，从而使府兵制失去存在下去的基础。府兵制破坏后，代之而起的是募兵制。晚年的唐玄宗好大喜功，热衷于开拓疆土，开边战争连年不息，遂使得沿边一带的军事力量急剧膨胀。天宝元年，在边境各地设立了十大藩镇（实际为 9 个节度使，1 个经略使，即岭南经略使，后也升为节度使），所辖镇兵总数竟高达 49 万人，占全国总兵力的 85% 以上，导致中央与地方的军力对比严重失衡。军事态势由内重外轻，一度变为内轻外重。不仅如此，在内地由于太平日久，人皆忘战，正如《唐会要》所说："中原乃包其戈甲，示不复用，人至老死不闻战声。"除了这些原因以外，还有一点需要指出：唐前期军事将领没有固定的军队统领，战争结束后，兵归军府，将归朝廷，不能长期统率军队。至开元、天宝时期由于藩镇体制的出现，节帅统兵便出现了长期化的趋势，如王忠嗣、哥舒翰、安禄山等，无不如此，有的甚至兼任数镇节度使，从而使其具备了抗衡中央的军事实力。

统治阶级的内部矛盾

开元末年及天宝时期，统治阶级内部矛盾异常激化。首先是唐玄宗与太子李亨之间的矛盾。李亨是在前太子李瑛被废后而被立为太子的，本来宰相李林甫力主立寿王李瑁为太子，由于其母武惠妃的突然死亡，使其失去了靠山，而李亨由于年长排行在前，才被立为太子。李林甫担心李亨将来即位当了皇帝对自己不利，所以仍然想尽办法来取代李亨的太子地位，先后兴起了一系列大狱案，如韦坚与皇甫惟明之狱，杜有邻、柳勣之狱，王忠嗣、杨慎矜之狱等。这些人大都与李亨关系密切，有的还是亲戚关系，这些大案牵连了一批朝臣和武将，他们的死不仅严重地削弱了朝廷的实力，尤其是文武双全、威望颇高的王忠嗣的死，使得唐朝在安禄山叛乱之初缺乏能够统帅全军的将才，而且也使李亨与其父离心离德，在内心产生了裂痕。

其次是哥舒翰与安禄山之间的矛盾。唐朝在周边地区虽然设置了许多藩镇，然实力强大的只有哥舒翰任节度使的河西、陇右与安禄山任节度使的范阳、平卢和河东等两大军事集团，所以两人之间的矛盾反映的是东、西两大军事集团的矛盾，这种矛盾的存在，影响了唐朝内部的团结与稳定。

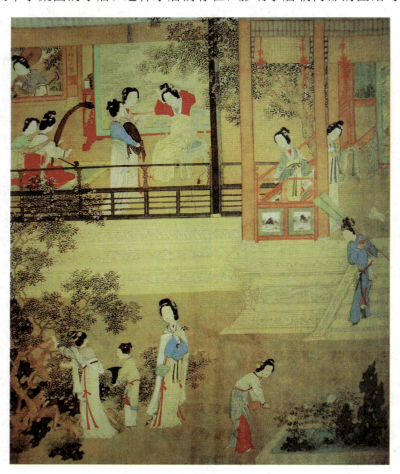

明仇英绘《贵妃晓妆图》

再次是宰相杨国忠与安禄山和杨国忠与李亨之间的矛盾。杨国忠任宰相时数次发动对南诏的讨伐战争，损兵折将，给百姓造成了极大的痛苦，唯独瞒住了唐玄宗。他知道安禄山不甘居人下，且手握重兵，便想将其除去，于是屡次向玄宗进言，说安禄山必反，不如早早除去。但玄宗始终相信安禄山，使得杨国忠的想法不能得逞。天宝十四载（公元755）四月，杨国忠在没有掌握安禄山谋反证据的情况下，派兵包围了安禄山在长安的住宅，并抓了安禄山之子安庆宗的亲信李超等人，还请玄宗颁诏招安禄山入京，安禄山自然不敢赴京，并加快了起兵反叛的准备。因此，安禄山起兵时打出了"清君侧"的旗号，绝不是毫无缘故。玄宗与太子李亨虽然是父子关系，由于玄宗晚年心态发生变化，总担心太子会取代自己的地位，所以对太子防范甚严。杨国忠就利用皇帝的这种心理，阴谋废除太子。安禄山起兵后，玄宗一度曾想让太子监国，在杨国忠等人的破坏下，也不了了之了。总之，玄宗晚年朝廷内部的这些矛盾，破坏了朝廷的稳定和对反叛势力的必要防范，同时也为唐玄宗的下台和悲惨的晚年生活埋下了伏笔。

马嵬之变

天宝十四载（公元755）冬，安禄山发动叛乱，很快攻下洛阳，接着又攻破潼关。天宝十五载（公元756）六月十三日，唐玄宗与杨贵妃等一行人逃往蜀中，行至马嵬驿时，禁军发动兵变，杀死了宰相杨国忠及杨氏姐妹，并迫使唐玄宗缢死了杨贵妃。关于这一事变，学术界多数意见都认为是事先有人策划好的，但对于何人为主谋？却有不同的意见，主要有四个人，即禁军将领陈玄礼、太子李亨、宦官高力士和李辅国。通过对史料的仔细分析，此次事变应是上述四人共同策划的结果，其中太子李亨是最大的受益者，应该是主谋，但是如果没有玄宗亲信陈玄礼和高力士的配合，则不可能成功，至于李辅国只不过是一个跑腿传话的角色，所起的作用不是很大。至于陈玄礼与高力士之所以愿意帮助李亨，一是出于对杨国忠祸国殃民的愤恨，二是出于对国事的关心，因为客观上平叛战争总是需要人来主持的，并非想在政治上为个人捞取什么好处。

虢国夫人画像　　　　　　　　秦国夫人画像

　　事变结束后，玄宗一行继续向成都进发，太子李亨却被当地父老拦住，要求他留下来领导对叛军的作战，当然这一切都是事先安排好的。于是玄宗分给太子2000多人的军队，李亨率领这部分禁军奔赴灵武，另立门户。李亨之所以选择灵武，因为河西、陇右的唐军在战争中已损失殆尽，在西北地区只有设在灵武的朔方节度使兵力最为雄厚。此外这里既可避开叛军兵锋，又离关中不远，便于指挥全国的对敌作战。七月十二日，李亨到达灵武仅仅三天，未经过玄宗的同意，便在这里自行宣布即皇帝位，实际上等于抢班夺权，而玄宗也只好自吞苦果，承认了李亨的皇帝地位，自己则成了太上皇。

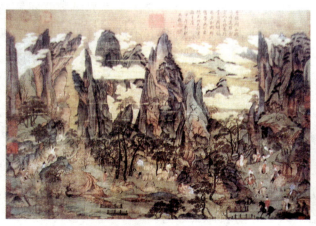

唐李昭道绘《明皇幸蜀图》　　　　　唐明皇幸蜀闻铃处

安史之乱始末

天宝十四载（公元755）冬，平卢、范阳、河东三镇节度使安禄山发动了叛乱战争。由于唐朝内地兵力空虚，又缺乏必要的防范准备，致使叛军势如破竹，很快就攻陷了东都洛阳，兵锋直逼关中的门户潼关。唐将封常清、高仙芝战败，退守潼关，玄宗听信监军宦官边令诚的谗言，斩杀了封、高二将。然后急命哥舒翰率领临时拼凑起来的军队，急赴潼关，号称20万，实则乌合之众，战斗力极差。这时的哥舒翰身患重病，根本不能作战，遂采取了坚守不战的策略。唐玄宗又听信杨国忠的谗言，强迫哥舒翰出战，致使哥舒翰战败被俘，潼关失守。天宝十五载六月，唐玄宗在逃往成都时，在马嵬驿遇到兵变，而太子李亨在部分大臣的拥戴下，北上灵武（今宁夏吴忠西南），并在灵武即帝位，是为唐肃宗。从此，在唐肃宗的领导下，在郭子仪、李光弼等将领的奋勇作战下，唐军联合回纥军队，击败了叛军，收复了两京（长安、洛阳）。而叛军一方也发生了许多变故，安禄山称帝后被其子安庆绪指使人杀死，安庆绪继承了他的地位，安庆绪又被大将史思明取代，而史思明却被自己的儿子

唐肃宗画像

郭子仪画像

李光弼画像

史朝义杀死。叛军的内乱，严重削弱了自身的力量，唐军乘机发动了反攻。宝应元年（公元762）四月，唐肃宗病死，太子李适即位，是为唐代宗。唐代宗广德元年（公元763），唐军向叛军老巢河北进攻，史朝义兵败逃亡，逃至广阳（今北京房山东北）附近，由于众叛亲离，自缢而死。至此，历时8年的安史叛乱终于结束了。

盛世的衰落

历时8年的安史之乱虽然平定了，但大唐帝国经过此次沉重打击，却一蹶不振，从此走向衰落的道路。唐朝盛世的失去，主要表现在如下方面：首先，社会生产力遭到极大的破坏，尤其是农业生产破坏最为严重，广大农民不是死于战火，就是流离失所，致使大量土地废芜，人民生活困苦。以户口为例，天宝十四载（公元755），全国有891多万户、5291多万口，安史之乱平定后的广德二年（公元764），仅有293万户、1629万口，人口的锐减是非常明显的。其次，统一的政治局面遭到了破坏。安史之乱前，唐朝是政治高度集中的统一王朝，叛乱平定后虽然名义上仍然保持着这种局面，但实际上已发生了较大的变化。这种变化的主要表现就是出现了大量的藩镇，尤其是河北诸镇，实际上处于半独立的状态。藩镇数量的增加，加上其已掌握的军权、财权和行政权，使其有能力与唐中央政府抗衡，唐后期持续不断的削藩战争，就是唐中央试图恢复遭到破坏的统一政治局面的一种努力，而事实是这种统一局面却再也没有实现过。再次，疆域面积大大缩水。由于应付安史叛军，唐朝政府从西北地区大量抽调兵力参加平叛，致使西北边防军力空虚，吐蕃乘机扩张，不但逐渐夺取了广大西域地区，甚至连河西、陇右地区也沦于吐蕃之手，迫使唐朝的边防线退缩到关中西部一线，连京师长安也都受到了极大的威胁。最后，安史之乱后，唐朝内部的矛盾进一步加剧，宦官专权、朋党斗争，使得唐朝的政治更加黑暗腐败，而政治上的腐败又加剧了社会矛盾的激化，从而进一步破坏了社会的稳定，使得后期的唐王朝一直处于风雨飘摇之中。

杨贵妃墓

宦官专权与南衙北司之争

宦官专权

在唐朝前期唐太宗吸取历史教训，为了防止宦官专权，曾规定内侍省不置三品官，再加上对其防范甚严，所以一直没有出现过宦官专权的现象。唐玄宗统治时期宠信宦官高力士，授予其很大的权力，四方表章皆由其批阅，大事奏裁，小事直接由其决断。这是唐代宦官干预政事之始，不过高力士为人谨慎，尚不敢过分擅权。此后，陆续出现的李辅国、程元振、鱼朝恩等大宦官，权力更大，甚至掌握了禁军大权，从而开始了唐代宦官专权之先河。唐德宗时期规定由宦官担任左右神策军护军中尉，使宦官控制

唐墓壁画中的持烛宦官

禁军兵权制度化。唐宪宗时又设置了枢密使之职，规定由宦官两人充任。护军中尉控制了禁军兵权，枢密使则拥有中枢决策之权，唐代宦官专权的局面至此完全形成，直到唐末一直持续不断。在唐代宦官不仅控制了禁军兵权和中枢决策之权，而且还通过唐后期陆续形成的内诸司使系统，侵削了南衙朝官掌管的许多部门的权力，又通过监军使监控天下藩镇，从而使唐代宦官专权达到历史上的顶峰。我国历史上宦官专权最严重的有三个历史时期，即东汉、唐朝和明朝，其中以唐朝的情况最为严重，甚至连皇帝的废立都掌握在宦官手中。

356

唐墓壁画中的持笏宦官

唐墓壁画中的躬身拱手执笏宦官

南衙北司之争

南衙指以宰相为首的朝官系统，北司则指以宦官为核心的另一政治集团。随着宦官集团掌握了越来越多的权力，必然侵削了朝官系统的权力，引起了其极大的反弹，加之朝官对宦官长期形成的歧视和排斥心理，遂使得双方之间形成了水火不相容的对抗局面。在唐后期多次发生南衙与北司之间的激烈斗争，每次都是以朝官系统失败而告结束，其中斗争最激烈的一次，便是唐文宗大和九年（公元835）发生的所谓"甘露之变"。事情

唐墓壁画上的宦官形象

简要经过是这样的：在此之前，文宗依靠李训、郑注等人，设法铲除了大宦官王守澄，取得了初步胜利，于是决定十一月二十一日文宗在紫宸殿坐朝时，彻底铲除宦官集团。这一天文宗刚刚在御座坐定，金吾将军韩约奏称，左金吾院的石榴树夜降甘露，请文宗驾临观看。文宗命大宦官仇士良率众宦官先去察看，进了左金吾院后，发现有兵士埋伏，仇士良等急忙退出，然后调动神策禁军在城中到处搜捕朝官，前后杀死的朝官达 1000 多人，朝堂为之一空。文宗虽然没有被废黜，但却处于宦官们的严密监视之下，不得自由，郁郁而终。直到唐昭宗统治末期，宰相崔胤联合宣武节度使朱全忠，利用藩镇的力量才得以将宦官集团铲除，但是这时距唐朝的灭亡已经为时不远了。

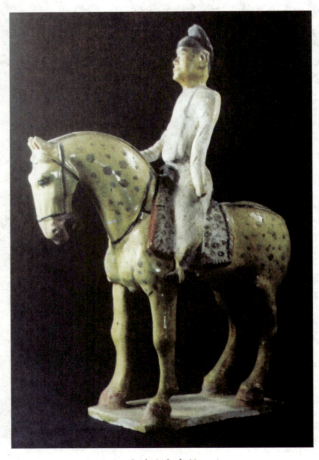

唐骑马宦官俑

牛李党争与藩镇割据

牛李党争

　　唐朝后期在朝廷内部出现了严重的朋党斗争，史称牛李党争。其中牛党以牛僧孺、李宗闵为首，李党以李德裕为首，在士大夫中形成了两个对立的政治集团。两党之争起始于唐宪宗时期，终结于唐宣宗统治时期，历时40余年。从表面上看，两党之争似乎是庶族官僚与士族官僚之间的斗争，但实际上两党在政治主张方面也存在很大的歧见，主要是围绕着两个方面展开斗争：一是通过什么途径来选拔官僚。牛党多科举出身，主张通过科举取士；李党多门荫出身，主张通过门荫取士。李德裕认为，公卿子弟从小就熟悉官场，容易掌握做官的本领。二是如何对待藩镇。李党主张对不听朝廷命令的藩镇采取军事手段镇压，以加强唐朝中央的地位；牛党则主张姑息迁就。由于两党人物交替拜相执掌大政，在一方执政时，便大力排挤另一方人物，双方各从派系私利出发，互相排斥，斗争有时甚至十分激烈。连唐文宗都有过"去河北贼易，去朝廷朋党难"的感叹。客观地看，在朝中有宦官专权、地方藩镇林立的情况下，牛李党争虽然对当时的政局产生了一定的影响，但影响毕竟不能与宦官专

李德裕画像

唐朝

359

唐代壁画捧果盘侍女图

权相提并论，甚至在两党中还有不少人物依附于宦官，在政治上并不能发挥决定性的作用。

藩镇割据

唐代藩镇割据局面形成于安史之乱平定之后。唐中央在平定安史之乱时，为了尽快结束战争，恢复和平，对叛军采取了收买分化的政策，使一些重要将领脱离了史朝义，从而达到孤立和削弱其势力的作用，对早日平定叛乱的确起到了一定的积极作用。战争结束后，唐政府对这些叛军将领大都授予节度使之职，并使他们继续掌管河北地区的政治、军事和财政等大权。此外，为了平定安史叛乱，唐朝把原来在沿边地区设置的节度使体制复制到内地，当时主要分布在北方地区，叛乱平定后，这种体制便固定了下来，从而增加了大批的藩镇，以后又陆续向南方地区推广，使得全国各地无地不藩。客观地看，长期处于割据状态的藩镇主要是河北诸镇，此外在中原地区也陆续出现了一些割据藩镇，但均为时不长，便被中央政府平定了。只有河北诸镇长期处于半独立的状态，其节度使或父子相袭，或由大将交替担任，朝廷无法过问。总的来看，除了河北诸镇和为数不多的一些藩镇，如淄青节度使李正己、山南东道节度使梁崇义、淮西节度使李希烈（吴元济）、朔方节度使李怀光、剑南西川节度使刘辟、镇海节度使李锜、泽潞节度使刘悟等，曾与唐中央对抗外，其余大部分藩镇还是能服从朝廷的命令的。这也是唐朝能在安史之乱后继续维持一百多年统治的根本原因。从时间上看，以代宗、德宗统治时期藩镇与朝廷的矛盾较大，对抗比较激烈，以宪宗时期削平藩镇的成果最大，其他时期则相对缓和。自从黄巢农民起义之后，唐朝

唐德宗画像

统治受到了沉重的打击，对藩镇的控制无力维持，遂出现了藩镇之间的兼并战争，并漫延到全国各地，并最终结束了唐朝的统治地位。

唐代壁画中的甲士图

唐代壁画中的仪卫图

唐朝的典制

职官制度

唐朝中央职官体系可以分为中枢决策系统、政务系统和事务系统。其中中枢决策系统主要指宰相与政事堂，唐初宰相由中书、门下和尚书三省长官构成，后来改为凡加同中书门下三品和同中书门下平章事者，皆为宰相，唐代宗以后宰相名号专指同中书门下平章事，简称同平章事。由于唐朝的宰相是由数人组成的一个团体，军国大事必须开会讨论决定，这个议决大事的场所就是政事堂，后改称中书门下，遂成为中枢决策机构。

唐代贴金彩绘文官俑

政务系统指三省六部等机构，三省指中书省、门下省和尚书省。中书省是出令机关，即负责起草诏令的机关，门下省是审议机构，负责审议中书省起草的诏令，尚书省是执行机构，审议通过的诏令由其执行或根据诏令的精神制定成政令，再颁发到中央其他部门或地方政府施行。六部隶属于尚书省，即指吏部、户部、礼部、兵部、刑部和工部，部的长官是尚书，副长官是侍郎，每部下辖四个司，由郎中和员外郎主持其工作。吏部主管文官选授，户部主管税赋和财政，礼部主管礼仪和科举，兵部主管兵籍和武官选授，刑部主管司法，工部主管水利和工程。

事务性系统主要指三省、九寺、五监等机构。三省为：秘书省，长官称监，是国家图籍主管机构；殿中省，长官仍称监，是主管皇家生活方面的专门机构；内侍省，是唐朝的宦官管理机构，主要为宫廷生活服务，长官称内侍，唐玄宗时改为内侍监。九寺为：太常寺，主管祭祀礼仪；光禄寺，主管朝会膳食和宫中食料供给；卫尉寺，主管兵仗和帐幕管理；宗正寺，主管皇室宗族事务；太仆寺，主管国家监牧和皇帝车乘；大理寺，国家最高司法审判机关；鸿胪寺，主管外交接待和凶丧之仪；司农寺，主管皇家苑囿及太仓；太府寺，主管国库和平抑物价等事。九寺的长官皆称卿，副长官称少卿，下辖署一级机构。五监为：国子监，长官称祭酒，主管教育，实际上负责中央诸学的管理机构，地方教育无权过问；少府监，长官称监，是主管手工业制造的机构；将作监，长官称大匠，主管土木工程事务；军器监，长官仍称监，主管兵械的制造，后废，由军器使统管其事；都水监，长官称都水使者，是主管水利方面的中央机构，地方水利不在其管辖范围之内。

唐朝地方行政区划在前期是州、县二级制，州的长官称刺史，县的长官称县令，均由中央统一任命。唐后期实行道、州、县三级行政区划，州县两级没有大的变化，道是州之上的一级行政区划，长官称观察使，如带

唐代骑马乐俑

唐朝

363

唐代贴金彩绘武官俑

节钺者则称节度使，下辖若干州。县以下的社会基层组织是乡里，乡有乡长，里有里正。

军事系统

唐初实行府兵制，在全国设置了630多个折冲府，府的长官叫折冲都尉，府分三等，上府有兵1200人、中府1000人、下府800人。折冲府分别由设在京师的十二卫管辖，每个卫管辖数十个折冲府，卫的长官称大将军，副职称将军。

唐朝的禁军在前期有所谓天子六军，即左右龙武军、左右羽林军、左右神武军，六军各置大将军、将军为正副长官。唐后期六军的编制虽然仍然保持着，但已无兵可掌，实际上只是一个空架子。后期的禁军主要指左右神策军，其名义上的长官仍然是大将军和将军，但实际上统帅却是左、右神策军护军中尉（由宦官担任），这支军队成为唐后期朝廷唯一的军事支柱。

府兵制破坏后，地方军队主要指节度使统率的军队，这种军队均在节度使的直接控制之下，是通过招募方式组建的，这一点与府兵有很大的不同。这些被招募来的军士从此脱离了农村与农业生产，他们以当兵领饷生活，成为职业军队，因而战斗力极强，在主帅的长期统率之下，形成了比较亲密的关系。藩镇军队除了驻扎在节帅治所所在州外，还分驻于其下辖各州，由节帅的亲信将领统率。在县镇也驻扎有军队，其统兵将领称为镇将，也是由节帅的亲信充任，所以常常欺凌县令，干涉县政。

司法体制

唐朝的法典主要指唐律，曾经颁布过多部律法，保存至今的只有一部，即《唐律疏议》。除了唐律外，皇帝颁布的敕也具有法律效力，也是断案定刑的依据，而且在唐后期越来越具有重要法律意义，甚至超过了律的效力，并且规定敕可破律，当律与敕的规定发生冲突时，则以敕为准。正因为如此，在唐后期陆续颁布过多部编敕，即把多年颁布的敕条合编在一起，

唐代彩绘贴金铠甲骑士俑

颁布出去以供使用。

　　唐朝司法体制的基本情况是：刑部掌管司法方面的政令，凡重大案件的审理结果要呈报刑部复核，死刑审判后要通过刑部上报皇帝复审；根据法律规定适用议、请之条者，呈报刑部审核；对监狱、囚犯的管理，也要在刑部的指导下进行。大理寺是全国最高的司法审判机关，主要负责审理京师地区的重要案件和地方呈报上来的重大案件。对于皇帝交办的案件，则与刑部、御史台等三个部门联合审理。如地方有疑难案件，也由大理寺派出官员外出负责审理。在唐代各级地方政府都负有审判案件的责任，州有司法参军，县有司法佐等官吏专门负责此事，如是重大的案件，地方长官往往要亲自审理。对于疑难或者重大案件地方才会呈报刑部和大理寺审理，但死刑则必须要呈报刑部，并由中书门下即宰相们审核，临处决前还向要皇帝呈报三至五次，经批准后方可行刑。

教育制度

　　唐朝的官办教育机构可分为两大类，一类是中央教育机构，主要指国

唐代吹笛子俑

子监，下辖国子学、太学、四门学、书学、律学和算学，前三种皆学习儒家经典，后三种是专门学校，分别学习书法、律法和数学。此外，弘文馆、崇文馆都招收学生，主要学习儒家经典。另一类是地方学校，州有州学，县有县学。不过这类地方学校的设立有一个循序渐进的过程，唐初国家财力有限，许多偏远的州县都没有置学，随着社会经济的恢复和发展，州县学便越来越多。州县学还是学习儒家经典，需要指出的是，唐朝还在许多州置办有医学，专门培养医疗人才。除了以上这些学校外，唐朝在太医署也办有专门学校，招收医学生、针灸生、按摩生等；在太仆寺置有兽医博士之职，专门教授兽医生；在太史局也办有专门学校，教授历生和天文生。还有一点需要指出，唐朝在宫廷内也办有学校，比如内文学馆，置有内教博士18人，其中教授经学的博士5人、历史3人、子部书3人、杂文3人、楷书2人，此外还置有道家、神仙、律令、诗词、篆书、飞白、算学、棋艺等博士，可见教学内容是十分丰富的，教授的对象是宫女及嫔妃。在内侍省置有宫教博士2人，专门教授宫女以经、史、书、算以及其他技艺。内教坊是唐朝设置的学习和表演音乐歌舞的专门机构，其中也置有专门的教官负责培养这方面的人才。

在唐代民间办学一直存在，但规模都不大，相当于后世的私塾之类。直到唐后期才在一些经济、文化比较发达的地区，出现了一定规模的叫做书院之类的学校，然而数量极为有限，直到唐末五代时期才有所发展，至宋代遂发展成为规模颇大、教育质量极高的民办教育机构。至于官僚贵族在家中为其子弟聘请老师进行教育的情况，历代皆有之，就不多说了。

《张议潮出行图》中的鼓吹乐

赋税制度

唐朝前期实行租庸调制度，这一制度适应当时推行的均田制度，针对每丁耕田 100 亩，不管是否占有这么多的田地，均按此标准纳税。具体纳税标准是：每丁每年纳粟 2 石，称之为租；每丁每年要承担力役 20 日，如果不愿承担力役，则每天纳绢 3 尺，或布 3 尺 7 寸 5 分，称之为庸，即佣金，政府再用这些费用另行雇人服役；每户每年纳丝织品 2 丈、绵 3 两或者麻 3 斤，称之为调。如果政府有事需要增加力役，增加 15 日免其调，增加 30 日租、调全免，加役连正役总计不能超过 50 日。

唐后期随着土地兼并的日趋严重，失去土地的农民越来越多，均田制实际上已经崩溃，由于失地而逃亡的农民越来越多，政府的税收也愈来愈难保证，在这种情况下，改革赋税制度便成为必然的趋势。唐德宗建中元年（公元 780），正式颁行了两税法。两税法的主要原则是只要在当地有资产、土地，就算当地人，就要承担赋税，同时不再按照丁、中的原则征收租、庸、调，而是按贫富等级征财产税及土地税。其中户税是指财产税，地税则是土地税。每年分夏、秋两次征收，所以称为两税法。这是中国土地制度和赋税制度的一大变化，从此以后，征税对象不再以人丁为主，而以财产、土地为主，因此从理论上看，两税法在税收负担方面显得更为合理一些。

唐代壁画侍卫图

朝会制度

唐朝初期在西内太极宫举行朝会，自从大明宫建成之后就一直在这里举行朝会。其朝会主要分为三类，即外朝、中朝和内朝，其中外朝在大明宫含元殿举行，主要是在元日与冬至举行，称之为大朝会，礼仪规格在三类朝会中最高，规模也最大。届时天下诸州以及各国各族使者都要赴京参加，除了进贡礼品外，还要朝拜皇帝，所以外朝朝会更多的是展示大唐声威。中朝通常在大明宫宣政殿举行，包括朔望朝与常朝。所谓朔望朝，是指每月初一和十五日举行的朝会，届时不仅常参官要参加，凡在京九品以上职事官皆要入宫参加，因此人数较多，规模较大，在礼仪规格上仅次于元日和冬至大朝会。常朝在唐前期每日都要举行，后来改为单日坐朝，双日休朝。参加常朝的官员是指文武五品以上职事官、两省供奉官、御史、员外郎、太常博士等，由于其可以参加常朝，故称常参官。常朝奏事结束后，百官退出，宰相留下与皇帝议事。所谓内朝在大明宫紫宸殿举行，唐前期内朝礼仪较轻，后来才有了入阁之制，即把仗卫从阁门唤入，在紫宸殿前排列。

内朝朝会是皇帝召见群臣及宰相讨论国事的主要形式，由于唐后期朔望朝多不在宣政殿举行，而是移至紫宸殿举行，遂使紫宸殿举行的内朝越来越重要。但是重大政事或者机密之事，不便当着群臣之面议决，于是便在朝会结束，群臣退出后，宰相再入殿与皇帝面议。

除了三朝制度外，在唐代宗时期还创立了延英召对制度。延英指大明宫延英殿，皇帝在宣政殿退朝后，如有要事商量，便在这里召见宰相。召

唐代壁画仪仗图

见的时间是，单日开延英，双日不开，如有紧急大事，则不限时日，可以随时面见皇帝。

内宫制度

唐朝皇帝除了皇后之外，还有众多的嫔妃，在唐朝前期规定：贵妃、淑妃、德妃、贤妃，合称四夫人；有昭仪、昭容、昭媛、修仪、修容、修媛、充仪、充容、充媛，合称九嫔；有婕妤九人、美人九人、才人九人，合称二十七世妇；有宝林、御女、采女各二十七人，合称八十一御妻。其中四夫人，正一品；九嫔，正二品；婕妤，正三品；美人，正四品；才人，正五品；宝林，正六品；御女，正七品；采女，正八品。以上这些人在名义上各负责一些职事，实际上是没有什么事务要她们干的，她们只是皇帝的地位不等的妻妾而已，为皇帝生儿育女。

唐墓壁画宫女图

唐朝在宫廷内部建立了所谓的宫官制度，分为尚宫局、尚仪局、尚服局、尚食局、尚寝局和尚功局，总称宫官六尚，分别掌管宫中各类事务。每个局各置有地位高低不等的女官，各有严格规定的职掌，宫中生活能否正常运转，除了内侍省负责外，就要靠这些女官了。由于宫中人员众多，事务繁杂，为了保证正常运转，还设有负责纠察监管的女官，称为宫正、司正、典正，凡女官或宫女不能履行职责，违反宫廷禁令者，一旦发现，小事由宫正直接处罚，大事则奏闻皇帝或皇后，然后再行惩罚。

唐人所绘《宫乐图》（摹本）

宏伟壮丽的长安城

　　唐朝京师长安城总面积 84.1 平方千米，包括三大部分，即宫城、皇城和外郭城。考古实测，长安城东西长 9721 米，南北宽 8651.7 米，周长36744 米，呈东西略宽，南北略短的长方形城池。

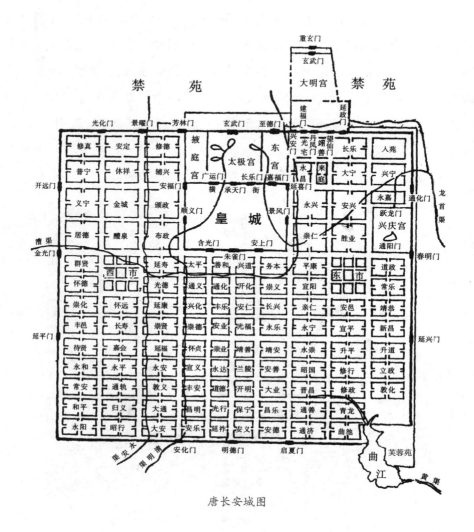

唐长安城图

宫城

　　唐朝初期的宫城指太极宫，包括东宫和掖庭宫，太极宫位于长安城北部最中央，《长安志图》卷上记载说："宫城东西四里，南北二里二百七十步，周十三里一百八十步，其崇三丈五尺。"太极宫的正南面共有五个门，正中是承天门，北面有两个门，中偏西为玄武门，历史上有名的玄武门之变就发生在这里。太极宫在隋朝叫大兴宫，共有 16 座大殿，进了承天门是太极殿，其后依次是两仪殿、甘露殿、延嘉殿等，构成了太极宫的中轴。在中轴线两侧还有许多建筑，另外还有中书省、门下省、舍人院、弘文馆等许多机构。太极宫的东边是东宫，是皇太子居住的宫殿，西边是掖庭宫，是嫔妃们居住的地方，均有大门相通。太极宫为唐朝前期的政治中心，唐高祖、唐太宗及唐高宗前期都在这里居住。

大明宫，是唐太宗贞观八年（公元634）在龙首原上为其父李渊修建的养老避暑的宫殿，没有建成李渊就去世了。唐高宗李治在龙朔二年（公元662）进行了扩建，建成后就移居到此，从此大明宫便成为唐朝历代皇帝的居住之处，是当时的政治中枢。大明宫呈不规则的长方形，其建筑规模和面积要远远大于太极宫。大明宫的南面同样有五个宫门，正中的叫丹凤门，进了此门便是正殿含元殿，其遗址至今犹存，气势非常宏伟。含元殿后面依次是宣政殿、紫宸殿、蓬莱殿、含凉殿、玄武殿，在含凉殿与玄武殿之间有一个人工湖，叫太液池。这是大明宫的中轴线，在其两侧还有许多建筑，重要的有延英殿、麟德殿、金銮殿、中书省、门下省、集贤殿书院、翰林院、少阳院等。

除了太极宫与大明宫外，唐玄宗统治时期又增加了兴庆宫，于是便称太极宫为西内，大明宫为东内，兴庆宫为南内。兴庆宫是开元二年（公元714）开始兴建的，并且经过数次扩建，占地约一个半坊，今天西安的兴庆宫公园只是其中的一小部分。兴庆宫的南面有两个门，中间为通阳门，

唐大明宫含元殿遗址鸟瞰图

唐
朝

373

唐大明宫含元殿复原图

唐大明宫麟德殿遗址

唐大明宫丹凤门遗址鸟瞰图

唐大明宫丹凤门复原建筑

东面为明义门，西面也有两个门，中间为兴庆门，其南边为金明门，北面
有三个门，从西向东，依次是丽苑门、跃龙门、芳苑门，东面是夹城，没
有开门。兴庆宫的主要建筑是：龙堂、兴庆殿、大同殿、长庆殿、南薰殿、
交泰殿、勤政务本楼、花萼相辉楼、沉香亭等。兴庆宫的面积较太极宫、
大明宫小，但建筑高大、豪华，气势非凡，这是唐朝鼎盛时期社会经济高
度繁荣的表现。兴庆宫
自建成之后，便成为唐
玄宗一朝的政治中心，
直到安史之乱爆发，才
结束了其政治中枢的地
位，唐朝的政治重心又
转移到大明宫去了。

唐兴庆宫勤政务本楼遗址

皇城

皇城是中央各机构的办公场所，又叫子城，位置在太极宫之南，中间仅隔着一条横街。据《唐两京城坊考》卷一记载："皇城东西五里一百一十五步，南北三里一百四十步，周十七里一百五十步。"皇城东、西、南三面有城墙，北面无墙。其南面共开三门，中为朱雀门，东为安上门，西为含光门；东面共开二门，南为景风门，北为延喜门；西面共开二门，南为顺义门，北为安福门。皇城的所有的大门均与城内大街相通，其中朱雀门与宫城的承天门和外郭城的明德门处在南北的中轴线上，将承天门大街和朱雀大街连通，使长安城分为东西两部分。皇城内部南北有七条街道，东西有五条街道，唐政府的各种机构就分布在南北七条、东西五条街道分隔成的空间内，成为唐王朝的行政中心。由于承天门大街（亦称天街）的两旁种满了槐树，绿树成荫，因此这些政府部门又被称为"槐衙"。皇城与宫城之间的横街，文献记载有三百步宽，约合今441米，考古实测仅得其残存的220米，是长安城中最宽的一条街道。这条街道之所以修建如此宽阔，主要是出于对宫城安全的考虑。皇城北面没有城墙，站在宫

唐长安皇城含光门遗址

城城墙上，俯视皇城，一切皆在其视线之内，而中间相隔的这条街道又有441米之宽，超过了一箭之遥（60米），这样的设计对宫城的安全来说自然是十分有利的。

外郭城

其面积是现在西安城面积的9.7倍（指明城墙内），汉长安城的2.4倍，是明清北京城的1.4倍，是当时世界上最大的都市。考古证实长安城墙是板筑夯土墙，城基厚度一般在9米至12米左右，与城门相接的一段，厚度往往达到20米左右。全城共有纵横的南北大街11条，东西大街14条，将居住区分为110个坊。外郭城南面有三门，中为明德门，东为启夏门，西为安化门；东面有三门，中为春明门，北为通化门，南为延兴门；西面有三门，中为金光门，北为开远门，南为延平门。外郭城的北面为宫城和禁苑，故三个城门均开在北城墙的西边，从西向东依次是光化门、景曜门、芳林门。除了明德门为一门五洞外，其余城门均为三洞。明德门的遗址就在今西安市杨家村，经考古发掘，一门五洞，与文献记载完全相符。隋唐长安城在设计上将宫城、皇城与坊市隔离，是其一个很大的特点，当然也

唐朝

377

唐长安城明德门遗址

是出于对统治机构安全的考虑。

　　唐长安城以朱雀大街为分界线，将全城分为东西两部分，街东归万年县管辖，街西归长安县管辖，两县各领55坊。由于城的东南角为直角形曲折，实际上只有109个坊。每个坊的四周都有高大的坊墙，墙上四面各开一门。除了皇城以南的36坊仅有东西街道，只在东西两面开门外，其余各坊内均有东西、南北十字街，四面皆开有坊门。坊的布局严整，管理严密，坊门定时启闭，每夜街鼓鸣后，坊门关闭，大街马上变得空荡荡的，所谓"六街鼓绝尘埃息"，就是指这种情况。长安城中的百姓住宅、官员

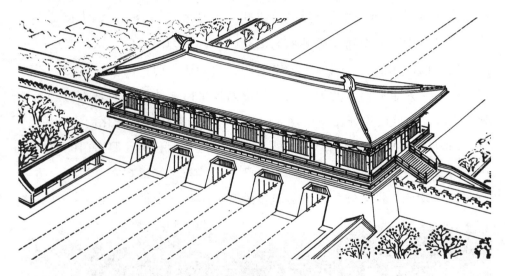

唐长安城明德门复原图

住宅、寺庙、道观等，全都修建在坊内，商业交易则在两市进行，街道两边是不允许开设店铺的。

　　长安城中有东市与西市，各占两坊之地，每市各有东西、南北四条大街，正好将全市分割成"井"字型，形成了九个方形区域，每个方形区域的四面都临街道，商业店铺便开设在每个方形区域的四周。两市各有220个行业，是长安城中的商业中心。唐武宗会昌三年（公元843）六月二十七日夜，东市发生火灾，烧毁了曹门以西12行共计4000余家店铺，可见其店铺分布之稠密。由于丝绸之路的畅通，西来的胡商人数众多，故西市的繁荣程度还要较东市更高一些。

唐长安城墙遗址

唐长安南郊圜丘遗址

唐长安圆丘遗址保护性修复后的情况

风景游览区

　　主要指以曲江为中心的包括周围的芙蓉苑、乐游原、杏园和慈恩寺等名胜所构成的一个区域，位于长安城的东南角。曲江地区早在秦汉时期就是宜春苑所在地，隋代开渠引水，使其水面面积扩大，唐玄宗时又进一步扩大了曲江的水面面积，并营建了芙蓉苑。芙蓉苑座落在曲江南岸林木繁茂之区，北可俯览曲江碧水，南则遥依终南山。苑的周围筑有苑墙，苑内垂柳成荫，繁花覆地，宫殿、亭台、楼阁参差错落其间，主要建筑有紫云楼、彩霞亭等，景色绝佳。它是专供皇家游乐的禁苑，一般人是不准入内的。乐游原是位于大雁塔东北、曲江之北的一个黄土台塬，在秦代属于宜春苑范围以内，汉代时成为人们游乐的一个场所。隋唐时期陆续建有寺庙、亭阁，由于其在长安城中地势最高，故每年正月晦日、三月三日、九月九日，京城官民登原游赏，络绎不绝。杏园，据《咸宁县志》记载，位于慈恩寺南，相距一坊之地。据此，它当在紧靠京城南垣、人口稀疏又临近曲江的通济坊内。因为种植有大面积的杏树，每年早春杏花开放的时节，遂成为游览曲江的人们必至之所。慈恩寺位于曲江西北的晋昌坊内，系贞观二十二年（公元648）李治为太子时因纪念其母长孙皇后所建。它是一座宏伟的寺院，玄奘法师由印度取经归来后，曾在这里译经，因而成为佛教慈恩宗（又称法相宗或唯识宗）的发源地。寺内有著名的大雁塔，并植有大量的杏树，曹著等诗人曾以"曲江亭望慈恩寺杏园花发"为题赋诗。可见这里也是人们经常游览的场所之一。

　　曲江游览区的兴衰可以说是与大唐帝国的盛衰息息相关的，唐末，随着藩镇的相互攻杀，长安城屡次遭到乱兵的抢劫和焚烧，曲江游览胜地也随之衰落下来。

唐李昭道绘《曲江图》

清袁耀绘《芙蓉园图》

西安芙蓉园紫云楼

宫廷乐舞与游艺

    唐朝乐舞主要分为雅乐和燕乐两大门类。雅乐主要用于祭祀和朝会等隆重场合，是一种相当程式化的庙堂乐舞，燕乐主要是在宴饮等场合表演的音乐和歌舞。至于游艺的门类和内容就更多了，包括杂技、魔术、游戏、棋类、蒲博等方面。

雅乐

    雅乐的表演主要由太常寺负责，是所谓朝廷礼乐制度的一部分。我国自古以来就是礼乐之邦，并形成了一套固定的程式，唐朝的雅乐既有继承前代的，也有新创造的，通常在朝会、祭祀、册封、谒陵、行幸、阅军等场合表演。雅乐包括器乐演奏、唱歌和舞蹈在内，曲调、歌词、舞姿以及

日本正仓院藏唐螺钿紫檀五弦琵琶　　　　　日本正仓院藏唐紫檀木画槽琵琶

所用的乐器和人数等，不同的场合，都有严格的规定，是固定不变的。唐初祖孝孙主持制定了唐朝的雅乐之制，共十二种，号《大唐雅乐》。据《新唐书·礼乐志》的记载："一曰《豫和》，二曰《顺和》，三曰《永和》，四曰《肃和》，五曰《雍和》，六曰《寿和》，七曰《太和》，八曰《舒和》，九曰《昭和》，十曰《休和》，十一曰《正和》，十二曰《承和》。用于郊庙朝廷，以和人神。"唐高宗时稍有变化，至玄宗又再一次恢复了祖孝孙制定的这一套乐制。唐朝自己新创的乐舞主要有三种，即《七德舞》《九功舞》和《上元舞》。其中前者原名《秦王破阵乐》，是李世民破刘武周时，军中所演唱的，他当了皇帝后，为了歌颂其赫赫武功，遂将其加以改编，号《七德舞》。《九功舞》原名《功成庆善乐》，庆善宫指唐高祖李渊在武功旧宅，李世民就出生在那里，唐朝建立后改名庆善宫。唐太宗即位后，曾率群臣驾幸武功庆善宫，设宴大会朝臣，命人创作了此舞在会上表演，后改名为《九功舞》。《上元舞》是唐高宗创作的一种乐舞，表演者188人，就人数而言超过了前两种乐舞，并且规定大祭祀时皆用之。

唐高宗还规定武舞用《七德舞》，用于阅军、大射等场合，文舞用《九功舞》，用于郊庙、享宴等场合。武则天时期皆废之，后竟然逐渐失传了。

日本保存的乐舞图——《秦王破阵乐》

唐代壁画《奏乐宫女》　　　　　　　　　　　　　敦煌壁画中的唐乐舞图

燕乐

唐朝的燕乐是在隋朝九部乐的基础上发展而来的。隋朝初年，文帝定七部乐为正式的燕乐，分别是国伎、清商伎、高丽伎、天竺伎、安国伎、龟兹伎和文康伎。炀帝即位之后，在此基础上加以改革，确定清商、西凉、龟兹、天竺、康国、疏勒、安国、高丽与礼毕等为九部乐。唐朝初年一仍隋旧。太宗时去礼毕，增燕乐；平定高昌后，又在贞观十六年（公元642）增加了《高昌乐》，在隋朝九部乐的基础上形成了唐朝的十部乐。此后，随着唐朝对外文化交流进程的加深，以国别分类的方式逐渐发生变化，出现了立、坐二部分类，堂下立奏者为立部伎，堂上坐奏者为坐部伎。立部伎八部，坐部伎六部。天宝十三载（公元754），唐朝对太乐署供奉的乐曲名称进行了大规模改动，进一步将保留胡名或听来不雅驯的乐曲改为典

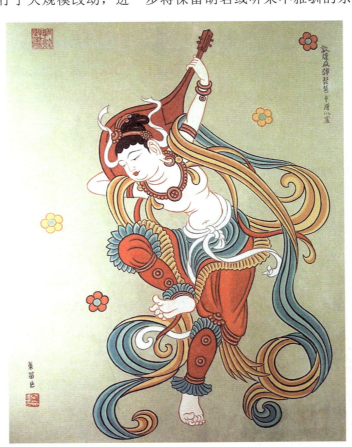

敦煌唐代反弹琵琶舞临摹图

日本绘《兰陵王舞图》

雅的汉名。乐曲改名，不仅表现了唐朝对域外音乐文化的吸收过程，而且反映了外来音乐文化对唐朝音乐的重大影响。《教坊记》所记唐代曲名最称完备，总共不过记载了325首曲名，失而未记者不知有多少。除此之外，还有许多外来乐舞，如扶南、骠国、百济乐等。唐代著名的乐舞还有：《胡旋舞》《胡腾舞》《阿辽》《拂菻》《柘枝舞》《大渭州》《黄獐》《达摩支》《垂手罗》《春莺啭》《乌夜啼》《回波乐》《半社》《渠借席》《兰陵王》等。

唐骑驼乐舞三彩胡人俑

需要说明的是，唐朝的乐舞并不仅是音乐，还包括舞蹈、歌曲在内，这与今天所说的音乐不同。如《清商乐》就包括《白纻舞》《前溪舞》《铎舞》《公莫舞》《明君舞》《巾舞》《巴渝舞》等舞蹈，歌曲有《阳伴》等；《西凉乐》就包括《白舞》《方舞》，歌曲有《永世丰》等；《天竺乐》的舞蹈有《天曲》，歌曲有《沙石疆》；《高丽乐》的舞蹈有《歌芝栖》，歌曲有《芝栖》；《龟兹乐》有舞蹈《小天》《疏勒盐》，歌曲有《善善摩尼》，等等。每部乐舞表演时都有一定的程式，其服饰、乐器、乐曲、歌词、人数都有严格的规定。

敦煌壁画中的《胡旋舞图》

唐墓壁画《乐舞图》

散乐

又称百戏，是包括杂技、魔术、马戏等在内的一种艺术形式。这种艺术形式本来在民间颇为流行，其中有些节目是中国固有的，有些节目则来自域外，在民间颇受欢迎。正由于这些节目观赏性很强，因此宫廷中也不时进行此类表演，遂成为宫廷娱乐的一个组成部分。其内容十分丰富，主要有橦木伎、杯盘伎、长跷伎、跳跎伎、踯倒伎、跳剑伎、吞剑伎、舞轮伎、透飞梯伎、高絙伎、缘竿伎、猕猴缘竿伎、弄碗珠伎、丹珠伎、驯兽、旱船、角觝、舞马及各种民间杂耍等；属于歌舞戏而又归于散乐的有拨头、踏摇娘、窟儡子等；属于马戏的有驯象、驯犀、驯猴、驯鹦鹉、驯赤嘴鸟、驯昆虫等表演。凡皇帝下令举办的百戏表演规模都很大，一次出动数百数千人是很常见的，唐高祖时有一次举行此类表演，由于参加人数过多，服饰不够，竟需要到民间借用。隶属于官府的百戏艺人也是很多的，仅太常寺所管辖的就达万人以上，此外，民间也有大量的此类艺人，他们除了在民间表演外，有时也被官府征召参加政府组织的表演活动。

唐代鎏金舞马衔杯纹银壶

唐代杂技俑

唐代彩绘说唱俑

其他游艺

　　唐代的游艺活动丰富多彩，以球类活动为例，就有蹴鞠，即古代的足球活动；击鞠，马球竞技活动；驴鞠，骑在驴上击球，妇女多喜爱此类活动，男性中也不乏喜爱者；步打球与肩舆打球，前者是指步行以杖击球，后者是指乘坐肩抬的交通工具打球，这两种运动激烈程度不如击鞠与驴鞠，故受到了不少人的欢迎。蒲博类游戏主要有：围棋、象棋、弹棋、双陆、握槊、长行、骰子戏、彩选、叶子戏、龟背戏、钱戏等，大部分玩法还是可以追寻的，有少部分的具体玩法已不可考。之所以将其归之为蒲博类游戏，是因为唐人在玩这类游戏时，往往都下有赌注，故吸引力很大，无论是民间还是宫廷都十分流行。此外，唐人举办宴饮活动时，也有酒令游戏，有关这方面的记载较多。猜谜游戏也十分流行，酒宴上也时常举行之。在唐代凡花鸟虫鱼，无不可以用来游戏，有斗花鸟、斗瓜、斗茶、斗蜘蛛、斗蟋蟀、斗蚂蚁、斗蝉、斗鸡、斗鹅、斗牛、斗羊、斗刺猬等，其中大部分游戏都在宫廷流行，有的还为此设置了专门机构，如唐玄宗为了斗鸡，就设置了鸡坊，专门驯养斗鸡，并派官管理。除了以上这些活动外，骑竹马、荡秋千、放风筝等活动在宫廷也很流行。在节庆时也有一些特定的活动，如上元节观灯，寒食与清明节踏青，端午节赛龙舟，七夕节乞巧，中秋节赏月宴饮，重阳节登高等。

唐代绢画下围棋的仕女

唐代琉璃围棋子

新疆出土的唐代螺钿木双陆棋盘

唐墓壁画《打马球图》局部

开放的社会风气

　　唐朝在高祖时期由于尚未完全削平割据，统一全国，所以还无暇顾及制定对外开放的政策。唐太宗李世民以其远大的目光，宽阔的胸怀，重新打通了丝绸之路，开启了唐朝开放的社会风气，对外经济、文化交流更加频繁，各个民族和睦相处，加速了民族融合的步伐。

唐交河故城遗址

唐代彩绘骆驼俑

文化交流

唐代中外文化交流十分频繁，在音乐舞蹈方面，传入中国的作品非常之多，在唐朝的"十部乐"中，《高丽乐》《天竺乐》《龟兹乐》《疏勒乐》《康国乐》《安国乐》《高昌乐》等，都是外来的音乐，只有《燕乐》《清商乐》《西凉乐》是中国固有的音乐。大批西域乐人涌入中国，带来许多乐曲、乐器和舞蹈，对中国产生了很大的影响，同样中国的乐舞也对周边国家产生了很大的影响。新罗、高丽、百济、日本等国又派大批僧人到中国来求法，他们不仅学习佛法，而且还抄写了大批佛经带回国去。东亚各国向中国派了大批留学生，把中国的历法、音乐、礼仪、服饰、美术、建筑、医学等都带了回去，如日本的平城京（奈良）就是仿长安而建设起来的。公元719年，日本政府下令要求全国百姓衣服学习中国改为右襟。公元724年，日本允许官吏在有财力的情况下可以在屋顶上铺瓦，墙壁涂白，柱子漆红。唐朝的琴棋书画、衣饰、屏风、文房四宝，都传入日本，日本的奈良东大寺正仓院至今还保存有这类东西。此外，日本还吸收了唐朝的典章制度，如日本的"大化革新"就是受唐朝影响而促成的。日本仿照唐朝颁布了一系列律令，如《大宝律令》《养老律令》等；仿唐朝的三省六部制设立了两官八省制，至于日本的刑法、税制、班田制、公民制、大学等，无一不是受唐朝制度影响而制定的。日本还吸收了中国的儒学、宗教、哲学等学说，这种影响不仅体现在日本仿照中国建立了大学等学校，学习的内容为儒家经典，而且还表现在社会风俗、伦理观念以及建筑、绘画等许多方面，都受到了中国的深刻影响。中国的《五经》《史记》《汉书》《后汉书》《三国志》及《文选》《玉篇》《字林》等书也传入到朝鲜半岛。

青龙寺空海纪念碑

青龙寺空海纪念堂

唐朝把《晋书》撰成以后，唐太宗就赐给了新罗王，至于唐人的文集更是大量传入朝鲜。朝鲜半岛对中国文化接受得比较彻底，不仅礼仪、法律、典章制度学习中国，连文字也使用汉字，至于其表疏章奏也都效仿中国。这一时期来中国留学者也很多，其中以新罗人最多，有的留学生还参加了科举考试，在唐朝做官者也大有人在。如新罗人崔致远在中国科举及第后，留在中国任官，回国时把他在唐朝时所写的诗文表状编成《桂苑笔耕集》20卷，至今仍流传颇广，朝鲜人后来把他视作中国诗文东传的开山鼻祖。

新罗人崔致远著《桂苑笔耕集》书影　　　　　《论语集解》（日本正平刊本）

日本一乘寺三重塔（仿唐建筑风格）

高丽李朝法住寺捌相殿

科学技术

在科学技术方面，天竺的天文学家来到中国的颇多，如瞿昙罗在武则天时期主持过光宅历的制定，瞿昙悉达在开元六年翻译了天竺的《九执历》。唐代著名学者僧一行在主持制定《大衍历》时，使用过大量的天文观察资料，其中就有《九执历》的一些成果，这就说明《大衍历》是以中外天文学成果为基础而制定的。此外，天竺的一些药材也传入中国，波斯人李珣在唐朝以买卖香药为业，曾著有《海药本草》一书，记载了唐代从海外各国输入的各种药物。在唐后期，天竺还有一些眼科医生来华行医，其精湛的医术受到了时人的赞扬。天竺的熬糖法，波斯的三勒浆酒酿造法等，都传入到中国。我国早已能制糖，但由于技术和生产原料方面的原因，糖的质量尚不高。唐太宗派人至摩揭陀国取回制糖技术，在扬州煎蔗汁自造，所制之糖色味超过了西域所制。这种自制之糖叫沙糖，和以前我国所造的块状糖完全不同，呈现为颗粒状。唐以前我国不能生产葡萄酒，史书上所提到的葡萄酒多是外国进贡而来。张骞通西域时，所引进的葡萄不适宜酿酒。太宗平定高昌后，把一种新葡萄品种"马乳"引种入内地，同时还传入了葡萄酒的酿造技术。从此中国就掌握了酿造葡萄酒的技术，并在太原建成大规模的葡萄种植园，酿造葡萄酒也成为太原的一种特殊手工业。中

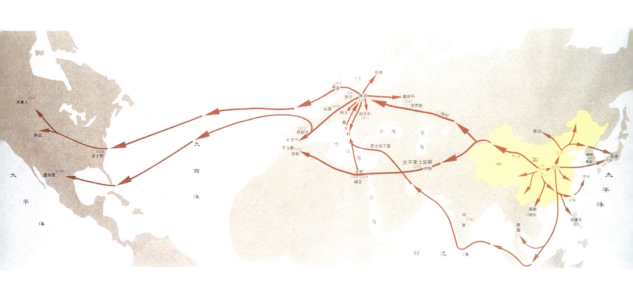

中国印刷术外传示意图

国的科学技术同样也传到了外国，如造纸术、雕版印刷术、种桑养蚕技术等，都先后传到了海外，对世界文化和科学技术的发展贡献甚大。此外，中国的炼丹术和硝在八九世纪就传入阿拉伯，他们把硝称为"中国雪"。脉术也是在唐代传入阿拉伯的。中国的绫锦织机和陶瓷制造技术也传到了阿拉伯国家。中国的这些科学技术的外传，对当时各国影响很大，促进了各国社会的发展，马克思把印刷术、火药、罗盘列为促使资本主义社会到来的三项伟大发明。

唐《陀罗尼经》汉文印本

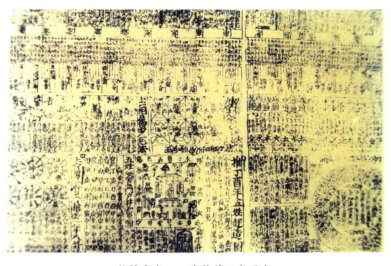

敦煌文书——唐乾符四年历书

唐代天文学家一行塑像

欧洲最早的造纸图

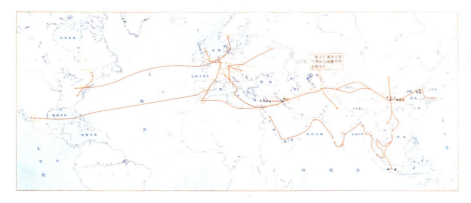

中国造纸术外传路线示意图

外来物品

唐代输入中国的外来物品很多，如贞观十一年，康国进贡金桃、银桃树种，唐太宗令将其栽植于苑囿之中。除此之外，从波斯引进的石榴、胡桃、胡麻、菠菜种子，也极大地丰富了唐朝人的生活。由于丝绸之路的畅通发达，中外经济文化交流的飞速发展，西域乃至欧洲的玻璃制品、珊瑚、琥珀、毛皮、珠宝、香料以及金银器制作技术等输入中国。长安西市内不时都可看到金发碧眼的异域人士不停地忙碌着，他们不远万里带来的各种外来物品，带动了长安消费观念的变化，常常成为都市时尚生活的指针。从外国输入的一些唐朝没有或者品种相对优良的动物，增加了我国的物种，丰富了人们的生活。西域诸国进献珍禽异兽见于史书记载的有：贞观四年，龟兹国遣使进献良马；贞观九年，疏勒国遣使献名贵马匹；贞观十一年，罽宾国遣使献名贵马匹；贞观十六年，该国又贡献褥特鼠，这种动物嘴巴

唐高宗乾陵前的鸵鸟石雕

尖窄尾巴赤红，以蛇为食物，如有人被蛇所咬，它能够闻到并撒尿于伤口，伤口很快就会愈合。贞观九年，康国遣使入唐，进贡狮子到长安，太宗非常高兴，令大臣虞世南撰《狮子赋》，以咏颂这件事情。武德七年，高昌国献雌雄狗一对，这种狗高六寸，长尺余，聪明伶俐，原出自拂菻国，即东罗马帝国，故称其为罗马犬（即哈巴狗），这是中国首次拥有这种品种的

唐高祖献陵前的石犀

狗。贞观元年，高昌国进贡玄狐皮裘。南方少数民族国家或政权进贡情况如下：贞观二十一年，堕婆登国献古贝、象牙、白檀木等；同年，陀洹国遣使进献白鹦鹉及婆律膏，向唐朝请求赐予马匹及铜钟。贞观初，林邑国遣使进献经过驯养的犀牛；贞观四年，遣使献火珠，大如鸡蛋、皎洁白润、光芒四射，实际上是一种水晶球；贞观五年，又进献了五色鹦鹉，太宗感到非常新奇，诏令太子右庶子李百药赋诗咏颂。此外，该国还进献过白色鹦鹉，长相令人怜惜、与人说话应答如流，太宗不忍心束缚鹦鹉，命人将其放归山林。唐乾陵石刻中有翼马和鸵鸟石雕，有研究者认为，唐陵中第一次出现鸵鸟石雕，显示了当时人们对这种出产于非洲的珍禽已有不少了解。类似的外来物品还很多，就不一一列举了。

民族融合

唐朝自贞观以来，民族迁徙与民族融合的步伐进一步加快，民族的融合出现了前所未有的高潮。大量的周边民族内迁，如突厥、粟特、契丹、回纥、奚、铁勒、高丽等民族大量迁入周边乃至于内地，与汉族交错杂居，从而促进了民族融合的步伐。唐代所谓"胡化"问题比较突出，以长安为例，少数民族的服饰、化妆、饮食以及生活习俗等都对唐人产生了极大的影响。当时，长安人穿胡服已蔚然成风，开元初"从驾宫入骑马者皆著胡帽……太常乐尚胡曲……士兵竞衣胡服"。贞观初，长安城中已是"胡着汉帽，汉着胡帽"。妇女的衣着更加"胡化"，从中国传统的圆领、方领、斜领、直领和鸡心领到盛唐流行的袒领，袒露胸部于外，唐人所写的"粉胸半掩疑暗雪"，"长留白雪占胸前"等诗句，就描写了这种服饰的情况。还有一种更加开放的服装，"绮罗丝缕见肌肤"，里面不着内衣，仅以轻纱蔽体，在中晚唐时十分流行。另一方面，蕃客着汉服、娶汉族女子为妻妾，崇尚汉文化者屡见不鲜。充分展现了胡风胡韵对唐长安开放的个性风采和时尚潮流的影响。至于胡食则更加流行，《旧唐书·舆服志》载：唐代长安"贵人御馔，仅供胡食"，玄宗时，"时行胡饼，俗家皆然"。白居易诗亦曰："胡麻饼样学京师，面脆油香新出炉。" 少数民族内迁后，接受了中国传统文化的熏陶，特别在唐朝重视诗文歌赋的大环境下，他们不仅接受了儒家的道德规范，而且文化素养也大大提高。以铁勒契苾部首领契苾何力为例，司稼卿梁孝仁在高宗时负责修造大明宫蓬莱院，他在庭院中栽植了许多白杨树。契苾何力偶到大明宫，梁孝仁指着白杨树对他说，此树生长周期快，三五年间宫中就可遮蔽太阳乘凉了。契苾何力并不认同

唐三彩马

唐代鎏金胡人伎乐八棱银杯

唐代怀抱乐器胡俑

西安出土的大食旅行者陶俑

他说的话，只是默默地诵读古诗："白杨多悲风，萧萧愁杀人。"意思是说白杨树多栽植在坟茔冢墓之侧，并不适宜植于宫中庭院。梁孝仁遂下令拔掉白杨，改栽梧桐。作为一个内迁的少数民族将军，他的识见如此之高，竟使得汉族官员为之汗颜，足见其文化素养之高。

唐玉门关遗址

政治开放

主要体现在学校教育、职官任命等方面。当时在长安国子监所辖诸学中有大量的少数民族和外国学生学习，学成以后可以回国，也可以留在中国当官。在唐朝无论是在中央各机构或者地方各级政府中，都有不少外国人或少数民族之人任职，仅贞观时期在长安任五品中郎将以上的突厥人就达500多人，至于担任更高官职的也大有人在，诸卫大将军中就有不少这样的人。安史之乱前后，任节度使的少数民族或外国人也是大有人在的，如高仙芝，高丽人；安禄山、史思明，都是营州胡人，很可能是粟特人，至少也有其血统。在唐朝的各级将领还有波斯人、百济人、新罗人，至于其他少数民族将领就更多了。日本人、天竺人、高丽人也都在唐朝政府中担任过各种官职，有的甚至世代在中国为官，在太史局任太史令的瞿昙罗家族就是一个天竺家族，一家数代长期在中国任职。唐朝的政治开放有一个鲜明的特点，就是在中国任官者不一定都要加入中国国籍，如果愿意回归故国，也决不阻拦，可以自由往来。如日本人阿倍仲麻侣，新罗人崔致远等，都是先在中国任职，然后再回国任职的。这一点在世界各国中是非常罕见的。还有一个特点，即唐朝的统治者对外国人或少数民族之人十分信任，甚至有在宫中担任宿卫军官的，而皇帝却毫不猜忌和怀疑，这也是非常罕见的。所有这一切都充分地说明了唐朝在政治上的开放是十分彻底的，决非做做表面文章。

东渡日本的鉴真和尚漆像

东亚汉文化圈

中国文化对东亚各国的最大影响莫过于汉字和儒学，当时的日本、朝鲜、越南等国都把中国作为其文化母国，大规模地、甚至在某些阶段全盘地接受中国文化，从而形成

越南茶荣市关帝庙关羽塑像

了包括中国在内的东亚汉文化圈。汉文化圈的形成有一个漫长的过程，早在公元前4至3世纪，汉字就已传到了朝鲜与日本。公元3世纪，随着《论语》等儒家典籍传到了日本，儒学便

唐朝

403

开始在东亚各国流行开来。至公元7至9世纪的隋唐时期，中华文化圈便在总体上形成了。汉文化圈的基本要素是：汉字、儒学、中国式的律令、中国式的科技、中国化的佛教等。在唐代东亚各国尤其是日本、朝鲜等国，都把汉字和儒学教育作为其本国教育的内容，他们也像中国一样尊孔，而且孔庙越修越大，祭祀孔子的释奠之礼也越来越隆重。日本还仿照唐朝律令制定了本国的《养老律令》，其中所规定官制、兵制、田制、税制、学制等，几乎都是唐朝律令的翻版。唐乐、唐绘、唐食（唐果子）、唐服、唐式餐具（具物用汉法）等都在日本大为流行。日本在全面吸收唐文化的基础上，结合本国情况加以改造，终于形成了独具特色的日本传统文化。

至于朝鲜更是长期以来使用汉字，其文化典籍均是用汉字写成的，其本国文字形成较晚，所以现在韩国想要弘扬传统文化，就有一个如何使更多的人尤其是年轻人学习和掌握汉字的问题。

越南河内国子监文庙

越南河内文庙内的孔子像

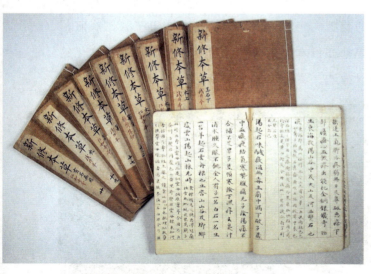

唐代官颁的药典——《新修本草》

现存最早的日本雕印的汉文书籍——《成唯识论》

西安出土的唐代波斯银币

繁荣的文化事业

诗　词

　　唐代诗歌的繁荣是众所周知的，其发展成就主要表现如下：首先，唐代的各个时期都涌现了一批有影响的诗人，如初唐陈子昂与四杰，盛唐的李、杜与王维，中唐的元、白及大历十才子，晚唐时期则有李贺、杜牧、李商隐、皮日休、陆龟蒙等。说明唐代诗歌一直呈快速发展状态。其次，各种诗歌流派都有很大程度的发展，各有其成就斐然的代表诗人，如浪漫主义诗人的李白，现实主义诗人杜甫、白居易，山水田园诗人王维，边塞派诗人高适、岑参等，新乐府派的白居易、元稹、孟郊等，鬼才李贺等，从而使各种风格的诗歌都得到了充分的发展，有力地推动了我国古典诗歌繁荣局面的出现。再次，各种诗歌体裁都得到了很大的发展，无论七言还是五言诗，也不论律诗、绝句还是古体诗，都涌现了一批流传千古的佳作。最后，唐代的诗歌成就影响甚大，不仅影响了后世诗歌的发展，而且还对东亚深受汉文化影响的诸国产生了广泛的影响，直至今日，一谈唐代文化时首先想到的莫不是唐诗。唐代诗歌之所以能取得伟大的成就，一是与开放的社会风气有着直接关系，禁忌较少，可以使诗人自由地创作，而不会有后顾之忧，这与后世动辄出现的文字狱形成了鲜明的对照。另一个原因是与音韵学的发展

李白画像

杜甫画像

白居易画像

唐朝

405

元稹画像

有着直接的关系，这一点对律诗的发展尤为重要。此外，对外文化交流的繁荣，也对开阔诗人的眼界，扩展诗歌表现的内容，发挥了重要的作用。

小说与古文

唐代文学发展的又一重要成就，就是传奇小说获得了很大的发展。在魏晋南北朝时期流行志怪小说，而传奇小说则是唐人对我国文化的一个重要贡献。著名的唐代传奇小说作品有：《游仙窟》《枕中记》《柳毅传》《李娃传》《霍小玉传》《莺莺传》《虬髯客传》等。与志怪小说相比，传奇小说无论是情节、结构、语言等各方面，都取得了长足的进步，标志着我国小说的发展已逐渐趋于成熟，并发展成为一种独立的文学形式，对宋元时代的戏曲和白话小说的创作都产生了很大的影响。除此之外，其他通俗文学也都取得了程度不同的发展，如变文、词文、话本等文学体裁也都有了长足地发展，值得重视。

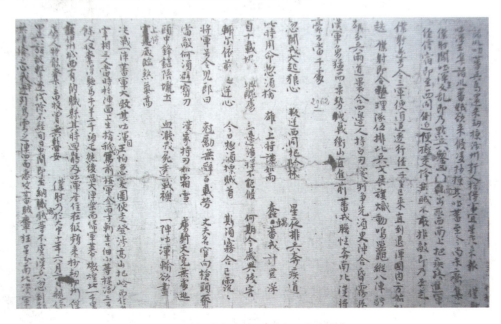

敦煌文书——《张议潮变文》

这里所谓古文是指先秦两汉时期的自由散体的文章，在唐之前尚无这种提法，自唐人韩愈提出以来，遂被世人很快接受了。由于六朝隋唐时期流行骈体文，无论公私无不如此，这种文体文字华丽，思想空虚，讲究押韵，每句多为四至六字，故又称四六文。早在韩愈之前就有人起来倡导恢复先秦古文，反对骈体文，这其中影响最大的当数韩愈，此外还有柳宗元，并称为韩柳。韩愈不仅在理论上论述了恢复古文的重要性，而且还创作了大量散文，身体力行，大力倡导古代散文的创作。柳宗元主要是通过实践创作来推动古文写作的发展，他用散文体裁写了大量的寓言式的和山水游记一类的文章，在社会上产生了很大的影响。由于韩、柳的努力以及其作品影响的日益扩大，学习仿效者蜂起，彼此呼应，逐渐形成了一股古文创作的潮流，对骈体文的统治地位形成了极大的冲击，并对后世产生了极大的影响。经过宋人的大力提倡和努力，终于改变了文坛上的这一状况，有力地推动了我国古代文学的发展。

唐朝

407

日本正仓院收藏的唐代笔墨

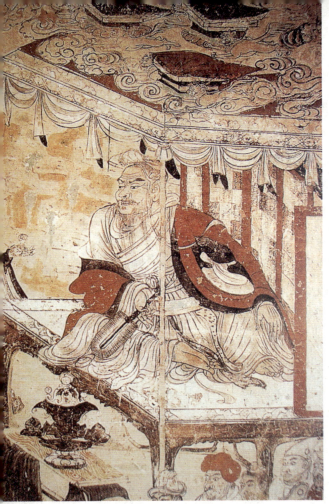

敦煌壁画《维摩诘图》（相传为吴道子所绘）

相传为唐代吴道子绘《八十七神仙图卷》局部

绘　画

　　唐代的绘画艺术在两汉魏晋南北朝的基础上又大大地向前迈进了一步，达到了一个新的阶段。其成就主要表现在山水画已经摆脱了稚拙之气，金碧山水画的出现，使人耳目一新，代表人有李思训、李昭道父子，人称大小李将军。此外，水墨山水画也有很大的发展，代表人物有王维、郑虔、张璪、王宰、刘商、王洽等，其中影响最大的有王维、王洽等人。在唐代的画坛上占据主流地位的还是释道人物画，其中最主要的代表人物是吴道子，他在绘画艺术上多有创新和突破，画史上给予了很高的评价，被后人推崇为"画圣"。此外，唐初的阎立本与尉迟乙僧也是非常著名的画家，在一定程度上推进了唐代绘画艺术的

发展。除了以上这些画家和画种有所发展外，在
花鸟画、仕女画、禽兽画等方面也都取得了较大
的成就。其中仕女画的代表人物有张萱、周昉，
禽兽画的代表人物是韩干、曹霸、韩滉等，花鸟
画的代表人物有薛稷、边鸾、李逖、姜皎等。需
要说明的，花鸟画在隋唐以前虽已出现，但十分
稚拙，到了唐代始逐渐发展成为独立的画种而跻
身于画坛。唐代的绘画成就除了这些以外，在墓
室壁画方面也有了长足的进步，这些年来考古发

王维画像

现的大量的唐墓壁画便是有力的证明，其内容包括仕女、官员、仪卫、青
龙、白虎、骏马、云车、楼阁以及装饰性图案，线条流畅，色调和谐，表
现出了高超的绘画技巧。其中最有名的有《打马球图》《客使图》《捕蝉图》
等。此外，唐代的雕塑和壁画艺术也有很大的发展，这一点在敦煌莫高窟、
洛阳龙门石窟已经表现得非常突出了，就不多说了。

唐
朝

409

敦煌壁画《五台山图》局部

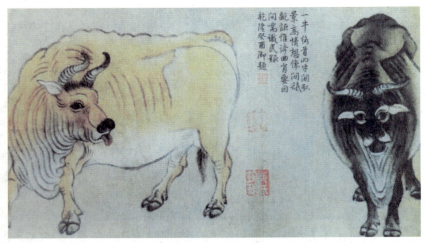

唐韩滉《五牛图》局部

唐周昉《簪花仕女图》局部

唐韩干《照夜白图》

敦煌盛唐彩绘菩萨

书 法

唐代书法艺术取得的成就最大，可以说将我国书法艺术推向了一个新的高峰，其成就主要表现如下：其一，涌现了一大批成就突出、技艺高超的书法名家，如唐初的欧阳询、虞世南、褚遂良和薛稷等四大家，依时代

褚遂良画像

颜真卿画像

柳公权画像

顺序排列，还有李邕、孙过庭、颜真卿、徐浩、张旭、怀素、李阳冰、柳公权等一大批名家，他们都对中国书法艺术的发展做出或大或小的贡献，其中以颜真卿、柳公权贡献最大。其二，各种书体齐全，每一种书体都在艺术上取得了很大的进步，如在楷书上有初唐四大家和颜真卿、柳公权，使得我国的楷书艺术走向成熟，对后世产生了很大的影响，称之为"颜筋柳骨"，其中以颜真卿的贡献最大；在篆书方面，李阳冰的贡献最大，后人将他与秦代的李斯并称为二李，可见其影响之大；在草书方面，最有影响的要算怀素与张旭，在书法史上两人并称"颠张醉素"，他们在继承传统的基础上，大胆变革创新，使狂草艺术更加成熟、完美。其三，在书法理论方面有所创新，涌现了一批书法艺术理论探讨方面的论著，如唐太宗的《书论》、虞世南的《笔髓论》，孙过庭的《书谱》，欧阳询的《结体三十六法》与《用笔论》，颜真卿的《述张长史笔法十二意》、张怀瓘的《书断》，韩方明的《授笔要说》等，对促进我国书法艺术的发展发挥了重要作用。

唐代书法艺术之所以能够取得很大的发展成就，与统治阶级高度重视是分不开的，在唐朝的皇帝中有一批书法爱好者，如唐太宗、武则天、唐玄宗、唐肃宗、唐德宗等，他们的大力提倡与身体力行，直接推动了书法艺术的进步。再加上制度上的保障，如创办专门的书法学校，科举考试与铨选官员都对书法方面有所要求，使得读书之人不得不重视书法的训练。此外，唐代高度稳定的社会和繁荣的经济，也为书法艺术的发展提供了必要的社会和物质条件。

张旭画像

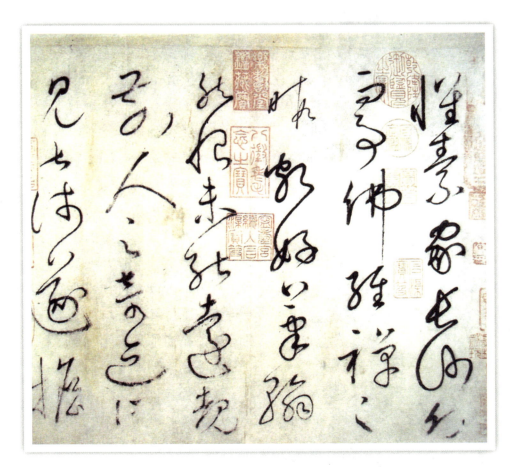

怀素《自叙帖》

兼容并蓄的宗教政策

玄奘塑像

西安慈恩寺大雁塔（玄奘译经处）

唐朝实行的是兼容并蓄的宗教政策，允许各种宗教包括外来宗教在境内传播，从而适应了境内各个族群的信仰需要，有力地促进了社会的和谐发展。

佛　教

佛教由于传入中国最早，发展到唐代时已经达到了一个非常繁荣的阶段。最明显的标志就是形成了众多的佛教宗派，主要有法相宗、华严宗、禅宗、净土宗、律宗、密宗等，每个宗派都有自己独特的宗教理论体系、宗教戒规、寺院经济、势力范围以及世代相袭的法嗣系统。还有一个标志就是佛教中国化的形成，这一点在禅宗的学说中表现得最为彻底，且最具哲理化，影响后世最为深远。众多佛教宗派的形成，使得世界佛教中心已由印度转移到中国，并且辐射到周边的日本、朝鲜、越南等国。唐代佛教高度发展的又一个标志，就是翻译了大批的佛教经书，其成就超过了我国任何一个历史时期，涌现了一大批著名的佛学家和翻译家，如玄奘、不空等人。唐武宗会昌年间虽然对佛教进行了沉重的打击，但是在武宗逝世，唐宣宗即位后，佛教又很快恢复并发展起来，可见其已深深地扎根于中国的社会生活之中，任何人为的力量都不能阻止其发展的步伐。

唐宣宗画像

唐朝

415

长安兴教寺——埋葬玄奘遗骨的处所

道 教

　　道教是中国土生土长的宗教，经过数百年的发展，至唐代时已经完全成熟起来了，并且形成了与佛教争衡的强大势力。道教之所以能在唐代迅速发展，主要与统治阶级的大力支持分不开，李唐皇室为了巩固自己的统治地位，自认为是老子的后裔，并对道教格外尊崇。武德八年（公元625），唐高祖李渊下令道教地位在佛教之上。唐太宗于贞观十一年（公元637）又规定道士、女冠的地位在和尚、尼姑之前。唐高宗时，追尊老子为"太上玄元皇帝"。唐中宗时，又下令诸州各建立一座道观。唐玄宗于开元二十四年（公元736），诏令道士、女冠隶于宗正寺，视其为皇族宗亲。为了进一步提高道教的地位，玄宗又设置了崇玄馆，置玄学博士，诸州置玄学士，在科举考试中设置了道举科。他还亲自注释了《道德经》，列为诸经之首，在宫中专门设置了玄元皇帝庙。此外，唐政府还把历代道教经典编成了《道藏》3944卷，分送全国各地，以扩大道教的影

福建泉州石雕老君像

楼观台远景

响。据唐末道士杜光庭所撰的《历代崇道记》记载，唐代共有道观 1900 余所，道士 15000 多人。

摩尼教

　　亦称明教、牟尼教，发源于古代波斯萨珊王朝，在公元 3 世纪中叶由波斯人摩尼（Mani）所创立。其基本教义是善、恶二元论，将一切现象归纳为善与恶，善为光明，恶为黑暗，而光明必会战胜黑暗，人类若依宗教之真理与神之志向，终必走向光明、极乐之世界。摩尼教约于 6 至 7 世纪传入我国新疆地区，再由新疆传入漠北之回纥，而盛行于该地。唐代宗大历三年（公元 768），应回纥之请，于江淮等地建立摩尼寺。唐武宗会昌五年（公元 845）灭佛时，摩尼教亦遭严重打击，转而成为秘密宗教，并吸收了道教及民间信仰的一些因素，从而改称为明教。此后摩尼教在民间影响很大，五代、宋元时期不少农民起义都是利用此教而发动的，并在其教义中混入了佛教、道教的思想因素。

唐朝

417

福建泉州摩尼教草庵

新疆库车发现的摩尼教经典残片

新疆楼兰城遗址中发现的摩尼教壁画

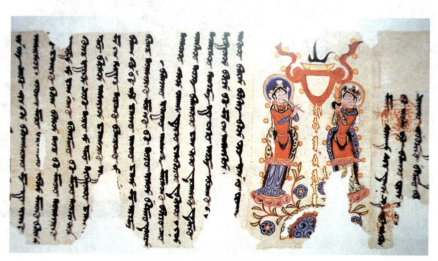

新疆吐鲁番出土的粟特文摩尼教徒书信

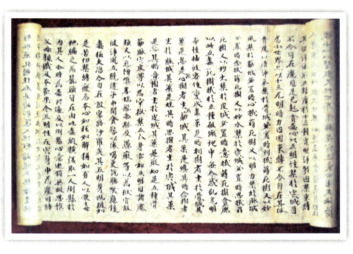

敦煌文书中的摩尼教经

景 教

即基督教聂斯脱利派，也就是东方亚述教会，起源于今日叙利亚，是最早传入中国的基督教流派。记录景教流传入中国情况的最重要的史料，便是在西安发现并收藏于今西安碑林博物馆的《大秦景教流行中国碑》。据载，贞观九年（公元 635），景教僧侣阿罗本将此教传入中国，不久唐太宗就允许在长安城中义宁坊建寺一所，度僧 21 人，许其传教。这种景教寺院也称波斯寺、大秦寺，后来景教扩展到全国各地，除两京外，灵武、成都、广州等地也都有大秦寺。到了德宗建中年间，建立了《大秦景教流行中国碑》，记述了景教在中国的流行情况。唐武宗会昌年间，唐朝在对佛教进行打击的同时，对包括景教在内的其他外来宗教也进行了限制和打击，使得景教在中国的传播逐渐式微，但并没有绝迹。

大秦景教流行中国碑

陕西周至大秦寺塔

新疆高昌古城发现的景教人物像壁画

敦煌文书大秦景教三威蒙度赞

火祆教

又称祆教、拜火教，是所谓唐代三夷教之一种，其他两种指景教和摩尼教。这一宗教是由琐罗亚斯德创立的，其出自伊朗的一个古老的氏族，创立不久就在波斯广泛传播，并一度被尊为国教。7世纪中叶，随着阿拉伯势力的东进，火祆教在波斯的地位最终被伊斯兰教所取代。这一宗教是随着粟特商人而被带入中国，时间大约在两晋南北朝时期，虽然传入中国较早，但由于只在粟特商人及其移民中尊奉，故在中国的官方文献中记载不多。唐朝建立后，唐高祖就允许其在两京及粟特人聚居地建立祆祠，说明其得到了中国官方的承认，然却禁止汉人信仰此教。同时唐政府还允许建立萨宝府设置官员对其进行管理，其任职必须得到朝廷的任命。近年以来随着对敦煌、吐鲁番文书的深入研究以及考古事业的发展，一批信仰该教的粟特

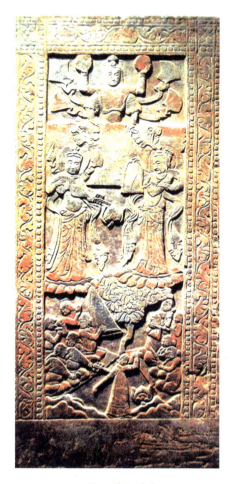

祆教四臂女神像

波斯波利亚的祆教最高神阿胡拉·马兹达雕像

人墓葬的发掘，对火祆教的研究取得了长足的进步。唐武宗会昌灭佛时，对火祆教也进行了打击，但却并没有完全杜绝其流传，直到五代、两宋时期仍然有祆祠在内地存在，并且香火还颇为兴盛。

安伽墓内祆教祭司与火坛

史君墓石椁南侧的祆教祭司与火坛图

粟特人史君墓椁旁的守护神

虞弘墓出土的祆教圣火坛与祭司石浮雕图案

西安大清真寺

伊斯兰教

为世界三大宗教之一，其传入中国的时间通常认为是在唐高宗永徽年间，是从阿拉伯经海路传到广州、泉州、扬州等地，主要是由阿拉伯商人带来的。《闽书》记载说：穆罕默德有四大门徒，唐初全部都来到中国传教，其中大徒弟在广州传教，二徒弟在扬州，三徒弟、四徒弟在泉州传教。其实伊斯兰教在唐朝的政治中心长安也是有传播的，唐玄宗天宝元年（公元742）所建的大清真寺便是一个明证。此外，唐玄宗天宝年间，唐军与阿拉伯人在怛罗斯爆发战争，唐军战败，这是双方军队在西域地区的第一次接触，因此伊斯兰教很可能也在这一地区有所流传。需要说明的是，关于伊斯兰教在唐朝传播情况的资料非常少，详细情况还有待于进一步研究。

泉州唐代伊斯兰教圣墓外景　　　　耶路撒冷伊斯兰教圣石殿（现存最早的伊斯兰教寺）

社会习俗与生活

饮 食

唐代的饮食种类十分丰富，其中以长安的饮食最具代表性，就主食而言，可以分为面食与米食。面食的品种有：汤饼（面条）、蒸饼（馒头）、胡饼、馄饨、煎饼、馓子、糕等，其中蒸饼有包馅与不包馅之别，如包馅则类似于今天的包子。米食的品种有：饭（又分为稻米饭、粟米饭、黍米饭、胡麻饭、乌米饭等）、粥、粽等。副食品种可分为蔬菜、肉类和水果，其中蔬菜的主要品种有：葵、韭、芹菜、葱、蒜、芜青、菘菜、芥菜、萝卜、姜、藕、瓜、茄子、葫芦、苜蓿、藿（豆叶）、药苗、野菜等。肉类主要有：牛、羊、猪、驴、狗、鸡、鸭、鹅、鱼、虾以及各种野味肉食等。水果品种主要有：橘、柚、柑、橙、梅、梨、枣、桃、李、杏、奈、樱桃、荔枝、龙眼、枇杷、葡萄、甘蔗、石榴、栗子、瓜类等。

唐代的饮品主要有酒与茶，其中酒的种类很多，也有不少名酒，就不一一列举了。唐代的饮食烹调方法多样，普通贫民与宫廷、贵族在这方面差别很大，关于唐代的菜肴品名，现已多不可考，见于记载的烧尾宴菜肴约有数十种之多，而且还是节选的，并非全部菜单。唐人喜欢聚宴，在宫廷及官府中，经常举办各种名目的宴会，民间宴会虽然较少，但在来客或者节庆时，往往也会设宴款待或欢饮。

隋唐老枣树

唐代三彩西瓜　　　　　　　　　新疆出土的唐代糕点

新疆出土的唐代花式糕点

新疆出土的唐代饺子　　　　　　新疆和田出土的唐代面食

新疆吐鲁番出土的唐代花式糕点

唐代做面食的泥俑群之一　　　　　　　　唐代做面食的泥俑群之二

出土的唐代三梁进德冠

唐代官员的常服

服　饰

　　从性别角度可分为男服与女服两大类，其中贵族与平民的差别很大。官僚贵族的服饰可分为朝服与常服两大类，前者是参加朝会、祭祀和宴会时穿之，后者则是平时办公和在日常生活中的穿着。常服可分为巾帽、袍衫和靴子，其中巾帽又可分为幞头、席帽、帷帽、胡帽等。妇女的服饰更加丰富多彩，贵族妇女的服饰也可分为朝服和常服，但常服的式样和色彩要比男性更加丰富，其特点是宽袖袒胸、长裙拖地，色彩主要有绯、紫、黄、绿、青等多种。唐代妇女服饰除了衫裙外，还有半臂，即一种合领、对襟的短袖背心；背子，一种无袖长衣；披帛，即把薄而宽的绫罗披绕在肩背上；帔子，即把缣帛披在衣服之外，以御风尘。唐朝对不同阶层的人服色有详细的规定，对官员则以品阶为准，三品以上服紫，五品以上服绯，七品以上服绿，九品以上服青。普通士庶则可着白色袍衫，吏卒的服色为黑色。还有一点需要说明，唐代胡风甚盛，因此士民喜欢穿着胡人服饰，并且成为一种风尚，在长安地区尤为兴盛。

敦煌壁画中的着朝服的唐五代妇女

妇女朝服

穿常服的贵族妇女

唐代妇女所穿的胡服展示图 1

唐代妇女所穿的胡服展示图 2

襦裙、半臂展示图

唐代带浑脱帽的仕女图

法门寺出土的唐代蹙金绣半臂

西安段简璧墓壁画：（左）穿男装，腰系鱼袋的女官；（右）执扇侍女

唐代妇女的面妆

新疆阿斯塔那墓出土的绢画胡服美
人（施花钿，点唇，梳回鹘髻）

化　妆

　　主要从女性的角度谈谈
这个问题，可以分为发式、
面妆和佩饰等三个方面。唐
代妇女的发式十分复杂，大
体上可以梳出高髻、低髻、
圆髻、偏髻、单髻、双髻等
不同发式，其中又可以细分
为若干发式，如祥云髻、百
合髻、长乐髻、乐游髻、同
心髻、抛家髻、倭堕髻、乌
蛮髻、花髻等。唐代妇女的
面部化妆也非常复杂，仅眉
式就有多种，如云眉、小山
眉、蚕眉、柳叶眉、蛾眉、
五岳眉、三峰眉、垂珠眉、
却月眉、拂云眉、倒晕眉等。
面部还要使用花子、靥、斜
红等来妆点脸部容颜。所谓
花子，又称花钿，贴在两眉
当额中间，通常用金银、珠
翠、云母等与各种颜色调制
合成，剪成各种花样贴在额
上。靥是在面颊两侧用丹青、
朱红等颜色点出似线、似星、
似月等形状，以增加脸部的
彩晕，亦称为"妆靥"。斜
红是在太阳穴两旁，以描红

敦煌壁画中的唐代妇女（两个人物唇部色彩不同）

颜色作为妆点，通常多描为弯月形。需
要指出的是，在唐代也有妇女不愿浓妆
而喜淡妆的。至于佩饰主要用于头部与
手部，如簪、钗、珠翠、鲜花等就是用
于装饰头部的，钏、镯等是用于装饰手
部的。不过在唐代钏除了用于手部装饰

唐代闹蛾金钗

外，也有戴在脚部的，称之为足钏。还有一点需要说明，即在唐代男子头部也有插花的，通常是在节庆时插之。

新疆吐鲁番出土的唐代女舞俑面部

唐代黛眉妆妇女

唐代陶双鬟望仙髻女舞俑

唐代粉彩偏椎髻女立俑　　　　　唐粉彩莲花髻女立俑

唐代包金白玉腕钏

唐代鎏金蝴蝶形银头饰

唐代鎏金菊花纹银钗

婚　俗

　　唐人结婚大体上有以下程序，无论贵贱均是如此，即纳采，由男方派人去女方家中询问是否可以结亲，去时通常要带上礼物；问名，男女两方交换年庚及生辰八字等；纳吉，卜告祖先神灵，男方送订婚礼物给女方；纳征，男方送聘礼给女方，双方正式订立婚约，亦称大聘；请期，男方把择定婚期的日子写在婚帖上，通知女方；亲迎，男方按照约定日子由新郎亲自到女方家中迎娶新娘。唐代的婚姻形式除了正常的婚配外，还可分为官婚、收继婚、入赘婚、典卖婚、掠夺婚、借吉婚、冥婚等，前者指由官府主持的男女婚配；收继婚是将嫂嫂或弟妇在兄弟死后收为自己的妻子，在一些少数民族中还有将后母收继妻子的风俗；入赘婚则是指男方入赘于女方家中，也就是今天所说的上门女婿；典卖婚是由于欠债或者出于其他方面的原因，自愿把自己妻女出让给别人为妻，以顶替债务或者换取钱财的一种婚姻形式；掠夺婚主要出现在一些少数民族地区，实际上是一种社会风俗习惯；借吉婚是利用某些特定的时间举行婚礼，如节日等，以节省结婚费用；冥婚是将已死亡的未婚男女结为夫妻。

唐朝

437

敦煌壁画中的唐代嫁娶图

葬 俗

唐代的葬礼有一个突出的特点，即等级性很强，不同身份的人死后，葬礼规格有很大差异。其葬俗大体可以分为殓、殡、葬三个过程。殓，指给死者穿衣下棺；殡，是指死者入棺后，通常要停棺在家以待入墓埋葬，这段时间称为殡；葬，就是挖掘好坟墓，选定日期，然后棺材出门送至坟地埋葬，这一程序的礼仪最为隆重。在唐代不同等级的人，坟墓的高度都有统一的规定，不得逾越。此外，还可以在坟墓前树立碑碣，在墓道内放置墓志铭，上面刻有死者的生平事迹等。其规格也是有规定的，当然这一切都与死者的家庭财力有直接关系。为死者守丧时间的长短，是由与死者血缘关系的亲疏而决定的，如臣为君、子为父母、妻为夫，均要服丧3年。其余之人则根据与死者的亲疏关系，或一至二年，或仅仅数月，这一点法律有详细的规定，必须遵守，否则治罪。

唐墓壁画野宴图

节 日

唐代的节日很多，有继承传统的节日，也有新创的节日，凡逢节日政府都规定了时间长短不一的假期。主要节日有：除夕、元日（正月初一）、人日（正月初七）、上元（正月十五）、天穿节（正月二十三日）、中和

（二月一日）、社日、清明、寒食、清和（四月一日）、端午、七夕、中秋、重阳（九月九日）、冬至、腊日等。此外，还有宗教节日，如佛诞节（四月八日）、中元节（亦称盂兰盆节、鬼节，时间为七月十五日）等。在唐代凡皇帝生日也被作为节日，这一现象是自唐玄宗开始的，他把自己的生日规定为千秋节，此后直到五代时期，皇帝们均是这样做的。这种节日全国也要放假，时间为一至三日不等。不同的节日有不同的节俗，如除夕贴门神、聚家欢宴，元日外出拜年，人日饮酴醾酒，上元放花灯，七夕乞巧，中秋赏月饮酒，重阳节登高等等。

唐代三彩牛　　　　　　　　　唐代三彩鸡

奉迎佛骨的活动

唐朝搞的几次奉迎佛骨活动，都是从扶风法门寺奉迎的，因为这里供奉有释迦牟尼的真身指骨舍利。在唐代第一次从法门寺奉迎佛骨的是唐太宗，时间在贞观五年（公元631）。第二次是在唐高宗显庆四年（公

法门寺

法门寺出土的佛指影骨

唐宪宗画像

元659），第三次是在武则天长安四年（公元704），第四次是在唐中宗景龙二年（公元708），第五次是在唐肃宗上元初年，第六次是在唐德宗贞元六年（公元790）。所有这几次奉迎佛骨的活动，规模都不是很大，花费的钱财比较有限，所以并没有引起人们的重视，也没有引起人们的强烈反对，真正大规模地奉迎活动是以后的两次。

唐宪宗元和十三年（公元818）十一月，功德使进奏说，法门寺收藏佛骨舍利的地宫相传30年一开，供官民瞻仰，以使岁丰人和，明年就是开塔时间，请陛下颁诏开塔奉迎。次年正月，宪宗派人到法门寺把佛骨舍利迎到长安，在宫中供奉三日。这次活动花费了大量的钱财，长京地区的百姓也都倾其所有施舍给寺院，有不少人甚至烧顶灼臂，割其肌肤，以求供奉，以至于出现了翻滚街市、痛楚号叫的混乱场面。

这种现象引起了大文学家韩愈的关注，他给宪宗上了一道名为《谏佛骨表》的奏章，对这种疯狂的行为提出了严厉的批评，引起了宪宗的愤怒，下令把韩愈处以极刑，由于宰相们的反对，最后把韩愈从刑部侍郎任上贬到今广东潮州任刺史。因为当时这里还是蛮荒不毛之地，瘴疫泛滥，所以对韩愈来说打击也是很沉重的。

咸通十四年（公元 873）四月，唐懿宗又搞了一次更大规模的奉迎佛骨活动，规模及花费之大都超过了元和时的那一次。从法门寺至长安沿途 300 里间，车马昼夜不绝，宝帐、香舆、幡花、幢盖等皆以金银、珠宝、锦绣装饰。到了长安以后，懿宗下令以禁军仗卫引导，公私音乐，沸天震地，绵亘数十里。富室夹道竞相搭建彩楼，举办无遮大会，懿宗亲至安福门迎接佛骨，膜拜流涕，宰相以下官员施舍金帛不计其数。由于这时唐朝的统治已经走下坡路，社会动荡，经济衰退，民生艰难，唐懿宗还不顾条件地大搞此类活动，因此所造成的危害远远超过了宪宗元和年间的迎奉活动。

韩愈画像

唐懿宗画像

唐末农民起义

裴甫起义

唐宣宗大中十三年（公元 859）十二月，浙东人裴甫聚众起义，攻占了象山（今属浙江）。次年正月，起义军屡败明州的（今浙江宁波）官兵，进逼剡县（今浙江嵊县），众至数千人。二月，大败浙东唐军于三溪（今浙江嵊县西南），打死官兵 3 位将官，百姓纷至投奔，队伍增加到 3 万人。裴甫自称天下都知兵马使，建元罗平，铸印曰天平。由于这一地区是唐王朝的财赋主要来源地，所以唐政府急忙调安南都护王式为浙东观察使，统领诸道兵前往镇压。由于裴甫在战略上比较保守，没有积极向外发展，而王式则发动浙东地主武装与官军一起围攻起义军。最终官军将义军包围于剡县，经过激烈的战斗，义军失败，裴甫被杀。裴甫起义是唐末农民大起义的前奏，揭开了推翻唐王朝的农民战争的序幕。

唐代列队骑兵俑

唐代彩釉骑马俑

庞勋起兵

唐懿宗咸通四年（公元863），徐泗士兵800人戍守桂州（今广西桂林），原定 3 年代还，可是到了咸通九年（公元868）官府还不肯把他们调回乡里。这件事引起了戍兵的极大愤慨，他们杀死都将，拥戴粮料判官庞勋为首领，自行结队北还。这支队伍一路打败了截击他们的官军，攻下宿州，并开仓放粮，获得了农民的支持，纷纷加入队伍。然后又包围了徐州，在城内百姓的协助下，攻克了徐州，队伍发展到20万人。不久，这支军队陆续占领了淮南、淮北等广大地区，切断了通往长安的漕运线路，引起了唐王朝的恐慌。于是调来义成、魏博等十余镇的军队进行镇压，经过多次战斗，最终庞勋战死，起义失败了。这次起义主要活动在两淮地区，严重威胁了唐王朝的经济命脉，对唐王朝的打击是十分沉重的。

唐代城阙图　　　　　　　　　　唐代黑釉马俑

黄巢起义

唐懿宗统治末期，关东广大地区连年发生水旱灾害，农民以野菜、草根为食，可是官吏却照样催逼赋税，迫使许多农民卖儿鬻妻，仍然无法完税。在这种情况下，只好揭竿而起，以武力反抗唐朝的残暴统治了。乾符元年（公元874），王仙芝率先在长垣起义。次年，冤句人黄巢率众起义响应。王仙芝与黄巢都贩过私盐，对各地的交通及社会情况比较熟悉，与官军打交道的经验也比较多，他们很快配合起来向各地发展，相继攻占了汝、郧、复、蕲等州，兵力发展也较快。乾符五年（公元878）王仙芝在黄梅战死后，他的部下中相当一部人都投归黄巢，使黄巢义军成为起义军中势力最强大的一支，于是黄巢自称冲天大将军，肩负起了反对唐朝统治的重任。为了避开官军的重兵围攻，黄巢率领义军先后转战于河南、山东、江西、浙江、福建、广东等地，并在攻占了广州后，宣布要北上进攻长安。乾符六年（公元879），黄巢率军取道桂州北上，顺湘江进入湖南，从荆南、鄂岳转战江西、浙西。广明元年（公元 880），突破官军的长江防线，不久又渡过淮水，顺利地攻入洛阳。然后兵锋直指关中的门户潼关，攻破潼关后，唐僖宗仓皇逃往四川成都，义军进入长安。黄巢在长安宣布建立政权，国号大齐，建元金统，并组成自己的政府机构，任命各级官员。由于黄巢义军多年采取了流动作战的方略，没有巩固对已占领地区的统治，最要紧的是没有出兵追击逃亡的唐僖宗，使得其从容地逃到成都，并调集各地官军对长安进行围攻。义军占据长安地区实际上是一处孤岛，粮草断绝，难以据守。在这种情况下，黄巢只好率军撤出长安，东向河南，又错误地围攻了陈州 300 天，失去了机动作战的时机，致使各路官军包围上来，连战连败。最后当黄巢逃到山东泰山下的狼虎谷时，走投无路，自杀身亡。其余部相继被各地官军和土团武装镇压，起义至此彻底失败。

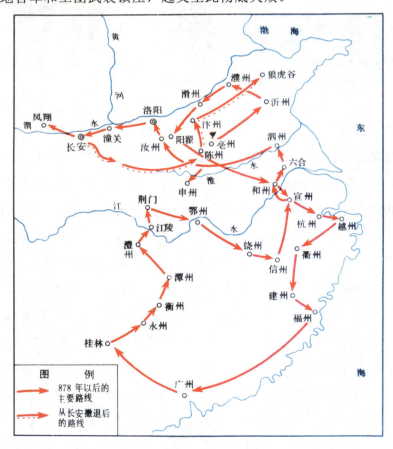

黄巢义军作战经过路线示意图

444

黄巢领导的这次大规模的农民起义虽然失败了，但却沉重地打击了唐王朝的力量，削弱了其统治基础，而新的政治与军事集团在战争中迅速成长起来，最终取代了唐王朝的统治。

长安城的毁灭与唐朝的灭亡

长安城的毁灭

　　在镇压黄巢起义的战争中，各地藩镇势力迅速发展起来，唐中央的直接统治区域仅限于长安及其周围地区。朝廷内部南衙与北司的斗争仍然十分激烈，他们各自投靠一些强大的藩镇作为靠山，相互争斗，实际上已沦为不同藩镇集团在朝中的代言人。唐昭宗天复元年（公元901），宣武节度使朱全忠率兵入关，击败了凤翔节度使李茂贞，斩杀了大批的宦官和朝官，完全控制了朝廷。为了

唐昭宗画像

就近控制皇帝，天祐元年（公元904），朱全忠胁迫唐昭宗迁都洛阳，然后对长安城进行了彻底的破坏。据《资治通鉴》记载："（朱）全忠以其将张廷范为御营使，毁长安宫室百司及民间庐舍，取其材，浮渭沿河而下，长安自此遂为丘墟矣。"他还将城中百姓迁往洛阳，被迁的百姓冒着刺骨的寒风，老幼相随，哭声载道，流离漂泊，月余不绝。中国历史上规模最宏伟的都城从此土崩瓦解，变为一片废墟，成为尘埃落定后华夏文明的长期隐痛和对煌煌大唐的恒久追思。

　　那么，朱全忠为什么要拆毁长安城呢？关于这一点史书中有明确的记载，即为了营建洛阳宫室。洛阳本是隋唐两朝的东都，城池规模很大，人

口众多，但是在唐朝后期由于战乱不息，洛阳多次被焚毁，加之宫室年久失修，已不适合作为皇宫了。既如此，为何不就近取材，非要拆毁长安城呢？主要原因是经过数百年的砍伐，洛阳周围山区已经没有适合用于营建宫殿的大树了。再说，长安城的毁灭也可以打击那些效忠于唐朝的忠臣义士的信念，一举两得，朱全忠又何乐而不为呢？

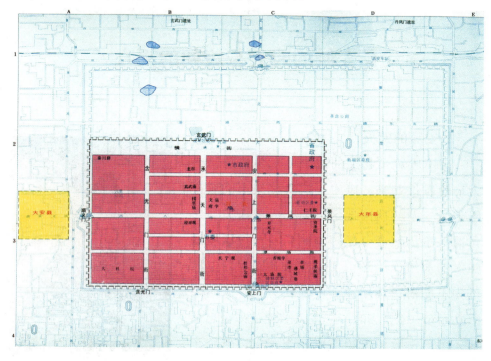

韩建改建后的长安新城图

唐室东迁后，在长安设佑国军，由原华州节度使韩建任佑国军节度使。战乱后的长安城，由于百姓流散显得过于空廓廖落，为此韩建干脆废弃原来的外廓城和宫城，对皇城加以改造。在南面封闭了朱雀门，保留安上门、含光门；在东面封闭了延禧门，保留景风门；西面封闭了安福门，保留顺义门；北面新开玄武门。改建后的长安城，当时称为"新城"，面积只有5.2平方公里，还不及唐长安城的十六分之一。

唐朝的灭亡

昭宗被迫迁都洛阳后，从此成为朱全忠手中的傀儡。昭宗也深知自己的境遇，曾讨好朱全忠说："宗庙社稷是卿再造，朕与戚属是卿再生。"因此对朱全忠唯命是从。朱全忠则被任命为中书令、诸道兵马副元帅，进爵为梁王。天祐元年（公元 904）六月，河东节度使李克用、凤翔节度使李茂贞、剑南西川节度使王建等联合起来，讨伐朱全忠，声称要迎归天子，实际上只是虚张声势。尽管如此，朱全忠还是决定西征，讨平自己的政敌。为防止自己率军离开中原后，东都洛阳发生变故，朱全忠派遣亲信李振、蒋玄晖等奔赴洛阳，杀害了昭宗，另立昭宗幼子辉王李柷为皇太子，代理军国政事，又假传皇后令，太子于灵柩前即位，是为唐哀帝。

这时朱全忠才急忙返回东都，假作震惊，在昭宗灵前痛哭不止，并声言要讨伐谋逆者。随后，他又指使人将昭宗诸子德王李裕、棣王李祤、虔王李禊、沂王李禋、遂王李祎、景王李秘、祁王李祺、雅王李禛、琼王李祥等 9 人，骗至九曲池饮酒，喝至酣醉，把诸王全都勒死，抛尸池中。天祐二年（公元 905），为了减少他篡位时的障碍，他又于滑州白马驿（今河南滑县境）一夕杀尽宰相裴枢、崔远等朝臣 30 余人，投尸于河，史称"白马之祸"。这样，朱全忠通过杀诸王，杀朝臣，弑昭宗，拥立幼主，铲除异己，大权独揽，为自己称帝做好了充分的准备。

公元 907 年，朱全忠废黜了唐哀帝，自行称帝，建都汴州（今河南开封），国号为大梁，史称"后梁"，后人称其为后梁太祖。他先封李柷为济阴王，次年又杀害了李柷。唐朝 289 年的统治自此便结束了，中国历史进入到五代十国的纷乱时期。

附录：唐朝帝王一览

高祖李渊　　公元 618—626

太宗李世民　公元 627—649

高宗李治　　公元 650—683

［周］武则天武曌　公元 690—705

中宗李显　　公元 684，公元 705—710

殇帝李重茂　　公元 710

睿宗李旦　　　公元 684—690，公元 710—712

玄宗李隆基　　公元 712—756

肃宗李亨　　　公元 756—762

代宗李豫　　　公元 762—779

德宗李适　　　公元 780—805

顺宗李诵　　　公元 805

宪宗李纯　　　公元 806—820

穆宗李恒　　　公元 821—824

敬宗李湛　　　公元 825—826

文宗李昂　　　公元 826—840

武宗李炎　　　公元 841—846

宣宗李忱　　　公元 847—859

懿宗李漼　　　公元 859—873

僖宗李儇　　　公元 873—888

昭宗李晔　　　公元 889—904

哀帝李柷　　　公元 904—907

后 记

当本书统校工作接近尾声的时候，总觉得似乎还有些话需要再说一说，于是写了这篇《后记》。

1993年，我在《学习与探索》杂志上发表了题为《时代呼唤通俗史学》的小文，预言通俗史学必将以其多种多样的表现形式和全面、丰富而深刻的表现内容，为改革开放的新时代（当时称曰"社会主义市场经济新时代"）所欢迎；而新时代也必将涌现出一批优秀的通俗史学作品，涌现出一代通俗史学家。如今，二十年"弹指一挥间"已经过去，而我二十年前的预言应该说也得以兑现。对此，只须看一看市场上"图说""话（画）说""那些事"一类图书的畅销，特别是电视媒体所推出的"学术明星"（上海《文汇报》刊文正名曰"学术说书人"）的走红，以及学术层面被命名曰"形象史学"的出现等等，便可得到相当的印证。改革开放后富裕起来的中国人，于温饱之外还有学术尤其历史方面的精神需要，而前述那些应运而生的"书""星""学"正好满足了这样一种社会需求。对如此一场社会文化运动意义的评价，也许还要等待更长的时间，但由此通俗史学在新时代走进千家万户却是无论如何也无法否认的铁定事实。

作为通俗史学较早的倡导者之一，多年来我对这类史著的写作也不断地进行探索。2003年由人民出版社出版的拙作《刘秀传》，可以说是最先的尝试。对此，我在该书的《后记》中已作说明。但由于这部书的定位本身系学术专著，因此其通俗化的程度便受到多方面的限制。2009年由西北大学出版社出版的多卷本《话说陕西》，是我在通俗史学方面所作的再次尝试。该著被列为陕西省重大文化建设项目，是所谓的金版图书工程书籍。其由我担任总主编，作者主要是西安一些高校的教授及文博单位的专家们。此书的定位即通俗著作，因此编写过程中动用了一切可以动用的通俗化手段，不少地方甚至达到极致。从总体上来看，这部通俗的史著是十分成功的，真正做到了"话"说和"画"说。因此，该著获得了陕西省首届图书奖一等奖的头名和陕西省人民政府优秀人文社科成果奖的优秀通俗读物奖。

而今呈现在读者面前的《西安十三朝》一书，是我在通俗史学方面做的又一次尝试。前述《刘秀传》是独著，《话说陕西》是主编，此书则是我与著名唐史专家杜文玉教授合作撰写。如此在通俗史学的写作上，独著、主编、合作这三种形式都经过一番历练，应该说是很有好处的。就通俗的程度而言，《刘秀传》因本身定位的限制只通俗了一点点，《话说陕西》是彻底通俗，《西安十三朝》则居二者之间。通过上述实践，虽然我不敢奢言自己已经成为所谓的通俗史学专家，但起码我完成了从通俗史学的提倡者向通俗史学实施者的角色转换，应该是符合实际的。

史学是为世人提供历史经验和历史智慧的学科。史学研究的成果如果仅仅被束之高阁、限定于很小的范围内而不能在广大民众中传播，那么，史学的目的便无法得以完全实现，从某种意义上讲这也将是史学工作者的失职。通俗史学犹如在历史研究成果与普通民众之间架起的一座桥梁。通过它，史学成果下移民间，始得发挥其更为积极的社会作用——尽管我们远不能将此看作是使史学成果下移民间的"唯一"通道，但它无疑却是最重要、最常见也最便捷的路径。

实际上，在史学的发展过程中，不少史家是非常重视史学通俗化这一问题的。许多成就巨大的史学名家，可以说都是通俗史学的倡导者和践行者。像著名的疑古派史家领袖顾颉刚先生，他那一册《秦汉的方士与儒生》，可谓通俗史学的经典之作。还有著名的马克思主义史学家翦伯赞先生，他在上世纪 40 年代推出的《中国史纲·秦汉史》，同样是通俗史学的典范，被郭沫若先生赞曰可朗读的佳作。如今，亦有相当多的史家继承老一辈的传统，非常重视著述的通俗化，力求自己的作品为普通民众所接受，为社会全体所认可。如著名海外华人史家李开元先生，他近年来奉献的系列秦史作品，学术性与通俗性完美结合，实实堪称是通俗史学的杰作。

不难预见，通俗史学在现已取得的成就基础上，将会有更大的发展。在此过程中，由西安出版社推出的这册《西安十三朝》，如果能对通俗史学的发展起到一些积极的促进作用，我们作者便深感欣慰了。

七四叟　黄留珠

2013 年 6 月 6-7 日　初稿于西大桃园区锵音阁

2014 年春节修订